KB068351

한국 중화학공업 오디세이

국가 경제발전과 함께 한 중화학공업, 그리고 한국경제의 미래

한국 중화학공업 오디세이

THE HISTORY OF HEAVY AND CHEMICAL INDUSTRY

김광모 지음

RHK
알에이치코리아

우리나라는 경제개발에 착수한지 반세기 만에 국민소득 2만 달러, 무역 1조 달러를 넘어섰고, 세계 10위권 수출 강국으로 도약했다. 원조를 받던 나라에서 이제는 원조를 주는 나라로 세계에서 가장 빠르게 변모한 나라다. 이같은 한국의 경제발전 경험은 우리의 후세대 뿐만 아니라 세계 수많은 국가들과 공유할 가치가 있는 소중한 자산이다.

지금의 한국경제의 주축인 산업들이 발전할 수 있는 토대를 마련하는 데 결정적으로 기여한 것이 1973년 '중화학공업화 선언'으로 시작된 중화학공업 육성정책이었다. 1970년대 국내외적 난관을 극복하고 막대한 자금과 인력이 필요한 중화학공업을 추진하여 성공을 거둘 수 있었던 것은 정부의 강력한 추진 의지와 적극적인 지원 정책이 있었기에 가능했다.

이 책은 1988년 출간된 『한국의 산업발전과 중화학공업화 정책』에 기반하여 중화학공업정책의 수립 과정과 추진 배경, 정부의 지원 정책, 중화학공업의 업종별 발전 과정 등을 당시 김광모 대통령비서실 비서관이 사실 그대로를 기록했다. 김광모 전 비서관은 1971년부터 8년간 대통령비서실에서 중화학공업 육성정책의 실무 담당자였고, 이후에도 대한민국 중화학공업 발전을 위해 헌신한 인물이다. 그렇게 중화학공업의 토대를 마련하고 성공적으로 이루어낸 필자의 경험과 자부심이 이 책에 고스란히 담겨있다.

우리는 이미 급박한 변화에 유연하면서도 효율적으로 대응한 전례가 있다.

글로벌 위기 이후 세계경제는 첨단기술로 무장한 4차 산업혁명이라는 새로운 물결을 맞이했다. 정보통신기술이 기존 산업과 융합하고 산업 간의 경계를 무너뜨리면서 산업의 미래가 근본적으로 바뀌고 있다. IT기술이라는 새로운 산업과 융합을 꾀하는 이 시점에 과거 중화학공업 육성정책 추진 기록은 우리에게 많은 시사점을 줄 것이다. 무엇보다 한국의 압축적 경제성장을 극명하게 입증하는 중화학공업 추진에 대한 역사적 사실들을 다룬 만큼 중화학공업 정책수립의 경험과 지혜가 전방위적 구조개혁을 추구하는 정부와 국가 전체의 노력에 참고가 되길 바란다.

중화학공업 육성정책을 역사로 기록한다는 사명감을 가지고 책 발간을 위해 애써주신 김광모 비서관께 감사드린다.

2017년 3월
KDI 원장 김준경

대한민국 경제발전의 주축이었던 중화학공업정책에 대한 모든 것을 기록한 책을 내게 되어 무척 기쁩니다.

저는 1970년대 박정희 대통령 재임 기간 중 8년여 동안 김정렴 실장과 오원철 수석비서관을 모시고 대통령께서 직접 챙기신 중화학공업을 비롯, 방위산업, 기술인력 개발, 과학기술 연구개발과 원자력산업 육성 정책의 실무를 담당했습니다. 그리고 기회가 있을 때마다 중화학공업에 대한 논문을 쓰고 학자들을 만나 인터뷰를 하며 공부를 계속했습니다. 그 결과 1988년『한국의 산업발전과 중화학공업화정책』이라는 첫 번째 책을 냈고, 2015년 3월에 두 번째 책『중화학공업에 박정희의 혼이 살아 있다』를 출간했습니다.

책이 출간된 뒤에 중화학공업을 사랑하는 분들이 이 내용을 종합한 증보판을 내라고 조언하셨지만, 글재주가 없어 많이 망설였습니다. 그러던 중 저와 업무상 자주 접촉하고 있는 한국개발연구원(KDI)의 실무진들이 「1960~1970년대의 한국산업발전사」의 유네스코(UNESCO)기록물 등재를 앞두고 이번 책의 출간을 제안해 진행하게 되었습니다.

이 책은 그간 발행한 저서 두 권의 종합판입니다. 그리고 지금까지 공개되지 않았던 자료도 첨부했습니다. 이 책에는 1970년대에 추진한 중화학공업의 역사적인 실적과 이를 이루게 된 철학과 비전이 총망라되어 있습니다.

1970년대 한국의 중화학공업화정책은 1973년 박정희 대통령이 연두기자회견에서 선언함으로써 1980년에 수출 100억 달러와 1인당 GNP 1,000달러를 달성하고자 하는 목표를 세웠습니다. 정부에서는 1970년대를 지내며 중화학공업 육성을 통해 대한민국이 후진국의 굴레를 벗고 개발도상국으로 진입하는 것을 기조로 삼았습니다. 모두가 장밋빛 미래만을 바라보는 계획이라며 우려를 표했지만, 이름도 생소했던 중화학공업화정책은 당초 목표보다 기간적으로 3년이나 앞서 조기에 금액상으로 3배를 초과 달성했고, 결국 반대했던 학계와 당국 내 정책 담당자들도 이에 대한 어떠한 반박도 하지 못했습니다. 1980년대 초에 대한민국이 성취코자 목표 한 수출액수가 이러한 규모가 아니고서는 경제 도약을 이룰 수 없다는 리더의 비전과 판단에 따라 중화학공업화정책에 관련된 모든 분야의 분들이 책임 있게 추진으로 국가의 운명을 바꿔놓았다고 해도 틀린 말이 아닙니다. 다시 말씀드려, 중화학공업화 정책이라는 절체절명의 과제를 나라 전체가 합심하여 이루어낸 것입니다.

　지금 한국은 미증유의 위기에 봉착해 있습니다. 이 책이 오늘의 난관을 극복하고 국가 발전에 도움이 되기를 바랍니다.

　이 책이 나올 수 있게 격려해주신 박정희대통령 기념재단 좌승희 이사장 그리고 KDI 김준경 원장과 김주훈 소장, 출판사에 감사드립니다.

2017년 3월
김광모

# 선진국의 기초를 다진
# 중화학공업의 모든 것
_오원철(前 청와대 경제2수석비서관)

이 책의 저자 김광모 비서관과 나는 상공부(現 산업통상자원부)와 청와대에서 20여 년간 함께 일한 동료다. 그는 두뇌가 명석해 모르는 것이 없고, 해박한 지식으로 보고서를 작성하는 데 탁월한 능력을 갖고 있었다. 모나지 않은 성격으로 직장 내 교분이 두터워 주위에서 그를 좋아하지 않는 이가 없었다.

경제2수석비서관실은 박정희 대통령의 테스크포스팀으로 1971년 11월 박 대통령의 자주국방정책의 일환인 방위산업 육성을 첫 임무로 맡았다. 그 뒤, 박정희 대통령의 중점 사업인 중화학공업 육성, 원자핵개발연구, 기술인력 양성, 연구개발계획 등과 임시 행정수도 건설계획까지 담당했다. 비서실 역사상 전례 없는 인사로, 대통령 서거 직전까지 한 자리에서 같은 직무를 수행했다.

경제2비서관실의 업무 성격상 많은 보고서를 올렸는데, 이때 내가 올렸던 많은 보고와 대통령의 재가 서류를 모두 김광모 비서관이 작성했다. 빠르고 정확한 일처리로 대통령이 부결한 적이 없을 정도였다. 김정렴 비서실장도 그의 업무 능력을 높이 평가했고, 대통령 또한 그의 존재를 인지하고 계셨다. 여담이지만 내가 그를 승진시키고자 상공부 공업진흥청장 자리에 추천했는데 대통령 또한 그의 수고를 인정해 허가하셨다. 그런데 "중화학 업무에 지장이 없느냐"고 물으셔서 얼떨결에 "지장이 있습니다"라고 대답해버린 탓에 인사는 즉시 없던 일이 되어버렸다. 그만큼 그의 자리는 중화학 업무를 추진하는 데 없어서는 안 될 정도로 중요했다.

이 책은 청와대 근무 시절 중화학공업정책을 추진한 실무자의 시각에서 박정희 대통령이 추진했던 일을 기록했기 때문에 틀림없는 사실이다. 책을 미리 읽어본 나 또한 그때가 생생하게 떠오른다. 게다가 중화학공업화정책에 관한 모든 자료를 담아 놀랍기까지 하다. 이 책은 박정희 대통령과 함께 호흡하고 일하면서 대통령의 업무 수행 철학과 비전을 가장 가까이에서 접한 실무자가 쓴 가장 심도 있는 책이라고 해도 틀린 말이 아니다.

이 책으로 난세에 처한 오늘의 대한민국에 조국 근대화에 몸바친 박정희 대통령의 불굴의 정신이 참고가 되었으면 한다.

새로운 경제발전이론의 기초가 될
중화학공업정책의 귀중한 기록

_좌승희(박정희대통령 기념재단 이사장)

오늘날 세계 주류 경제학계는 소위 특정 산업을 육성하는 산업정책을 정부가 해서는 안될 정책이라 본다. 그래서 WTO는 이런 정책을 불공정교역을 조장하는 관행이라고 금지하고 있다. 시장 중심의 주류경제학의 비교우위이론은 각국의 산업적 특화가 각국의 부존자원의 차이에 따라 정해지는 상대적 비교우위에 의해 결정되어야 가장 효율적이라고 가르친다. 그래서 한국에서도 자본이나 기술에 비해 토지와 노동이 상대적으로 풍부한 1950년대 현실을 감안해 농업 중심으로, 그리고 노동집약적 산업 중심으로 경제발전을 해야 한다는 주장들이 난무했던 것이다. 이런 시각에서 국내외 경제학계는 1970년대 추진된 중화학공업육성정책을 비교우위에 따른 시장의 산업특화기능에 역행하는 반시장정책이라며 반대를 많이 했다. 이런 시각에서 아직도 한국 학계는 중화학공업화 성과를 폄하하거나 국제적으로도 산업정책을 금기하는 견해가 보편화되어 있다.

그런데 세계 역사를 둘러보면 과거에도 그렇고 현재에도 어떤 형태로든 산업육성정책을 실행하지 않는 나라가 없다. 더 놀라운 것은 그중에서도 산업정책에 성공한 나라가 매우 희귀하다는 사실이다. 이런 현상은 주류 강단(講壇) 경제학이 뭐라 하던 모든 나라들이 현실적으로는 신산업을 일으켜 마차에서 기차, 자동차, 비행기경제로 올라서지 않고서는 경제가 도약할 수 없음을 인지하고 있다는 뜻이다. 하지만 다른 한편으로는 어떻게 해야 국제경쟁력이 있는 신산업을 일으킬 수 있는지 그 방법을 모르고 있음을 의미하는 것이기도 하다. 따라서 소위 경제발전이론이 할 일은 산업정책의 성공방정식을 찾아내는 일이라 할 수 있다.

바로 여기서 한국의 중화학공업육성 성공 경험이 얼마나 중요한 의미를 갖는지 이해할 수 있을 것이다. 세계 역사상 가장 짧은 기간에, 어쩌면 가장 불리한 여건 속에서 60여 년 전 전형적인 농경사회, 즉 마차경제에서 출발하여 20~30년 만에 자동차경제를 완성하고 지금 비행기경제로 이행 중인 한국. 한국의 성공 경험은 20세기 후반 세계에서 거의 유일한 산업정책 성공 경험으로, 그 성공 원리를 이론화하여 일반화할 수 있다면 이것이야 말로 지구상 70억 인류가 부딪치고 있는 저

성장과 양극화문제를 풀 수 있는 경제발전이론의 새 길을 찾는 시발점이 될 수 있을 것이다.

그동안 한국의 중화학공업화정책은 그 시발자이자 강력한 추진력이었던 박정희 대통령이 정책의 마무리를 보지 못한 채 떠나고, 덩달아 이 정책에 회의적이었던 주류경제학계와, 후속 정권의 일부 관료들의 몰이해 속에 정책 실패가 선언되면서 제대로 평가되고 정리될 기회를 갖지 못한 채 근 40년이 흘렀다. 심지어 1980년대 3저 호황과 그 이후 한국경제의 눈부신 도약, 1990년대 후반 외환위기 극복이 중화학공업부문 기업들의 수출 능력에 의해 가능했고, 지금도 이들 기업들 덕에 중국기업의 추격 속에서도 한국경제가 선전하고 있음에도, 학계는 여전히 이 정책의 성공 원리를 이해하는 데 실패하고 있다.

본서는 한국 중화학공업화 역사의 시작에서부터 끝까지 한 편의 역사드라마를 보여준다. 저자인 김광모 선생은 박정희 대통령 시절 중화학공업 추진을 담당했던 청와대 경제2수석 비서관실에서 오원철 수석과 더불어 정책 추진 실무를 담당했던 비서관으로 한국의 중화학공업정책의 시작에서 끝까지의 내용을 그 누구보다 소상히 아는 분이다. 이 책은 중화학공업화정책의 전 분야에 대한 상세한 역사와 내용, 집행 과정 등을 상술하고 있어 학계의 산업정책 성공 원리를 연구하는 데는 물론, 관련 공직자들이 정책 교훈을 얻기 위한 교과서로서도 너무나 귀중한 자료가 될 것이다.

구순에 가까운 고령에도 굴하지 않으시고 끝까지 천착하여 어려운 작업을 성공리에 마치신 선생께 무한한 존경의 마음을 표함과 동시에 축하를 드리는 바이다.

| 차례 |

한국경제의 펀더멘털은
중화학공업이다

일러두기

제1부에는 저자의 저서 『한국의 산업발전과 중화학공업화정책』(1988)과
『중화학공업에 박정희의 혼이 살아 있다』(2015)의 내용이 부분 수록되어 있습니다.

제1장 번영의 시점에서

대한민국은 단군이 한반도에 나라를 세운 이래 처음으로 경제 개발계획에 착수하여 1960년대에 제1차 및 제2차 경제개발5개년계획을 성공적으로 완수하고 마침내 후진국의 굴레에서 벗어났다. 이에 만족하지 않고 대망의 1970년대 중화학공업화 정책의 추진으로 선진공업국에 진입하는 데 발판을 마련했다.

산업국가의 근본인 자본집약적, 기술집약적 산업이 고도화되면서 한국의 산업구조는 양적으로 확장되고 질적으로는 고도화 기술 단계에 진입했음을 알 수 있다.

대한민국의 산업구조가 선진국으로 도약하는 데 결정적인 역할을 한 것은 1970년대 중화학공업화정책의 성공이었다.

중화학공업정책은 한마디로 1980년대 초, 수출 100억 달러, 1인당 GNP 1천 달러 달성에 목표를 두었다.

1960년대의 제1차 및 제2차 경제개발5개년계획의 성공으로 말미암아 한국은 1972년에 수출 16.7억 달러, 1인당 GNP 318달러라는 경제 위상을 얻었다. 1973년 박정희 대통령의 연두기자회견으로 착수한 중화학공업화정책은 국가의 운명을 결정지은 최고의 정책이었다. 착수 당시만 해도 후진국에서 중화학공업을 추진한 나라가 없음을 근거로 무모한 발상이라며 비난과 반대가 쏟아졌다. 하지만 도전해보지도 않고 영원히 후진국으로 눌러앉아 있을 수 없다는 각오 아래 철저하고도 치밀한 계획으로 관민이 일치단결하여 목표를 달성했다.

한국의 중화학공업정책은 국내외적으로 불어닥친 여러 가지 난관을 극복하고 어렵게 태어났다. 1970년대 중화학공업화정책이라는 획기적인 도약이 없었다면 지금 한국의 산업과 경제가 어떻게 되었을까 상상해보면 그 중요성을 알고도 남는다.

그뿐만이 아니다. 매년 국군의 날 행사 때마다 선보이는 대부분의 기본 병기 및 고도정밀장비는 국산이다. 이것은 중화학공업으로 국내 방위산업을 육성한 덕분이었다. 방위산업이 곧 중화학공업이기 때문에 국군의 전력 증강과 자주국방을 위한 노력 또한 높이 평가해야 마땅하다.

흔히 각 나라의 기적과도 같은 경제발전을 일컬어 '라인강의 기적', '일본의 기적' 혹은 '한강의 기적'이라고 표현한다. 그러나 경제에서 기적이란 있을 수 없다. 기적적인 발전을 이루었다면 그것은 노력의 대가이다.

21세기를 향해 미래 산업을 가꾸고 중화학공업을 다져야 할 중요한 시점에서 짜임새 있고 신뢰받을 수 있는 산업발전정책에 입각한 자유기업, 자율경제를 굳히기 위해서는 중화학공업화정책을 재평가하고 본보기로 삼아 성장과 발전을 전제로 한 도약을 추구해야 한다.

이러한 의미에서 중화학공업정책이 미래를 향한 경제발전에 참여할 이들에게 참고가 되었으면 한다.

제2장 한국경제와 중화학공업

최근 선진국의 경제정책은 자국의 이익만을 위해 행해지고 있다. 일본은 추가 양적완화를 실시할 것이라 하고 미국은 반대로 양적완화를 종료하고 금리 인상을 서두르고 있다. 이 조치로 엔화 가치는 하락한 반면 원화 가치는 올라 한국의 수출경쟁력이 떨어져 수출지향성인 우리 경제에 먹구름이 덮이고 있다. 미국의 양적완화 종료는 그렇지 않아도 어려운 세계경제의 침체를 가속화시키고 있다. 제일 큰 무역 상대국인 중국은 중국대로 저조한 경제성장(7%선) 때문에 국내경기 부양을 위해 금리를 인하했다. 이런 판국에 EU(유럽연합)마저도 경기 침체로 양적완화를 실시할 것이라는 보도가 나오고 있다. 여기에다가 최근에 일어나고 있는 과도한 유가 하락이 러시아와

인도네시아, 브라질 등 자원생산국에 치명적인 타격을 줘 국제금융질서가 혼돈 사태로 빠져들고 있다. 우리는 여기에 직접적으로 맞대응할 수는 없으나 최소한도의 대비책은 강구해야 한다.

한때 선진국이라고 뽐내던 PIGS 국가(포르투갈(Portugal), 이탈리아(Italy), 그리스(Greece), 스페인(Spain)의 앞글자를 조합해 만든 신조어)들이 경제 난국을 겪고 있다. IMF 구제금융 일보 직전에 있는 것이다. 경제력이 뒷받침해줄 능력이 없는데도 복지정책을 강행해서 생긴 결과다. 그들은 산업생산력이 없다. 세계경기가 되살아나 관광산업으로 외화를 벌어들이는 방법밖에 없는데 이 또한 기대하기 힘들다.

일부 경제학자들은 오늘날 한국의 경제 사정을 일본의 '잃어버린 20년' 시대와 같은 위기라고 말한다. 일본은 버텨낼 만한 국력이 있었기 때문에 견뎌냈다고 하지만 그 후유증으로 엄청난 국가부채를 떠안고 말았다. 일부 경제학자들은, 1997년 말 우리가 겪은 IMF 위기는 일시적인 것이어서 해결할 수 있었지만 이번의 경제 위기는 일시적인 것이 아니고 과거 5년간 지속된 한국경제의 '펀더멘털'이 없어서 생긴 것이므로 해결 난망이라고 말한다.

IMF 위기는 김영삼 정부의 말기인 1997년 11월에 외환 부족으로 외환채무를 결제할 수 없어 IMF에 구제 요청을 하면서 발생한 것이다. 이것이 김대중 정부로 넘어갔다. 이 사태를 해결하겠다고 금반지, 금비녀 등 금 모으기 같은 국민운동도 벌어졌고, 기업체들은 대대적인 구조조정을 실시했다. 하지만 부실업체들은 도산했고, 상전이 벽해가 되다시피 모든 것이 급변했다. 당시 은행 등 팔 수 있는 건 다 팔았지만, 결과적으로 세계경기가 호전되면서 석유 및 석유화학제품을 비롯한 중화학제품의 수출로 IMF는 거뜬히 해결될 수 있었다. 중화학공업이 없었더라면 장기전으로 갔을 것이다. PIGS 국가들이 아직도 외환위기에 허덕이고 있는 이유는 우리나라와 같은 산업생산력이 없기 때문이다.

필자는 한국경제의 펀더멘털은, 경제학자들이 뭐라고 하든, 중화학공업이라고 말하고 싶다. 우리에게는 든든한 경제의 펀더멘털인 중화학공업이 있다. 그 중화학공업이 내수시장에 근거를 둔 것이 아니라 수출지향성이기에 문제였지만, 좁은 내수시장을 근거로 해서는 중화학공업이 생겨날 수 없었다. 따라서 중화학공업이 있는 이상 수출을 해야 한다. 경기를 어떻게 회복시키느냐는 문제의 답은 중화학공업제품의 수출 여부에 달려 있다.

지금 우리가 겪고 있는 일본식 위기는 5년간이나 지속되었다. 세계경기의 회복이나 환율문제는 우리가 해결할 수 있는 사안이 아니다. 그래도 재경당국에서 대책은 세워놓아야 한다. 한편으로 피나는 구조조정도 실시해야 한다. 한 나라의 전통이 무너지면 그 나라는 무너진다. 중화학공업은 우리나라의 전통산업이다. 중화학공업이라는 전통산업을 무너뜨리면 나라가 망한다. 이와 병행하여 중소기업과 벤처기업이 분발할 때다. 모든 분야에서 오늘날의 경제 위기가 난국임을 절감하고 절치부심하는 각오로 해결에 임하는 자세를 가져야 한다.

정계는 정쟁으로 힘을 소모해서는 안 된다. 포퓰리즘에 의한 복지정책은 뒤로 미루어야 한다. 노동계는 분에 넘치는 노동쟁의를 중지해야 하며, 경제난국 해결의 주동 역할을 해야 하는 정부와 공무원은 사력을 다해야 한다.

한국은 1960년대에의 기근과 좌절감에서 벗어나 중진국으로 진입하는 기적을 일구어냈다. 나아가 1970년대에는 20세기 역사상 성공한 예가 없는 중화학공업화정책을 과감히 추진하여 1980년대 목표치를 2~3년 앞당겨 달성함으로써 또 한 번의 기적을 만들어냈다. 이 중화학구조는 계획적이고 이상적으로 만들어졌기 때문에 세계 일류 작품이다. 그러므로 중화학공업은 우리의 주축 산업이며 지주 산업임에 틀림없다. 1980~1990년대를 거쳐 10년간 시련도 겪었지만 우리 산업은 선진국형으로 발전해왔다.

1970년대에 중화학공업에 의한 100억 달러 수출 목표라는 결과물도 수출만이 살 길이라는 목표 아래 국민이 일치하여 이루어낸 결과다.

제3장 제4차 산업혁명과 중화학공업

작금의 정치 불안으로 한국경제는 심각한 위기에 처해 있다. 오늘날의 한국경제는, 경제전문가가 아니더라도, 성장세로 올라서는 것은 힘들다고 많은 사람들이 예감하고 있다.

2017년의 경제 예측을 정부와 한국은행, KDI 모두가 2% 중반으로 발표한데 이어 OECD와 무디스, 모건스탠리 등의 외국 신용평가기관도 모두 2%대 성장이라고 예상치를 내놓았다. 이것은 3년 연속 2% 성장을 의미하는데 한국이 1962년 경제개발정책을 실시한 이래 처음 있는 일이다. IMF 때에도 외환위기(1979년)때에 -5.5%라는 마이너스성장을 하다가 2년 만에 중화학공업제품의 수출로 성장세를 회복했다.

우선 한국경제를 좌우하는 수출의 경우를 보자. 작년 12월 한국경제사에서 제일 큰 '무역의 날' 행사가 열렸다. 한국은 2011년에 무역 1조 달러를 달성하고 1조 달러 클럽에 가입하면서 세계 6위의 무역국가가 되었으나 2016년에는 수출 감소로 무역고 8,185억 달러를 기록하면서 세계 8위로 전락했다.

산업활동 지수상의 제조업 생산 저하는 심각하며, 30일 발표한 10월의 소비자심리는 전월보다 6.5% 감소한데다 11월은 0.4% 더 감소했고 설비투자, 증권거래량 모두 감소세다. 통계에 의하면 청년실업률은 8.5%로 1999년 이후 최저치다. 결론적으로 한국경제의 성장지표인 수출과 소비와 투자 모두가 급강하했다는 뜻이다. 국정의 불안으로 한국경제는 침몰 일보 직전에 와 있다고 해도 틀린 말이 아니다.

정치가 경제를 직간접적으로 살릴 수도 있고 죽일 수도 있다. 다행히 한국은 경제 기반이 탄탄하게 구축되어 있기 때문에 정치적 소용돌이 속에서도 성장세를 유지해왔다. 하지만 이번 정치적 상황은 과거의 정치적 불안과 다르다. 정부가 제 구실을 못하고 있기 때문이다.

정권 쟁탈에만 힘을 쏟는 맹목적인 정치가 판을 치고 있는 이 난국에서 대다수의 국민은 화합과 양보에 의한 대타협으로 국가와 민족의 장래를 위하는 경제 안정, 나아가서 성장의 길을 모색해주길 바라고 있다.

오늘날 세계경제는 제4차 산업혁명시대에 돌입했다고 한다.

한국의 경제 상황은 정치 소용돌이에 휘말려 속수무책의 곤두박질 상황에 놓였다. 제4차 산업혁명시대에 대한 대비는커녕 현재의 고난 속에서 헤쳐나올 징조가 보이지 않는다.

여기서 잠깐 세계경제의 발전사를 언급하자면, 전 세계적으로 18세기 중반(1970년경)부터 영국에서 시작한 산업혁명으로 과거의 농경산업 위주에서 기계화에 의한 생산이 가능해졌다. 제1차 산업혁명 이후 19세기 말부터 20세기 초까지 전기의 발명과 에너지산업의 보급으로 제조업의 대량생산체계가 가능해졌다. 20세기 중반부터 컴퓨터와 반도체의 부상으로 산업의 디지털화를 향한 발전이 급속화되었다. 이후 21세기에 들어서 제4차 산업혁명을 맞이하기까지 약 200여 년의 시간이 흘렀다. 대한민국은 산업화에 착수하여 50~60년의 기간에 3차 산업혁명을 완수했다고 해도 틀린 말이 아니다. 제2차 세계대전 후 세계산업발전사에서 후진국이 이런 과업을 이룬 나라가 없다.

산업혁명의 핵심을 분석해보면, 모두가 과학기술의 발전으로 이루어진 것이라고 할 수 있다. 제4차가 여타 산업혁명과 특이하게 다른 것은 속도전에 있다. 제4차 혁명산업으로 일컬어지고 있는 것은 정보통신(IT)과 인공지능(AI)을 필두로 항공우주산업, 첨단 병기산업, 바이오산업 등이 해당되나, 더 중요한 것은 현재까지의 전통제조업에 IT와 AI 기술을 접목시키는 것이다.

대한민국은 인구 5,000만의 경제대국이다. 중화학공업을 주제조업으로 한 전통산업을 중심으로 두뇌, 첨단, 미래산업이 복합적으로 조합된 산업구조를 이루어야 한다. 따라서 오늘의 한국경제가 곤경 속에 빠져 있는 중요 원인은 세계경제의 불황으로 인한 중화학공업의 침체에 기인한다. 한국경제 발전의 새로운 활로를 개척하는 데 급선무는 중화학공업을 구조조정하고 기술혁신을 하고 나아가서 두뇌, 첨단산업을 육성함에 있다. 이것이 제4차 산업혁명시대를 맞는 한국경제의 과제다.

제 **2** 부

근대 한국의
산업발전 개요

제1장 36년의 식민지 경제

한반도는 1910년 일본에 강제 병합되어 1945년 일본의 패전으로 해방되기까지 36년간 일본의 식민통치를 경험했다. 일본은 조선을 강제 병합한 뒤 조선 경제를 일본제국자본주의 발전 단계로 이용하려는 조선 침략의 원래의 목적을 철저하게 추구했다. 병합하자마자 식민지경제의 구체적 실현을 위해 1911년에 '조선회사령(朝鮮會社令)'을, 1912년에는 '토지조사령(土地調査令)'을 공포했는데 전자는 공업화정책을, 후자는 농업정책에 대한 예속과 수탈을 위한 대표적인 정책이었다. 이는 조선을 일본 상품의 판매시장으로, 그리고 일본에 식량과 공업용 원료를 대는 공급지로 확보하는 하려는 목적이 있었음을 보여 준다. 조선 공업의 발전을 억제하여 조선을 일본의 상품시장으로 묶어 두고 농촌은 농촌대로 수탈하자는 구상에서 식민지정책의 근본이 만들어진 것이다.

조선회사령은 조선에서 사업을 영위하려는 모든 사람들이 조선총독부의 허가를 받도록 규정하고 있을 뿐만 아니라 영업 정지와 금지, 해산의 권한까지 총독부가 가지도록 했다. 즉 조선의 공업을 억제하여 조선인의 회사 설립을 저지하는 데 목적을 두었다고 할 수 있다.[1]

토지조사령은 1912년에 공포되었지만 강제 병합 전인 통감부 때부터 토지 조사에 착수하여 일본인의 토지 소유를 법령으로 합법화했고, 농민의 전통적 공유지와 조선 왕조의 공유지를 국유지로 규정하여 총독부의 관할 아래 두었다. 토지의 대부분도 일본인 지주가 소유하게 되어 조선 농민은 소작인으로 전락하고 말았다.

일제의 이런 악랄한 식민 통치가 계속되자 1919년에 민족주의 독립운동이 전국적으로 일어났고, 이로 인해 무력에 의한 강압적 식민지정책은 조금 완화되었다.

그 연장선으로 1920년에 조선회사령을 허가제에서 신고제로 바꾸고 일본 자본이 조선에 진출하는 길을 터 주었다. 이로

---

1 1911~1919년에 이르는 기간에 설립이 허가된 회사 수는 일본인 소유가 180개 사인 반면, 조선인 소유는 36개에 지나지 않았고 자본총액에서도 조선인 투자의 비율은 1911년에 겨우 17%였으며 이것도 1919년에는 12%로 줄었다.

인해 제1차 세계대전 기간(1914~1918년)에 자본을 축적한 일본 회사가 조선으로 진출하게 되었으며 1920년대에는 식민지 공업화가 시작되었다. 예를 들면 흥남에 조선질소비료공장, 황해도에 미쓰비시(三菱)제철소, 평양에 오노다(小野田) 시멘트공장, 부산에 조선방적공장 등이 들어서게 된 것이다. 이 당시 일본의 식민지 공업화와 더불어 조선인에게도 공업 참여의 길을 약간 열어놓아 조선인계 회사의 확장을 가져왔다. 그러나 조선인계의 공업 형성은 단순가공형 경공업이 중심이었고 민족자본의 축적이 빈약했으므로 영세 중소기업이 대부분이었다. 1920~1930년 사이에 조선인 회사가 4배나 늘었는데도 불입자본금은 1.6배 밖에 늘지 않았음을 보아도 기업의 영세성을 알 수 있다.[2]

---

2 일본질소비료주식회사는 1920년대에 일본에서 인견사 등의 사업으로 재벌이 된 회사다. 이 회사는 함경도의 부전고원에 압록강 상류의 장진강과 부전강을 동해로 역류시켜 수력발전을 하는 사업에 착안하여 조선수력발전주식회사를 설립하고 여기서 얻은 풍부한 전력을 이용하기 위해 조선질소비료주식회사를 설립했다. 흥남에 위치한 조선질소는 전기 분해해서 얻은 수소와 질소를 합성하여 암모니아를 만들고, 여기서 유안을 주축으로 한 각종 비료를 생산하는 당시 세계 굴지의 종합화학공장이었다.
이 밖에도 어유를 이용한 유지사업으로 경화유, 비누, 글리세린 등도 만들었고 카바이트, 초산, 질산 등 각종 기초 공업품도 생산했다. 또한 어유에서 얻은 글리세린과 카바이드에서 질산을 합성하고 이 질산과 글리세린을 반응시켜 니트로글리세린과 다이나마이트를 만드는 군수공장도 세웠으며, 석탄을 액화하여 석유를 합성하는 공장(영안)도 지었다. 뿐만 아니라 발전사업을 위한 송전사업과 제품 수송을 위한 철도사업에도 손을 댔으며, 제품을 일본으로 실어 가기 위한 함흥 항구도 개발했다. 당시 흥남공장을 중심으로 한 이러한 사업은 세계 최대급에 속했으며 전쟁으로 파괴되긴 했지만 이 지역은 현재에도 북한의 최대 공업지역이다. 북한의 '금강댐 계획'도 당시의 장진강과

1930년 조선인이 영업한 업종의 구성을 보면 식료품공업이 전체의 58%, 방적공업이 13%로 이 두 업종이 70% 이상을 점유했다. 식료품공업은 양조장, 정미소가 대부분이었으며 기계공업의 비중은 1% 정도였으니 여기서도 식민경제의 특징을 잘 알 수 있다.

　1929년의 세계공황의 여파로 일어난 불황 때문에 일본의 통제경제에서 벗어나 일본의 통제권 밖에 있던 조선으로 진출하려는 일본 기업의 움직임이 활발해졌고, 그 결과 일본 기업이 조선에 대거 진출하게 되었다. 이것은 경제적 차원에서 뿐만 아니라 일본의 만주 침략과 중국 침공에 대비하여 조선을 병참기지화한다는 의도도 깔려 있었다. 일본이 1931년 만주 침략을 거쳐 1937년에 중국 본토를 침공한 이래 제2차 세계대전으로 전쟁이 확대되면서 조선경제는 동원체제 아래에서 전시물자 생산을 위한 군수공업체제로 바뀌었다. 중화학공업 건설은 일본의 대재벌에 의해 제철, 화학, 화약, 조선, 전력과 조선 북부에 풍부하게 매장되어 있는 석탄, 철광석, 동, 아연 등 광산물 개발 등의 분야에서 광범위하게 진행되었다. 그러나 이것은 오로지 일본의 군사 목적을 충족하기 위한 개발이었다.

　우리나라의 부분적인 산업근대화는 일본의 식민통치 아래에서 이루어지긴 했으나 그것은 일본에 예속된 채 조선을 일

부전강의 동해 역류를 이용한 수력발전과 똑같은 구상으로 알려져 있다.

표 2-1 **민족별 공장공칭자본 통계**(1940년 말 현재)

(단위: 천 원)

부문별	조선		일본	
	금액	비율	금액	비율
인쇄제본	1,500	43%	2,000	57%
금속공업	6,100	2%	373,000	98%
기계기구공업	61,500	42%	85,050	58%
화학공업	1,000	0	276,250	100%
가스전기공업	–	0	553,030	100%
요업	–	0	53,845	100%
방적공업	14,000	15%	76,600	85%
제재 및 목제품	5,500	10%	47,000	90%
식량공업품	5,250	7%	83,800	93%
기타	7,000	8%	83,500	92%
합계	101,850	6%	1,623,475	94%

자료: 조선은행조사부, 「조선경제연보(1948)」 / 대한상공회의소, 「한국의 상공업 100년」

본의 원료 생산지와 상품시장 그리고 조선을 병참기지화한다
는 철저한 식민지이론을 실천에 옮긴 것에 불과했다.3 따라서
일제 강점기 때 조선의 공업화 전개가 누구를 위해, 누구의 자
본으로 이루어졌는가라는 관점에서 보면, 이는 조선 민족을 위

---

3 일본의 식민지정책은 경제면에서 수탈과 약탈 그리고 기아수출정책이었다고 할 수 있고 사회문화
   면에서는 우민화 내지 민족말살정책이라고 결론 내릴 수 있다. 이에 대한 정책의 대표적 예를 몇
   가지 나열하면, 조선인의 족보를 없애고 일본식 이름으로 바꿔버리는 창씨개명, 조선어를 못 쓰게
   하는 일본어의 국어화, 소학교 이상의 고등교육 제한, 국가 및 국기의 일본화, 인력의 강제 동원과
   징용 등등 지금의 일본인은 상상할 수 없을 정도로 악랄했다.

해, 조선 민족의 역량과 자본으로 이루어진 것이 아니라 일본 자본주의 확장을 위해 일본자본에 의한 일본의 공업화였다는 사실을 알 수 있다(표 2-1). 다시 말해, 1905년부터 1945년에 이르기까지 40년간 일본의 종속물로 이루어진 조선 개발은 기형적인 것이었다. 해방과 더불어 남북분단이라는 비극을 겪으면서 국민경제는 한층 더 심한 혼란을 겪어 이 기형적인 상황마저 쓸모없는 것이 되고 말았다.

제2장 해방과 분단에 의한 혼란

1945년 8월 15일 우리나라는 36년간의 일본식민통치에서 해방되었다. 그러나 민족의 비극은 계속되었다. 해방 이후 한국경제는 아무런 사전 준비 없이 일제가 남긴 기형적 식민지경제구조를 그대로 이어받았다. 해방 직전 일본인이 제조업 전체의 94%를 영위하고 있었고 기술자도 한국인이 전체의 20% 미만이었다. 이러한 파행적 상황에서 일본인이 한꺼번에 퇴거하자 정상적인 생산활동이 이루어질 수 없었다.

〈표 2-2〉와 〈표 2-3〉에서 보듯이 광공업 생산은 해방 전에 비해 크게 줄었다. 광업의 경우 고용 감소는 95% 이상이었고 제조업의 경우도 50% 이상이 감소했다. 여기에 설상가상으로 해방 뒤 해외동포와 피난민이 몰려 들어오면서 실업자 수는

표 2-2 **해방 뒤 공업 생산**

(1941년 대 1948년)

업 종	공장별			생산액		
	1941 (개소)	1948 (개소)	증가율 (%)	1939 (천 원)	1948 (천 원)	증가율 (%)
섬유공업	1,301	1,325	2.0	169,927	17,672,558	-74
화학공업	517	767	48.4	84,846	14,666,093	-57
식품공업	1,863	646	-65.3	210,119	5,879,317	-93
기계공업	585	534	-7.2	38,212	2,396,313	-84
금속공업	408	206	-49.5	13,550	2,209,197	-59
요업	366	115	-68.6	11,928	1,574,212	-68

자료: 대한상공회의소, 『한국의 상공업백서』

표 2-3 **해방과 광공업 생산**

(단위: 사업체-개, 노동자-인)

	사업체 수			노동자 수		
	8·15 이전	8·15 이후	감소율	8·15 이전	8·15 이후	감소율
제조업	9,323	5,249	43.7%	300,159	122,159	59.4%
광업	1,239	55	95.6%	179,826	4,660	97.4%

자료: 중화학공업기획단

급증하게 되었고 만성적인 물자 부족 현상을 초래되었다.

이러한 격심한 생산 위축과 물자 부족 상태에서 일본인들의 본국 귀환과 종전 처리라는 명목으로 화폐가 남발됨에 따라 해방 직후 물가는 폭등하고 임금은 폭락하여 민생고는 극도로 심각해졌다. 한마디로 이때의 경제 상황은 혼란과 파탄 그 자

표 2-4 **공업 생산의 남북 구조**(1940년)

(단위: %)

	남한	북한		남한	북한
화학	17.9	82.1	목재	65.3	34.7
금속	9.9	90.1	인쇄	89.1	10.9
기계	72.2	27.8	식품	65.1	34.9
방직	84.9	15.1	기타	78.1	21.9
요업	20.3	79.7	전력	8.0	82.0

자료: 이만기, 「신한국경제론」 / 대한상공회의소, 「한국의 상공업백서」

체였다.

그러나 이보다 더 심각한 민족의 비극은 남북분단이었다. 독립국가로서의 기쁨을 누리기도 전에 전쟁의 당사국도 아닌 한민족은 미소 강대국의 정치 흥정에 휘말려 북위 38도선을 경계로 남쪽은 미군이, 북쪽은 소련군이 점령하는 비극을 맞았다. 1946년 5월 23일부터 38선을 통과하는 것이 금지되었고, 1948년 5월 14일 이래 북한으로부터의 송전이 중단되었다. 그 뒤 남한에는 같은 해 8월 15일에 한국정부가 수립되고 북한에도 같은 해 9월 9일 조선민주주의인민공화국이 수립되면서 남북은 완전히 분단되었다.

해방 당시 한국의 산업구조를 보면 남한은 농산물, 식료품공업을 중심으로 한 소비재산업이 존립하였고 북한은 전력을 비롯하여 지하자원을 활용한 광공업이 주축을 이루었다(표 2-4).

지하자원 매장량은 유무연탄을 위시하여 모든 광산물이 북

표 2-5 **주요 지하자원의 남북 비율**

(단위: %)

	남	북
금(사금)	29.3	70.7
금은광	27.3	72.7
철광	0.1	99.9
선철		100
중석 및 수연광	21.5	78.5
흑연	29	71
유연탄	0.5	99.5
무연탄	2.3	97.7

자료: 조선은행조사부, 「조선경제연보(1948)」 / 강행우, 「남조선경제론」

한에 편재되어 있었으며(표 2-5) 발전은 거의 전량을 북한에
의존하고 있었다(표 2-6).4

이러한 남농북공(南農北工), 남경북중(南輕北重)의 식민경제구
조에서는 남북이 어느 정도 상호보완 관계에 있었으나 인위적
남북분단으로 양쪽 모두가 기형화되었다. 공업, 자연자원과 시
장의 분할을 초래한 남북분단의 경제적 상처는 이처럼 대단히
심각했다. 특히 남한은 전력, 공업용 원자재, 화학비료, 지하자

---

4 해방 직전에 남조선에는 화천과 청평의 소규모 수력발전소와 영월의 화력발전소 정도밖에 없어
남조선의 발전 비율은 조선반도 전체의 8%에 불과했다. 1947년 북으로부터 송전이 중단되자 수
도 서울은 암흑 속에 놓였다. 당시 미군정청에서는 수십 척의 디젤 발전선을 미국으로부터 급파하
여 인천에 정박시켜 서울에 전력을 공급하는 긴급조치를 취했다. 그 뒤 전력을 공급하기 위해 몇
개의 화력발전소를 건설했으나 계속 부족하여 제한 송전을 실시했으며, 산업 생산시설에 공급하
는 전력은 큰 이권중의 하나였다. 무제한 전력 공급의 꿈은 1964년 4월 1일부터 실현되었다.

표 2-6 **전력의 남북 구성(해방 직전 현재)**

(단위: KW)

	출력	비율	연평균 발전력	비율
북	1,262,500	86%	909,200	92%
남	206,290	14%	79,500	8%
합계	1,468,790	100%	988,700	100%

자료: 조선은행조사부, 「조선경제연보(1943)」 / 강행우, 『남조선경제론』

원 등을 북한으로부터 공급받고 있었으므로 분단으로 인한 공급 단절은 남한 경제를 파멸 상태로 몰아넣기에 충분했다.

1945~1948년까지 약 3년간, 그러니까 정부가 수립될 때까지 미군정청 점령 아래에서 한국경제가 당면한 긴급 과제는 심각한 민생고를 해결하는 것이었다. 따라서 민생 안정을 위해 식료품, 농산물, 의류, 의약품 등의 소비재가 미국의 원조로 제공되었다.[5]

1948년 8월 정부가 수립되자 미국과 한미경제협정을 체결했고 1949년에는 경제안정15원칙을 공포했다.[6] 이런 조처로 정부 수립 이후에는 사회가 어느 정도 안정되어가면서 섬유공

---

5 미군정 기간의 원조는 점령지역구호원조(Govermnent and Relief in Occupied Area, GARIOA)와 해외정산위원회(Office of Foreign Liquidation Commissioner, OFCL)였으며 이것은 긴급구호에 의해 경제적 안정을 도모하는 것이었다. 이러한 긴급구호는 식량 부족을 해소하고 질병이 만연하지 못하도록 도움을 주었으나 원조의 성격상 산업생산활동에는 기여하지 못했다.

6 경제안정 15원칙의 주요 내용은 ① 중점 산업의 지정(식량 증산, 생산의 자급자족, 동력의 확보) ② 교통통신시설의 조속한 복구 ③ 삼림 황폐의 신속한 복구 ④ 물가통제정책의 수립 ⑤ 양곡수집의 계속 ⑥ 노동조건의 개선 및 사회보장제도의 확립 ⑦ 귀속재산 대책의 조속한 수립 ⑧ 무역관리정책의 확립 ⑨ 산업단체의 정비 강화 등이다.

표 2-7 **산업별 국민총생산 추이(1955년 불변시장가격)**

(단위: 10억 원)

	기준연도 (1948년 및 1949년 평균)	1948	1949
제1차산업	389.6	380.8(52.0)	398.3(49.6)
성장률	–	–	(4.5)
지수	100.0	97.7	102.2
제2차산업	76.3	65.2(8.9)	87.3(10.9)
성장률	–	–	(33.9)
지수	100.0	85.5	114.4
제3차산업	301.7	286.1(39.1)	317.3(39.5)
성장률	–	–	(10.9)
지수	100.0	9.48	105.2
국민총생산	767.6	732.1(100.0)	802.9(100.0)
성장률	–	–	(9.7)
지수	100.0	95.4	104.6

자료: 중화학공업기획단

업을 중심으로 해방 전 상황으로 복구되는 상태에까지 이르렀
다. 농산물도 해방 전 남한의 생산 수준을 유지하게 되었다.

　1948년 당시 산업구조를 보면 제1차산업이 52%로서 가장
높은 비중을 차지했고, 제2차산업은 겨우 8.9%에 불과했다.
1949년에는 식료품공업, 방적공업을 비롯한 경공업 생산이
활발해지기 시작했다(표 2-7).

　이와 같이 1948년과 1949년이라는 짧은 기간 동안 우리나
라는 해방 후 처음으로 혼란 속에서 안정과 성장을 조금 누리
게 되었다.

제3장 한국전쟁에 의한 피해

우리나라 경제가 악몽에서 깨어나 취약한 경제 기반에서 조금씩 안정을 찾아 갈 무렵, 1950년 6월 25일 북한의 남침에 의한 한국전쟁이 발발했다. 이 전쟁은 막대한 인적, 물적 손실을 안겨 주었고 남한의 경제를 글자 그대로 잿더미로 만들어버리고 말았다.

약 600만 병력이 동원된 현대적 물량전쟁은 무수한 인명을 희생시켰으며 많은 산업시설과 사회간접자본시설을 파괴했다. 사회 전반에 걸쳐 전화로 입은 재난은 헤아릴 수 없었으나, 무엇보다 생산시설의 파괴가 심각했다. 서울, 인천을 중심으로 한 경인지대, 강원도의 삼척공업지대를 비롯한 남한 내 공업지역을 소실시켰으며 영남공업지대만 겨우 남았을 정도였다.[7]

표 2-8 **공업부문 피해 복구 상황**

		한국전쟁 시설	피해	복구·시설	피해율	복구율
섬유공업	건물(평)	244,321	106,447	41,202	43.6	38.7
	기계(대)	22,290	12,634	4,985	56.7	39.5
잠업	건물(평)	25,306	12,003	3,108	47.4	25.9
	기계(대)	595	223	66	37.5	29.6
식품공업	건물(평)	7,194	4,299	3,463	59.8	80.6
	기계(대)	232	92	52	39.7	56.5
공예공업[1]	건물(평)	4,516	670	712	14.8	106.3
	기계(대)	1,447	322	1,126	21.8	349.7
인쇄공업	건물(평)	545	257	123	47.2	47.9
	기계(대)	41	17	12	41.5	70.6
금속공업(공업)[2]		224	127	92	56.7	72.4
기계공업(공업)[2]		623	347	215	55.7	62.0

주: 1) 1953년 말 현재 복구 상황   2) 1952년 말 현재 복구 상황
자료: 한국산업은행조사부, 「한국산업경제 10년사」 / 대한상공회의소, 「한국의 상공업 100년」

통계에 의하면 공업부문의 파괴는 섬유, 식품, 기계, 금속공업 등 경중공업 모두 50% 정도에 달한 것으로 기록되어 있지만, 실질적 피해는 그 이상이었다(표 2-8).

전쟁이 3년간 지속되면서 제조시설이 파괴되어 생산활동은

---

7 한국전쟁에 투입된 병력은 국군과 미군을 비롯한 UN군이 260~270만 명이고 북한과 중공의용군이 약 300만 명으로 알려져 있어 합계 600만 명에 이른다. 한반도라는 작은 땅덩어리에서 당시 활용할 수 있었던 모든 최신 중화기와 많은 병력이 동원된 전쟁의 참화는 인명 손실만 100만 명 이상이었고 1,000만 명이 넘는 이산가족이 발생하는 민족의 불행을 초래했다.

표 2-9 **해방 후 물가 변동**

(1945=100.0)

연월	도매물가지수	월평균 증가율(%)	소매물가지수	월평균 증가율(%)
1936	5.7	–	3.0	–
1945. 6	15.5	0.9	–	–
1945. 8	100.0	154.0	100.0	–
1945.12	248.8	25.6	218.4	21.6
1946.12	1,459.1	15.9	792.5	11.3
1947.12	3,327.9	7.1	1,665.9	6.4
1948.12	4,245.4	2.0	2,027.3	1.6
1949.12	6,632.0	3.8	3,133.5	3.7
1950. 5	7,676.1	3.0	3,592.8	2.8
1950.12	19,041.3	13.9	10,059.8	15.8
1951	6,832.7	23.7	51,598.3	31.3
1952	141,294.3	6.2	93,249.7	5.1
1953. 1	164,432.0	2.2	95,917.2	0.4

자료: 한국산업은행조사부, 「한국산업경제 10년사」 / 대한상공회의소, 「한국의 상공업백서」

크게 위축되었다. 그러다 보니 물자가 부족해졌고 더불어 막대한 군사비 부담으로 통화가 팽창하여 '전시 인플레'까지 유발되었다. 결국 물가가 폭등하는 등 한국경제는 마비 상태로 빠져들었다(표 2-9). 이런 상황에서 물자 부족을 메우고 경제를 지탱하기 위해서는 외부, 주로 미국으로부터 원조를 받을 수밖에 없었다. 정부 수립 이래 공여받았던 경제원조자금이 전쟁의 발발로 인해 전시구호원조자금으로 형태를 바꾸어 제공되어 민생 안정을 위한 물자 부족 충당용으로 사용되었다.[8]

이리하여 일제의 식민경제를 벗어난 한국경제는 해방 후 정치적 격동과 남북분단, 한국전쟁으로 막심한 전재까지 입은 채 전무 상태로 전락하고 말았다.

---

8 미군정 아래에서 받던 GARIOA, OFLC 등의 구호원조는 정부가 수립된 뒤에 경제 재건을 위한 원조, 즉 경제협조처(Economic Cooperation Administration, ECA)로 바뀌었다. 이것이 한국전쟁 중에는 보급 및 경제협조(Supplies and Economic Cooperation, SEC)와 한국민간구호(Civil Relief in Korea, CRIK) 원조자금이 되어 전시의 긴급구호용으로 사용되었다. 해방 후 휴전까지의 기간, 즉 1945~1953년에 걸친 한국경제의 혼란기를 원조경제 또는 종속경제시대라고 부른다.

제4장 전후 복구와 정치 소요

1953년 7월 휴전이 되면서 경제 재건과 부흥을 위한 본격적인 활동이 시작되었다. 그러나 한국전쟁을 치른 한민족에게 남겨진 후유증은 컸다. 남북 사이에 적대감은 극도로 악화되었고 정부에 대한 국민의 불신감 또한 팽배했다. 정부는 강력한 행정력을 잃어 경제 복구 능력을 갖추지 못했을 뿐만 아니라, 국토는 폐허가 되어 자원이라곤 아무것도 없었다.

　1953년의 산업구조를 보면 농림수산업이 GNP의 63%를 차지하고 있었고 제조업의 비중은 8%에 지나지 않았으며, 1인당 GNP는 67달러였다. 이런 상황에서 재건을 위한 유일한 방법은 해외 원조에 의존하는 길밖에 없었다. 이때 제공된 원조자금은 UN의 UNKRA, 미국의 FOA와 ICA 및 PL480(Agricultural

Trade Development and Assistance Act: 미공법 480호)이었는데 UNKRA 자금도 65% 이상이 미국의 자금이었으므로 미국의 원조가 주류를 이루었다.

UNKRA 원조는 생산공장 건설에 약 70%가 사용되었고 문화, 사회시설 복구에도 많은 기여를 했다. 이 자금으로 건설된 기간공장은 인천판유리공장, 문경시멘트공장 등이었고 기타 방적공장과 탄광 개발에도 사용되었다.[9]

FOA와 ICA 원조는 1953~1961년 동안 미국 원조의 76.3%를 차지하여 주로 소비재 도입에 72%가 사용되었다.[10] 이 자

---

9 국제연합한국재건단(United National Korean Reconstruction Agency, UNKRA) 자금은 1950년 12월 1일 UN총회 결의로 한국의 재건을 위한 장기원조자금으로 공여된 것이었다. 전쟁 중에는 긴급구호원조로도 제공되었으나 휴전 뒤 1954년 5월 UNKRA 협정이 체결된 이후 본격적 원조가 실시되었다. UNKRA는 1958년 6월 30일에 해체되었으나 원조는 1960년까지 이루어져, 1951~1960년까지 1억 2,000여 달러가 제공되었다.

---

10 휴전이 되자 한미 간 부흥방위원조가 이루어졌는데 이의 근거는 1953년 8월 한미 간 체결된 상호안전보장법(Mutual Security Act, MSA)이었다. 대외활동본부(Foreign Operation Administration, FOA)원조는 MSA에 의거하여 'TASKA 3개년 대한원조계획'을 실현하기 위해 제공된 것이다. TASKA원조계획은 1953년 4월 17일 미국 대통령 특사로 'TASKA사절단'이 내한하여 한국의 경제 파탄 실태를 조사하고 이에 필요한 원조 계획을 수립한 뒤 건의서를 제출해 만들어졌다. 이 원조 계획은 군사 원조, 구호 원조, 재건 원조 세부분으로 나누어 실시되었다. FOA원조는 1953년 11월에서 1955년 6월 말 해체될 때까지 2년간 실시되었으며 그 후에 이를 대신하여 ICA원조가 등장했다. FOA와 국제협조처(International Cooperation Administration, ICA)는 이름만 바뀌었지 동일한 단체다. ICA원조는 현지 기관인 주한경제협조처(United States Operations Mission to ROK, USOM)를 통해 원조가 이루어진 것이 특색이라 할 수 있다. MSA 원조 중에 개발차관기금(Development Loan Fund, DLF)이 있었으며 이것은 차관 형식의 유상 원조 성격이었다. 이 자금으로 건설된 공장은 시멘트공장, 소다회공장, PVC공장, 나일론공장, 발전소 등이었다.

금은 크고 작은 200여 개의 생산공장과, 발전·교통·체신 등 사회간접자본시설의 개수와 복구에도 사용되었는데 가장 주목할 공장 건설은 충주 비료공장이었다.[11]

PL480에 의거한 원조는 잉여농산물원조로 양곡, 원면, 엽연초 및 의약품 등 소비재가 도입되었다. 이의 판매대전이 정부의 대충자금계정수입이 되어 산업 재건을 위한 정부의 재정투금자로 사용되어 재정 안정에 도움을 주는 효과도 있었다.

---

11 충주비료공장(제1비)과 나주비료공장(제2비) 건설에 대해 살펴보자. 우리나라 비료공장은 1930년 설립된 북한의 흥남 소재 조선질소비료(주) 이래 과석비료공장과 각종 유기질 비료공장 등이 건설되어 비교적 오랜 역사를 가지고 있다. 그러나 정부 수립 후 남한에 공장다운 공장이 세워진 것은 충주비료공장(충비)이 처음이라고 하겠다. 충비는 정부 수립 이후 최대 규모의 ICA원조자금으로 건설된 공장이다. 이 비료공장을 최대 정부사업으로 추진하게 된 배경은 비료공장이 농업 증산과 불가분의 관계에 있었기 때문이다. 이 당시 한국은 막대한 양의 양곡을 도입하고 있었고 농림경제는 빈곤 속에서 허덕이고 있었다. 따라서 농업 증산이야 말로 당면한 지상과제였으며 농업 증산을 위한 결정적 요건이 비료의 자급에 의한 적정량의 시비였기 때문에 비료공장을 건설해야만 했다.

이와 같이 비료공장시설은 농업 증산의 견지에서도 중요했지만 우리나라에 처음으로 건설된 근대적 대규모 중화학공장이란 면에서 더욱 더 의의가 크다. 충주비료공장은 1960년대 후반에 탄생되는 본격적 석유화학공장의 추진 주체가 되었을 뿐만 아니라 여기서 훈련된 60여 명의 대졸 기술자들이 석유화학공장을 비롯한 여타 한국의 산업발전에 산파 역할을 했다. 충비는 1955년 ICA자금 19,555천 달러와 내자 150백만 원으로 착공되었으나 수차의 공사 추가와 수정으로 당초의 두 배에 가까운 외자 34,750천 달러와 원화 275백만 원이 소요되었고 건설공기도 1958년 완공 계획에서 연장에 연장을 거듭하여 1961년 4월에 준공식을 거행하는 수모를 겪었다. 이것은 미원조당국, 미국의 건설업자의 횡포와 우리나라의 경험 부족에서 일어난 결과이며, 공장 건설 면에서도 쓰라리지만 좋은 경험이 되었다. 그 후 충비는 요소 연간 85,000톤의 생산 능력으로는 경제성이 없어 배가 증설을 거쳐 제6비로 일컬어지는 암모니아센터를 증설하여 대규모화했다. 그 뒤 시설이 노후되면서 스크랩 처리를 했다. 이제는 30만 평이 넘는 옛 충비 대지에는 충비의 잔해는 찾아볼 수 없고 새한미디어를 비롯한 다른 공장들이 입주해 있다. 충비와 함께 빼놓을 수

1961년 9월 4일 미국에서 새로운 원조법인 국제개발법(Act for International Development, AID)이 등장하면서 미국의 대외원조가 무상에서 유상으로 바뀔 때까지 한국은 모두 31억 달러의 원조를 받았다(표 2-10). 전후 복구기에 해당하는 1953~1960년까지는 약 20억 달러의 원조자금이 도입되었는데 일부 기간산업공장을 제외하고는 대부분 소비와 원자재 도입에 사용되었다(표 2-11).

없는 것이 호남비료(주)와 나주비료공장(호비)이다. 우리나라 공장 건설 초기에 충비 못지않은 공헌도 하고 시련을 준 것이 나주공장이다. 충비가 원조자금과 정부예산에 의해 국영기업체로 건설된 반면, 호비는 민간 주도에 의해 정부보유불과 민간자금을 동원해 민간기업에 의하여 추진되었다. 1958년 3월에 착공하여 1960년 9월에 완공 예정이었으나 민간자금 동원이 불가능하여 도중에 공사를 중단하게 되었다. 결국은 1962년의 제1차 개발계획에 계속 추진할 사업으로 포함시켜 민간에서 국영으로 전환하고, 정부투융자사업으로 공장 건설을 추진하여 1963년 7월부터 본격적인 생산에 들어갈 수 있었다. 호비의 경우는 충비와 달리 추진 계획에 있어 발상의 무모성 때문에 시행착오를 범했다고 할 수 있다. 당시 민간의 자금동원능력이 없었는데도 무리하게 추진하여 건설을 중단했다가 결국 정부자금으로 완공시키는 결과가 초래되었다. 호비 건설 계획의 무모성은 원료와 입지 선정에도 있다. 당초 나주를 공장 입지로 선정한 것은 원료로 사용될 무연탄의 산지인 화순과 가깝고 용수가 풍부하다는 것이 주요 이유였다. 그러나 추후에 화순탄은 암모니아 생산을 위한 석탄가스화에 원료로 사용할 수 없음이 판명되었고 공장 용수도 풍부하지 않다는 사실이 드러나서 공장이 완공되고 난 뒤에도 가동이 자주 중단되었다. 원료의 자급화에 착상을 둔 무연탄 사용은 기술적으로 경제적으로 많은 문제점을 노출하여 결국은 원료를 유류로 전환하지 않을 수 없었다. 결국 1973년 4월 충주비료와 합병하여 한국종합화학(주)가 되었으며 1979년을 마지막으로 충비와 같이 비료공장으로서는 가동을 중지하고 비료공장의 시설 일부를 활용하여 석유화학제품인 2-에틸헥산올(옥탄올) 생산공장으로 탈바꿈했다.

호비도 충비와 더불어 비료 생산에 의한 농산물 증산, 외화 절약 및 가득에 기여하였을 뿐만 아니라 건설 및 운영에서 값진 교훈을 얻었고, 특히 기술인력 공급 면에서 석유화학공업 발전 및 국가산업 개발에 크게 이바지했다.

표 2-10 **원조 수입 총괄표**

(단위: 천 달러)

	합계	GARIOA	ECA & SEC	PL 480	ICA	CRIK	UNKRA
1945	4,934	4,934	–	–	–	–	–
1946	49,496	49,496	–	–	–	–	–
1947	175,371	175,371	–	–	–	–	–
1948	179,593	175,593	–	–	–	–	–
1949	116,509	–	116,509	–	–	–	–
1950	58,706	–	49,330	–	–	–	
1951	106,542	–	31,972	–	–	9,376	122
1952	161,327	–	3,824	–	–	74,448	1,969
1953	194,170	–	232	–	5,571	155,534	29,580
1954	153,925	–	–	–	82,437	158,787	21,297
1955	236,707	–	–	–	205,815	50,711	22,181
1956	326,705	–	–	32,955	271,049	331	22,370
1957	382,892	–	–	45,522	323,267	–	14,103
1958	321,272	–	–	47,896	265,629	–	7,747
1959	222,204	–	–	11,436	208,297	–	2,471
1960	245,393	–	–	19,913	225,236	–	244
1961	201,554	–	–	44,926	156,628	–	–
총계	3,137,300	409,394	201,867	202,648	1,743,929	457,378	122,084

자료: 한국은행, 중화학공업기획단

이리하여 원조에 의해 가장 활발하게 진행된 산업은 소위 삼백산업이라고 불리는 제분, 섬유산업과, 시멘트를 제분, 제당에 포함시킨 삼분산업이었다. 삼백 또는 삼분산업에 종사한 기업은 정상적 수완에 의해 특권적 재벌로 성장했다.

표 2-11 **외원의 재화별 구성**

(단위: %)

	원조총액(백만 달러)	투자재	소비재	용역
1953	194.2	1.5	98.5	0.0
1954	153.9	14.5	83.2	2.3
1955	236.7	40.1	58.3	1.6
1956	326.7	25.4	72.5	2.1
1957	382.9	24.2	73.5	2.3
1958	321.3	26.3	70.5	3.2
1959	222.2	25.5	69.4	5.1

자료: 한국은행조사부, 「한국의 국민저축」(1961) / 대한상공회의소, 「한국의 상공업 100년」

표 2-12 **1950년대의 성장률**

	1975년 불변시장가격		1인당 GNP (미달러)	도매물가상승률 (%)
	금액(10억 원)	성장률(%)		
1953	2,205.19	–	67	26.5
1954	2,318.53	5.1	70	51.0
1955	2,422.61	4.5	65	43.0
1956	2,389.81	−1.4	66	37.9
1957	2,570.45	7.6	74	−0.7
1958	2,711.05	5.5	80	−2.6
1959	2,814.92	3.8	81	9.5
1960	2,845.64	1.1	89	7.1
1961	3,004.53	5.6	82	14.6
1953~1961	–	3.9	–	20.7

자료: 한국은행, 「한국의 국민소득」 / 대한상공회의소, 「한국의 상공업백서」

표 2-13 **1950년대 산업구조**(1955년 불변시장가격)

(단위: %)

	1953	1954	1955	1956	1957	1958	1959	1960
1차산업	42.3	42.7	42.3	33.7	39.7	39.9	38.5	38.2
2차산업	12.7	14.0	15.2	17.0	18.3	18.7	20.0	20.5
3차산업	45.0	43.3	42.5	43.3	42.0	41.4	41.5	41.3
계	100.0	100.0	100.0	100.0	100.0	100.0	100.0	100.0

자료: 한국은행, 「1948~1960년의 한국총생산 추이」 / 중화학공업기획단

1953~1961년까지 8년간 재건복구계획이 활발하게 진행되었으나 원조의 무계획적 사용, 정부의 탄압, 부패 등으로 〈표 2-12〉에서와 같이 연평균 경제성장률이 3.9%에 그쳤으며, 1961년도의 1인당 GNP는 82달러에 머물렀다.

1960년의 산업구조 역시 〈표 2-13〉과 같이 1차 및 3차산업이 각각 약 40%를 차지했던 반면, 2차산업은 20% 수준에 머무른 탓에 이 기간에 약간의 공업화 진전이 있었다 하더라도 한국의 산업은 유치 단계에 머물러 있었음을 알 수 있다.

1950년대 후반 정치적 부패는 1960년 3월 15일 대통령부정선거로 극도에 달했다. 결국 4·19혁명으로 이승만 정권은 물러났다. 1960년 7월 장면 내각이 발족하여 경제재건 제일주의를 표방하고 나섰지만, 매일 일어난 데모 등으로 정치, 사회적 불안이 계속되면서 정책다운 정책을 펴 보지도 못한 채 1961년 5월 16일 일어난 군사정변으로 퇴장한다. 1945~1961년까지 한국 경제는 혼란과 정체기라고 할 수 있다.

제 **3** 부

1960년대의
경제개발계획

제1장 제1차 경제개발5개년계획

1960년 4·19 이후 9개월 정도 지속된 민주당은 그동안 경제 건설을 위한 경제개발5개년계획을 수립했다. 하지만 남북통일론에 얽힌 자주통일 또는 연방제통일 등 국론이 분열되고 연이어 일어난 데모로 사회 혼란은 극도에 달했다. 이미 철벽이 되어버린 분단선, 서로 다른 이데올로기를 가지고 출범한 남북 정권, 북한의 혁명기지화사상과 무력통일 야욕 등으로 남북이 서로를 적대시하며 대처하는 상황에서 남한 사회에서 벌어진 이러한 혼란은 오래갈 수 없었다.

결국 1961년 5월 16일 군사혁명이 일어나 군사혁명위원회에 의한 정권이 탄생했다. 혁명위원회는 혁명공약으로 반공체제의 강화, 구악의 일소와 경제 건설 등을 내놓았다. 그중에서도 제일 중요한 것이 경제 건설이었다.

　1961년은 해방 후 16년이 되는 해였고 한국전쟁이 끝난 뒤 8년의 세월이 경과한 뒤이지만, 한국은 그동안 해외원조만으로 겨우 경제의 명맥을 유지하고 있었다. 그때까지 30억 달러의 경제원조와 20억 달러의 군사원조를 받았으나 후진국의 굴레에서 벗어나지 못했고 국민경제는 '빈곤과 기아' 선상에서 헤매고 있었다.[1]

　당시의 한국경제를 비관적으로 평가한 대표적인 예가 일본 외무성에서 작성한 1961년 7월 27일자 자료 「한국경제에 대

1　1961년 5월 16일 미명 박정희 장군이 지휘하는 혁명군이 무혈로 서울에 진군하여 군사혁명위원회를 조직하고 삼권을 장악하여 다음과 같은 혁명공약을 발표함으로써 혁명의 성격과 진로를 뚜렷이 밝혔다. 공약4항에 명시한 바와 같이 경제 건설을 중시함에 따라 한국의 산업발전사는 새로운 전환기에 접어들게 되었다.

혁명공약

① 반공을 국시의 제1의로 삼고 형식적이고 구호에만 그친 반공 태세를 재정비 강화한다.

② 유엔헌장을 준수하고 국제협약을 충실히 이행할 것이며 미국을 위시한 자유우방과의 유대를 더욱 공고히 한다.

③ 이 나라 사회의 모든 부패와 구악을 일소하고 퇴폐한 국민도의와 민족정기를 다시 바로잡기 위하여 청신한 기풍을 진작시킨다.

④ 절망과 기아선상에서 허덕이는 민생고를 시급히 해결하고 국가 자주경제 개건에 총력을 경주한다.

⑤ 민족적 숙원인 국토 통일을 위하여 공산주의와 대결할 수 있는 실력 배양에 전력을 집중한다.

⑥ 이와 같은 우리의 과업이 성취되면 참신하고도 양심적인 정치인들에게 언제든지 정권을 이양하고 우리들 본연의 임무에 복귀할 준비를 갖춘다(군인).이와 같은 우리의 과업을 조속히 성취하고 새로운 민주공화국의 굳건한 토대를 이룩하기 위하여 우리는 몸과 마음을 바쳐 최선의 노력을 경주한다(민간).

하여」라는 문서다. 이 문서에 의하면 한국경제는 ① 인구 과잉 ② 자원 부족 ③ 공업의 미발달 ④ 군비의 압력 ⑤ 정치의 균열 ⑥ 민족자본의 약체 ⑦ 행정능력의 결여 등 여러 문제점을 안고 있어 경제성장과 자립을 이루는 건 절망적이라고 분석하고 있다.

이러한 상황에서 군사정부는 '빈곤에서의 탈피', '기아에서의 해방'을 온 국민의 지상목표로 삼고 경제개발계획에 착수했다. 나아가서 민주주의 건전한 발전과 잘사는 국가 건설, 안보와 통일을 위한 국력 배양 모두 경제 건설의 성공 여부에 달려 있음을 천명하고 이를 위한 기본 목표를 공업화에 두고 실천에 옮겼다.

이리하여 사회부조리 척결과 동시에 경제발전5개년계획을 수립하여 1962년도를 착수연도로 한 제1차 개발계획을 같은 해 1월에 성안하여 2월에 확정 공포했다. 제1차 개발계획의 기본 목표는 전술한 바와 같이 공업화에 의한 산업 근대화를 기하는 것이었다.[2]

공업화 착수는 기간산업공장과 수입대체산업을 비롯하여

---

2 제1차 개발계획은 '자립경제 달성의 기반을 구축한다'라는 기본 목표를 달성하기 위해 다음과 같은 추진 전략을 세웠다. ① 농업생산력 증대에 의한 농가 소득의 향상과 국민경제의 구조적 불균형의 시정 ② 전력, 석탄 등 에너지원의 확보 ③ 철도, 항만 등 사회간접시설의 확충 ④ 유휴자원의 활용 특히 고용의 증대와 국토보존 및 개발 ⑤ 수출 증대를 주축으로 한 국제수지의 개선 ⑥ 저생산성을 극복하기 위한 기술의 진흥.

전력, 석탄 등의 동력원 확보와 철도·도로·항만 등의 사회간접시설의 확충을 실현하는 데 두었다. 이와 병행하여 공업화의 지속적 추진을 위해 외화 획득도 필요했고, 수입대체산업만으로는 인구 과잉 → 저소득 → 시장 협소 → 저생산이라는 수요 측면의 저위에 따라 공급 측면, 즉 공업화에 제약을 가져오기 때문에 해외 수요 의존적 공업화가 불가피하게 되어 수출지향화정책을 채택했다.

100달러에도 미달하는 1인당 소득수준과 국민총생산의 37% 이상 그리고 총취업인구의 60% 이상이 농림수산업이었던 상황에서 공산품에 대한 구매력은 형편없었으며 이러한 국내시장을 상대로 공산품 생산을 위해 공장을 짓는다면 경제단위 규모의 생산시설은 기대할 수 없었다. 외화유보금도 없었고 공업화를 하려면 외화가 계속 필요했으며 외화차관에 대한 상환 압박도 심화됨에 따라 산업의 수출화는 당연한 귀결이었다. 그러므로 제1차 개발계획의 기본 정책은 첫째로 공업입국, 둘째로 수출주의로 요약할 수 있다. 이리하여 기간산업이며 수입대체산업으로 비료, 정유 및 시멘트공장이 건설되었고 PVC공장과 합성수지가공공장도 비계획사업으로 나타나기 시작했다.

섬유공업으로 나이론사를 비롯한 비스코스인견사 아크릴섬유 그리고 모방, 면방, 마방 등 합성 및 천연섬유공장 등이 건설되었다. 정유공장, 합성수지와 합성직유 등의 생산시설의 출현으로 장차 석유화학공업이 탄생될 소지가 마련됨과 동시에 국내에 수요가 있는 합판, 신발, 타이어, 고무공장, 제지공장 등도 성장했다. 제1차 개발계획의 후반기에는 제강설비 확충과 자동차조립공장의 건설도 있었고, 전자공업 분야에서는 라디오, 전화기, 전화교환기 등의 조립공업이 나타났다. 기계공업에서는 모터, 변압기계 및 농업용 기계공업이 영세하나마 출현하여 중공업 분야도 태동하기 시작했다.

에너지원의 개발과 확충 노력은 전력과 석탄 생산에 집중 투입되었다. 전원개발계획은 1961년 6월 전력 3사를 통합하는 '한국전력주식회사법'을 제정하고 전력 개발에 박차를 가하면서 1961년에 36만 7천KW였던 발전량이 1964년에는 약 2배인 67만 9천KW로 증대하여 해방 후 처음으로 무제한 송전을 실시했다. 사회간접시설은 공업화 추진과 병행하여 주로 철도 노선 확충에 두어 수송의 원활화를 도모했고, 공업단지 건설을 위한 지원 시설에 집중투자되었다. 그러나 이 기간 공업화의 주류는 경공업 발전이었으며 경공업 중에서도 섬유공업이 양적 확장과 더불어 품질이 개선되어 당시 공산품 수출에서 약 절반을 차지할 정도로 성장했다(표 3-1).

이 기간 우리나라 산업발전사에서 특기해야 할 성과는 울산 공업단지 조성, 비료공업 확립, 울산정유공장 건설이라고 할 수 있다.

울산공업단지는 우리나라 최초의 대규모공업단지 건설이라

표 3-1 **공산품 수출구조**

(단위: %)

	1962	1963	1964	1965	1966
식료품	13.4	8.0	5.9	3.1	3.7
섬유제품 (의류)	53.0 –	39.9 (3.4)	52.5 10.1	49.9 17.7	46.7 17.7
화학제품	1.9	1.7	1.0	0.8	1.0
요업제품	1.1	2.3	2.0	1.7	1.2
금속제품	8.0	28.8	12.8	15.8	7.4
기계제품 (전기제품)	0.8 –	0.5 (0.3)	1.5 0.9	3.9 (1.8)	5.2 (2.9)
기타	21.8	22.8	24.3	25.1	34.8
합계	100.0	100.0	100.0	100.0	100.0
공산품 수출금액 (천 달러)	15,310	43,610	62,322	112,372	159,684

자료: 상공부, 중화학공업기획단

는 관점에서 높이 평가되어야 한다. 비료공업은 농산물 증산에의 기여뿐만 아니라 대규모 공장의 건설과 운영 실력 배양 그리고 여기서 양성된 기술인력 공급 면에서 커다란 의의가 있다. 정유공장은 국가동력원의 자급화와 석유화학공업의 원료 공급 면에서 우리나라 공업화의 기반을 조성하는 데 크게 기여했다.[3, 4]

제1차 개발계획의 성과를 한마디로 요약하면 공업화와 수출을 결합한 수출공업화의 성공이라고 할 수 있다. 제1차 개발계획 기간 동안의 경제성장률은 매년 평균 8.5%에 이르렀고 산업구조 면에서도 선진국형인 '1차산업＜2차산업＜3차산업' 구조로 접근하면서 2차산업의 증가 양상을 보였다(그림 3-1, 표 3-2). 특히 수출은 이 기간에 무려 43%의 증가율을 보였다.

이렇듯 제1차 개발계획을 성공적으로 완수하면서 한국경제는 개발에 대한 자신감을 갖게 되었으며 경제자립에 대한 국민적 자각을 불러 일으켜서 자립 경제에 대한 염원을 달성하게 되었다.

---

3 해방 후부터 5·16에 이르기까지 줄곧 일제가 짓다가 중단한 울산 정유공장 복구와 함께 정유공장 건설 시도가 몇 번 있었지만 모두 실현되지 못하고 실패했다. 하지만 정유공장 건설을 제1차 개발계획의 최중요계획사업으로 정하고 입지를 울산으로 결정하면서 울산공업단지조성계획이 구체화되었다. 일반적으로 정유공장의 입지는 입지 조건이 까다롭고 관련 산업에 대한 파급 효과가 크기 때문에 정유공장을 중심으로 공장집단군(Industrial Cominate, Industrial Complex)을 형성하는 것이 이상적인 건설 방법이었다. 그래서 제1차 개발계획 성안시에 울산에 '공업콤비나트'를 만드는 것으로 하여 정부의 최종 5개년계획사업을 마무리하기도 전에 1961년 12월 31일 국가재건최고회의의장(박정희)이 울산공업단지구 설정에 대한 담화를 발표하고 1962년 2월 3일 울산을 공업 지역으로 설정 발표함과 동시에 기공식을 거행했다. 이것은 우리나라 공업단지의 시조이며 '콤비나트'라는 말이 이때 처음으로 사용되었다. 울산 콤비나트의 구상은 정유공장, 비료공장, 종합제철소를 주축으로 관련 공장을 주위에 입주시키고 장차 석유화학단지를 만드는 것이었다. 울산공업단지의 건설 추진을 위해 내각수반을 위원장으로 한 울산공업지역 건설기획단을 설치하여 전 행정부처를 동원하여 소영 부처의 기능을 한 군데 집중시켰다. 1962년 6월 건설부가 신설되자마자 건설부 기구로 울산특별건설국이 만들어졌다. 기획단 설치와 특별건설국 설치도 우리나라 초유의 일이었다.

이러한 일련의 체제 구축과 적극 추진으로 인해 울산공업단지의 모체가 건설되었다. 이때의 계획과 현재의 울산 모습은 종합제철소만 빠졌을 뿐 당초 구상 그대로이며 제철소 위치에 자동차단지가 들어섰고 인접지에 석유화학단지, 현대미포조선소와 중공업단지 그리고 온산공업단지가 추가되어 울산을 중심으로 이 지역은 한국 제일의 공업지역이 되어 우리나라 산업생산활동의 중추적 역할을 하고 있다.

그림 3-1 **국민총생산 및 2차산업의 성장(1960년 불변시장가격)**

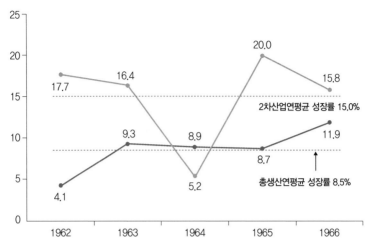

자료: 중화학공업기획단

4 울산정유공장에 관한 뒷이야기를 몇 가지 밝혀 둔다. 이것은 초창기의 공장건설계획에 전혀 참여
하지 않았던 사람들이 때로는 역사를 왜곡 기록하기 때문에 이에 처음부터 실무를 담당했던 한
사람으로 진실을 밝혀 둘 필요가 있다고 생각하기 때문이다. 이 중에서 정유공장의 당위성 문제에
대해서만 몇 가지 적어 둔다. 지금 돌아보면 정유공장 건설은 당연한 것처럼 보인다. 어느 누가 반
대할 수 있었을까 상상할 수 없는 일이다. 그러나 혁명정부에서 5개년계획사업으로 정유공장 건
설을 추진하기로 확정하고 난 뒤 국내외에서 많은 압력과 비난이 빗발쳤다.

외화 낭비라는 비난이 첫 번째였다. 당시 우리나라는 석유제품을 미국의 무상원조로 도입하고
있었는데 우리나라에서 정유공장을 건설하면 원조가 끊어지므로 결과적으로 외화를 낭비한다는
것이다. 1960년 당시 일간 약 14만 배럴의 석유를 소비하고 있었는데 이 소비에 연간 2,000만 달
러의 원조자금을 사용했다. 그러나 미국은 대외원조정책을 대폭 변경하여 대한원조를 무상에서
유상으로 바꿀 것을 결정했기 때문에 돈을 주고 사 와야 했다. 이 사정을 모른 채 비난한 것이지
만 외화 낭비라는 비난은 한 국가의 존립에까지 영향을 미치는 중대사였으므로 대단히 신경 쓰이
는 일이었다. 두 번째는 미국의 압력이었다. 1955년 이래 한국의 유액 공급은 한국, 미국, 대한석
유저장주식회사(KOSCO) 간의 KOSCO협정에 의해 KOSCO가 제품의 인수, 저장, 배급을 담당하
고 있다. KOSCO는 석유 3대 메이저인 '스텐더드(Standard)', '칼텍스(Caltex)', '쉘(Shell)'로 구성되
어 있었는데 이의 구성원이 자기들의 제품시장 상실을 우려하여 정유공장 건설에 반기를 들고 나
선 것이다. '엣소 스텐더드'가 선봉장이 되어 한국에 정유공장을 건설하는 것은 경제성이 없거니

박정희 대통령이 주장해 국민적 자각을 일으킨 "우리도 할 수 있다", "하면 된다"라는 슬로건이 빛을 봤다. 좌절 대신 희망을 찾은 것이다.

표 3-2 **산업구조 고도화**(1960년 불변시장가격)

1960	1차산업 35.2%	2차산업 19.2%	3차산업 45.6%
1966	1차산업 31.7%	2차산업 25.7%	3차산업 42.6%

자료: 중화학공업기획단

와 유도 구입할 수 없다고 공격했다. 이들이 미국정부를 움직여 반대 막후교섭을 벌였고, 미국정부도 비공식적으로 한국정부에 압력을 가하기 시작했다. 그러나 정유공장 건설이 한국정부의 확고부동한 방침임을 알고 난 뒤부터는 태도를 바꾸어 차관자금으로 정유공장을 지어 주겠다고 나섰다. 외화가 없는 당시엔 섣불리 뿌리칠 수 없는 제안이었다. 그러나 이들의 속셈은 어디까지나 우리의 정유공장 건설을 지연시켜 제품시장으로 끌고 가자는 데 있었고 여의치 않으면 나중에 정유공장을 지어 한국의 석유시장을 지배하자는 의도였다. 이러한 속셈을 간파했기에 이들의 제의는 받아들여지지 않았고 정유공장 건설을 강행했다. 대부분의 사람들은 이 사정을 모른 채 공장을 지어 준다는데 왜 마다하느냐며 비난했다.

셋째로 국내 민간업자의 반발이었다. 1958년 민주당 정권에서 정유공장 건설 허가를 받은 한국석유(주)가 기득권을 주장하고 나선 것이다. 5·16 이후 허가 취소도 하지 않은 채 중단된 상태였기 때문에 신규 공장 건설은 당연히 그들에게 주어져야 한다는 논리였다. 결국 한국석유(주)의 허가가 취소되는 조치가 단행되었다.

이처럼 주위의 수많은 비난과 반대에 굴하지 않고 정유공장 건설을 밀고 나갈 수 있었던 것은 혁명정부의 경제개발에 대한 의지가 있었기에 가능했다. 정부기술관료들의 건의를 그대로 받아들여 경제개발5개년계획사업으로 확정한 것이다. 의지가 없는 정부였다면 국내외의 반대를 무릅쓰고 과감한 정책을 수립하기는 어려웠을 것이다. 이 밖에 여러 가지 뒷이야기가 있지만 각론에서 밝히고자 한다.

제2장 제2차 경제개발5개년계획

제2차 개발계획이 진행된 1967~1971년은 제1차 개발계획에서 거둔 효과를 바탕으로 공업화를 촉진하고 경제자립의 기틀을 마련한 기간이었다. 제1차 개발계획의 성공으로 근대화에 대한 의욕과 자신을 얻음으로써 제2차 개발계획은 경제자립을 목표로 고도성장이라는 더 높은 단계로의 진입을 도모했다.

제1차 개발계획을 시작할 때만 하더라도 한국은 영원히 경제적으로 자립할 수 없으며 가망 없는 나라로 낙인 찍혔다. 그러나, 비록 짧은 기간이지만, 5년간 이뤄진 한국의 경제성장은 국제적으로 재평가받기에 충분했다. 국내적으로는 제3공화국이 시작된 이래 정치, 사회는 비교적 안정 기조를 유지해 갔고, 대북한정책도 자유당 정권에서 내건 무조건 '북진통일'에서

'선 건설 후 통일'정책으로 전환함으로써 국부적인 크고 작은 남북충돌사건이 있었지만 전반적으로 남북의 적대 관계도 다소 완화되었다.

국제적으로도 1964년 10월 31일 월남파병협정체결이 있었다.[5] 1965년 6월 22일 한일국교정상화협정조인이 이루어졌다.[6] 그리고 우리의 국력 신장의 덕분에 미국을 위시한 자유국가에서 한국의 위치가 튼튼해지기 시작했다.

---

5 1960년대 초부터 미국이 월남전에 개입하면서 미국의 산업정책이 군수품 생산을 위한 중화학공업에 집중되었고 그 결과, 소비재 생산이 위축되어 이를 외국으로부터 수입하여 충당할 수밖에 없었다. 이러한 변화에 따라 미국에 소비재 상품의 수출길이 넓어졌다.

   1964년 한국의 월남파병이 결정된 이래 일본도 1966년부터 월남전을 위한 군수생산체제로 바뀌어 소위 월남전 특수 경기를 누리게 되었다. 일본은 패전하고 난 뒤 '1950년대는 한국동란의 특수'를, '1960년대에는 월남전 특수'를 최대한으로 향수하여 경제발전을 크게 부상시켰다. 일본은 두 전쟁으로 아무런 대가를 지불하지도 않고 일방적으로 이익만을 추구할 수 있었다. 두 전쟁이 가져온 일본과 한국의 상황을 비교해보면 천양지차임을 알 수 있다. 일본은 월남전 특수를 누리는 동안 미국과 같이 일부 소비재를 수입했고 일본이 수출하던 경공업 제품은 한국 같은 개발도상국에 이양했다. 한국은 월남전에 직접 참여함으로써 철강재 등 몇 가지 소수 품목을 전투에 공급하고, 미국과 일본에서 수요가 있던 경공업 제품을 수출함으로써 약간의 월남전 특수 경기를 적절하게 활용할 수 있었다.

   더불어 한국의 월남참전은 정치외교 면에서 한국의 지위를 강화하기에 이르렀고 특히 미국에 대해서는 고자세 외교를 할 수 있어 미국으로부터 차관을 도입하는 등 한국의 대외 지향 경제 구축에 크게 기여했다. 또한 상품교역 면에서 경제 협력이 증대되었을 뿐만 아니라 해외 건설 수출을 본격화하는 계기도 마련되었다. 월남전 파병은 1965년 1월 비전투요원인 비둘기부대 파견을 계기로 월남과 미국의 요청에 따라 전투요원을 파병했는데, 같은 해 9월 맹호부대, 10월 청룡부대, 1966년 9월 백마부대를 파월했다. 이리하여 5만 명의 인력이 6년간 파월되어 연 인원 30만 명이 월남전에 직간접으로 참여했다. 월남파병은 1971~1973년 사이에 전부 철수했다.

6 한일국교정상화 노력은 한국이 1945년 8월 15일 일본의 식민 통치하에서 해방된 지 20년 만에, 1951년 10월 20일 정상화교섭이 시작된 이래로 14년 만에 이루어졌다. 1965년 12월 18일 서울

해외 경제 여건도 GATT, IMF 체제 아래에서 국제교역이 확대되는 추세였다.7 이것은 한국의 대외지향적 공업화 전략에 부합되는 상황이었다. 그러므로 국내외 환경과 여건이 한국의 경제 건설에 비교적 좋은 조건이었다고 할 수 있다. 그리고 이

에서 '한일기본조약'의 비준서를 한일외무부장관 간에 교환함으로써 국교정상화의 길이 열린 것이다. 1965년 2월 한일기본조약, 4월에 어업협정과 청구권협정이 각각 가조인되고, 같은 해 6월 22일 정식으로 조인된 뒤 비준서가 교환되었다.

이 가운데 중요한 것은 청구권협정인데, 이 협정의 주요 골자는 일본이 한국에 무상 3억 달러, 유상 2억 달러, 민간차관 3억 달러를 청구권 자금으로 제공하는 것이었다. 한일국교정상화는 미국의 극동 전략에 따라 일본에 대한 압력이 강하게 작용하였고 한국의 평화와 안전이 일본의 평화와 안전에 직결된다는 일본의 안전보장정책이 있었으며, 한국도 경제건설을 위한 외화 조달이 절실했기 때문에 한일 간 우호 관계를 유지하는 일이 양 국가에 필요했기에 성사될 수 있었다.

한일국교정상화 교섭은 정부 수립 후 한국전쟁 중인 1951년 9월 25일 미국연합군최고사령부(GHQ)의 요청에 따라 한일 간 제1차회담을 시작한 이래 4차까지 진행했으나 당시 이승만 대통령의 반일 정서로 인해 아무런 진전이 없었다. 제3차회담 시(1953.9.15) 구보다 망언으로 일컬어지는 "일본의 식민지 하에서 한국은 일본의 은혜를 입었다. 그러므로 한국이 일본에 청구권을 요청한다면 반대로 일본도 한국에 보상을 요구하여야 한다"는 발언으로 인해 한국 국민의 반일감정이 극도로 악화되어 회담이 결렬되기도 했다.

이승만 대통령도 3회에 걸쳐 일본 수상과 만났으나 그의 반일 철학으로 인해 한일국교정상화에 대한 생각은 전혀 없었으며 미국의 한일회담 요청에 대해서도 "내가 대통령으로 할 일이 여러 가지 있으나 한일회담은 열한 번째 생각해 보고자 하는 것이다"라며 미국의 요구를 거절한 적도 있다.

1953년 1월 GHQ사령관 클라크 장군의 노력으로 이승만 대통령과 요시다 시게루(吉田茂) 일본 수상이 클라크 장군의 관저에서 대좌했으나 이승만 대통령의 반일사상과 일본의 무성의한 태도로 협상을 위한 대담은 기대할 수 없었다. 회담 당시 요시다 시게루 수상은 특별한 이야깃거리가 없자 "아직도 당시 나라에 호랑이가 있소?" 하고 물었다. 이승만 대통령은 "몇 백 년 전(임진왜란) 당신 나라의 가토(加藤)라는 작자가 와서 죽여버려 이제는 없소"라고 비꼬고는 "아니, 한 마리 남았소. 그것이 나요"라고 했다는 유명한 일화가 남아 있다.

그 뒤 1958년 5월 19일 일본 기시(岸) 수상의 특사 자격으로 한국에 파견된 야츠기 가즈오(矢次一夫)에게 이승만 대통령은 "요시다라는 친구는 믿을 수가 없지만 기시는 사람이 좋아 보이므로 기시를 상대로 양국 관계 개선을 얘기해 보자"라고 말한 것으로 보아, 이승만 대통령도 말기에

즈음 1966년 7월 29일에 제2차 개발계획이 확정 발표되었다. 제2차 개발계획은 1980년대 초에 국민경제의 자립을 위해 산업구조를 근대화하고 자립 경제 확립을 촉진하는 데 비중을 두면서 이를 추진하기 위해 부문별 시행 방침을 수립했다.[8]

는 한일관계를 타결해 보겠다는 생각을 굳혔다는 것을 알 수 있다. 민주당 정부에서도 대일관계 개선을 위해 5차회담을 개최했으나 단명 정권으로 끝나 아무것도 합의한 것이 없었다.

　1961년 5월 16일 혁명정권이 탄생하자마자 같은 해 10월 20일 6차회담이 개최되었다. 그러나 한일회담의 실마리는 박정희 최고회의의장이 미국을 방문했을 때 일본에 들러 이케다(池田) 수상과 회담하면서 풀렸다. 한일조약 합의에서 제일 큰 쟁점은 청구권 문제로 이를 해결하기 위해 한국의 김종필 중정부장과 일본의 오히라 마사요시(大平正芳) 외상 간에 두 차례 회담이 이루어졌다. 이때 소위 「金大平 메모」가 교환되어 원칙적으로 합의됨으로써 정상화 노력은 급진전되었다.

　1964년 3·1절 기념식에서 박정희 대통령이 한일국교정상화에 대한 결의를 밝혔으나 한국인의 반일감정은 쉽게 풀 수 없는 것이어서 '대일굴욕외교반대운동'이 극렬히 일어났다. 이에 계엄령이 선포되고 1964년 가을에 종결 짓기로 했던 계획을 연장하여 결국 1965년에 조약이 체결되고 정식 비준서가 교환되었다.

7　GATT란 '관세 및 무역에 관한 일반협정(General Agreement on Tariffs and Trade)'의 약자로 1948년 자유무역주의에 입각하여 국제무역 질서의 확립을 목적으로 설정된 것이다.

　IMF란 '국제통화기금(International Monetary Fund)'의 약자로 1945년 창설된 국제통화제도인데, 달러를 기준통화로 하여 환율을 고정시킴으로써 국제통화와 금융질서를 안정시켜 무역, 금융 거래를 원활히 하기 위해 설립되었다. GATT와 IMF를 중심으로 한 체제가 해방 후 1970년대 초까지 자유무역주의에 기초를 둔 국제경제 질서의 양대 지주가 되었다.

8　제2차 개발계획에서 설정된 부문별 시행 방침과 중점 목표는 다음과 같다.
　① 식량을 자급하고 산림녹화와 수산 개발에 주력한다.
　② 화학, 철강 및 기계공업을 건설하여 공업 고도화의 기틀을 잡는 한편 공업 생산을 배가한다.
　③ 7억 달러(상품수출 5억 550백만 달러)의 수출을 달성하고 수입대체를 촉진하여 획기적인 국제 수지 개선의 기반을 굳힌다.
　④ 고용을 증대하는 한편 가족계획의 추진으로 인구 팽창을 억제한다.
　⑤ 국민소득을 획기적으로 증가케 하며 특히 영농을 다각화하여 농가 소득 향상에 주력한다.
　⑥ 과학 및 경영기술을 진흥하고 인적자원을 배양하여 기술 수준과 생산성을 제고한다.

표 3-3 **산업별 성장의 계획실적대비(연평균)(1965년 불변시장가격)**

(단위: %, 10억 원)

구 분	원 계획		수정 계획		실적	
	(%)	(금액)	(%)	(금액)	(%)	(금액)
농림·수산업	5.0	1,805.90	4.3	1,874.83	2.0	1,774.09
광공업	10.7	1,294.83	20.2	1,657.29	20.9	1,705.66
사회간접자본 기타 서비스업	6.6	2,030.87	10.2	2,703.09	13.2	2,933.14
계	7.0	5,131.60	10.5	6,235.21	11.4	6,412.89

자료: 「제2차 경제개발5개년계획 평가보고서」, 「경제백서」(1972) / 중화학공업기획단

제2차 개발계획의 성장 효과가 경제지표상에 나타난 것도 괄목할 만한 것이었지만 국민에게 자신감이 부여되고 정신적 자산을 획득했다는 점이 무엇보다 중요했다.[9]

제1차 개발계획 기간 중에 이룬 8.5% 경제성장에 이어 제2차 경제개발계획 기간에는 연평균 7%의 성장 목표가 설정되었으나 실제 성장은 무려 연평균 11.4%였다(표 3-3).

제2차 경제개발계획에서 한국경제의 양적 팽창은 제1차산업의 비량을 증가시켜 제2차산업의 산업상 비중이 1966년 19.8%에서 1971년에는 29.9%로 올라가 산업의 구조적 고도화 또한 이루었다(표 3-4).

---

9 제3차 개발계획의 서문에서는 제2차 개발계획의 정신적 효과를 다음과 같이 평가했다. "2차 5개년계획의 성공적인 추진은 부정과 비관에 젖어 있던 과거의 생활 자세에 새로운 희망을 주었고 우리도 잘살 수 있고 부강할 수 있다는 자신과 용기를 가질 수 있게 되었다."

표 3-4 **산업별 구성비**(1965년 불변시장가격)

(단위: %, 10억 원)

부 분	1965	1966	1967	1968	1969	1970	1971	1967~1971 평균
농림·수산업	38.7	37.9	32.8	29.4	28.4	25.8	24.2	28.1
광공업	19.5	19.8	22.3	24.8	25.9	28.0	29.9	26.2
사회간접자본 기타 서비스업	41.8	42.3	44.9	45.8	45.7	46.2	45.39	45.7

자료: 「제2차 경제개발5개년계획 평가보고서」, 「경제백서」(1972) / 중화학공업기획단

표 3-5 **수출구조 분석**

구분 \ 연도		1962	1966	1967	1968	1969	1970	1971
총수출(A) (천 달러)		56,702	255,751	358,592	586,004	702,811	1,003,808	1,352,037
공산품 (B)	금액 (천 달러)	15,310	159,684	248,184	386,940	555,055	839,369	1,162,855
	B/A(%)	27.0	62.5	69.2	77.3	78.9	83.6	86.0
경공업 (C)	금액 (천 달러)	3,959	77,764	129,940	199,064	274,240	381,228	783,335
	C/A(%)	7.0	33.0	36.0	40.0	39.2	38.1	40.5
	C/B(%)	25.9	48.6	52.3	51.4	49.7	45.0	45.2
전년비 증가율		–	1,964	67	53.1	38.6	48.1	43.0

자료: 상공부, 중화학공업기획단

　　이와 같은 제2차 개발계획의 고도성장은 제조업이 성장한 결과이며 제조업의 성장은 경공업 수출이 주도했다. 이 기간 중 수출실적은 연평균 39.5%나 증가하여 1971년에는 10억

그림 3-2 **10대 주요 상품 수출구성**(1971년 기준)

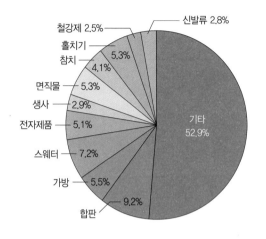

10대 주요 상품	금액(천 달러)
합판	124,275
가발	74,478
스웨터	97,787
전자제품	68,486
생사	39,273
면직물	72,023
참치	55,103
홀치기	34,080
철강재	33,423
신발류	37,436

자료: 중화학공업기획단

달러 고지를 넘어 약 13억 달러에 이르러 1966년의 2.5억여
달러보다 5.3배 높은 실적을 올렸다(표 3-5).

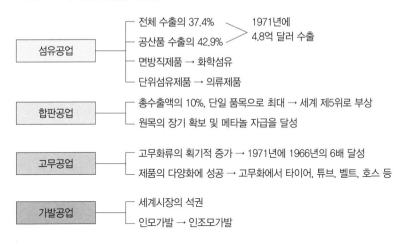

그림 3-3 **4대 수출주도업종의 발전**

섬유공업	전체 수출의 37.4%	1971년에
	공산품 수출의 42.9%	4.8억 달러 수출
	면방직제품 → 화학섬유	
	단위섬유제품 → 의류제품	

합판공업
- 총수출액의 10%, 단일 품목으로 최대 → 세계 제5위로 부상
- 원목의 장기 확보 및 메타놀 자급을 달성

고무공업
- 고무화류의 획기적 증가 → 1971년에 1966년의 6배 달성
- 제품의 다양화에 성공 → 고무화에서 타이어, 튜브, 벨트, 호스 등

가발공업
- 세계시장의 석권
- 인모가발 → 인조모가발

이 기간 중 수출선도산업은 섬유공업이었고 합판, 타이어, 신발, 가발 등이 10대 수출상품을 차지했다(그림 3-2).

이 기간 중 수출주도공업은 양적 팽창과 질적 개선을 가져와서 공장 규모 면에서도 최소경제단위 규모 수준을 넘어 국제경쟁력을 갖추게 되었다. 이들 4대 수출 업종의 발전 변화를 도시화하면 〈그림 3-3〉과 같다.

제2차 경제개발 기간 중 산업 고도화에 가장 크게 기여한 정책은 중화학공업의 기반 조성이라 할 수 있고, 그중에서도 국가산업의 양대 산맥이라고 일컬어지는 석유화학공업과 종합제철소 탄생을 강조해야 한다.

수출주도산업으로 성장하여 국제경쟁력을 갖게 된 경공업은 원료와 중간재를 수입에 의존하고 있었는데 수요 증가에 대한 공급 원활화를 위해 원료와 중간재를 국내에서 생산하지 않을 수 없었다. 따라서 1960년대 후반에 경공업 발전이 중화학공업을 유발시키고, 중화학공업이 경공업을 지원해 주는 산업구조로 이행하기 시작했다.

먼저 화학공업을 보면 제1차 개발계획 기간에 가동을 시작한 비료공업 충주비료와 호남비료에 추가하여 영남화학(3비)과 진해화학(4비), 한국비료(5비) [10, 11]가 생산을 시작했다. 이리하여 비료의 증산은 물론 비료공업은 완전히 본궤도에 올랐다.

정유공업은 울산정유공장의 확장과 더불어 제2정유(호남정유), 제3정유(경인에너지)가 연달아 건설되어 에너지원을 확보하는 데 크게 기여했고, 연관 산업발전도 유발했다.

---

10 영남화학(3비)과 진해화학(4비)은 동일한 규모의 공장 두개를 방대한 규모의 AID차관과 합작투자로 건설했다. 이들 공장은 연산 요소비료 84,000톤과 한국 최초의 N-P-K 복합비료 18만 톤을 생산할 수 있는 시설 규모였다. 이와 더불어 황산, 인산생산시설을 갖춤으로써 기초무기산을 생산 공급할 수 있게 되었다. 한국 측 사업 주체는 민간업체가 이만한 투자를 조달할 능력이 없었기 때문에 국영기업체인 충비가 자회사를 만들어 추진하였으며 자금은 정부투금자에 의해 충당했다. 두 회사의 투자 내역은 다음과 같다(표 3-6).

표 3-6 **3·4비 투자 내역**

회사명	입지	준공	소요자금		합작투자선
			외자(천 달러)	내자(백만 원)	
영남화학(3비)	울산	67.3	64,200	2,700	Swift-Skelly(1,000천 달러)
진해화학(4비)	진해	67.4	35,100	2,835	Gulf(1,050천 달러)

현재 두 회사는 1987년 후반에 정부소유주 매각 방침에 의거하여 영남은 동부그룹에, 진해는 한일합섬그룹에 각각 흡수되고 말았다.

정유공업, 합성섬유, 합성수지공업 등이 소지가 되어 석유화학공업이 태동하기 시작했는데, 이 석유화학공업 육성은 제2차 개발계획의 공업중점계획사업에 포함시켜 초기연도부터 서둘러 실행에 옮겼다. 그러나 계획 자체가 여러 가지 어려움에 부닥쳐서 1968년에 가서야 건설에 착수해서 1972년에 울산에 원료공장 한 개와 계열공장 여덟 개로 구성된 우리나라 최초의 석유화학단지를 건설했고, 이로 인해 중화학공업화를

---

11 한국비료는 일본 상업차관 42,077천 달러와 내자 42억 원을 투자하여 울산공업단지에 요소 연간 33만 톤의 비료공장을 1965년 12월에 착공하여 1967년 4월에 준공했다. 이 시설 규모는 당시 요소 단일공장으로는 동양 최대급이었다. 이 비료공장은 울산공업단지 출현과 함께 제1차 개발계획 기간 초에 설립한 울산비료(주)에서 연유한다.

당시에는 자금 조달 등 여건이 허락하지 않아 결실을 보지 못하다가 1965년도에 들어서 일본의 상업차관을 얻을 수 있게 된 후에야 같은 해 연말에 한국비료(주)를 설립하여 공장 건설에 착수했다. 그러나 건설 도중 세칭 '사카린 밀수사건'에 휘말려 공장 건설을 끝맺지 못하고 국가에 헌납함으로써 제1비에서 제7비에 이르는 모든 비료공장을 국영으로 운영하게 되었다.

한비 사카린 밀수사건은 1966년 9월 15일부터 각 신문사에서 "삼성 재벌의 명목으로 사카린의 원료인 OTSA 58톤을 밀수입했다"고 기사화하면서 세간에 알려진 사건이다. 이로 인해 언론의 비난은 물론이고 학생과 재야에서 재벌 화형식을 하는 등 정치적, 사회적으로 비난 여론이 빗발쳤다. 당시 국회에서도 이를 문제 삼아 밀수사건은 커다란 정치적 이슈가 되었다. 김두한 의원이 오물을 가져와서 국무위원석에 뿌리며 "이것이 밀수의 증거품이다"라고 소리친 사건이 이때 벌어진 일이다. 당시 박정희 대통령이 사건의 전면 재수사를 지시함에 따라 같은 해 9월 22일 삼성의 이병철 회장은 기자회견 석상에서 "한국비료주식회사를 국가에 바치는 동시에 모든 사업에 손을 떼겠다"고 발표했다. 이에 따라 같은 해 11월 1일 한국비료는 정부에 인수되었다.

사카린 밀수사건이 정치적, 사회적 문제로까지 비화된 동기는 여러 가지겠으나 당시 언론의 비난 내용을 보면 첫째 재벌에 대한 일반 국민의 악감정, 둘째 정상배의 모략, 셋째 내자의 편법 조달을 들 수 있다.

내화의 편법 조달에 대해 보충설명을 하자면, 국내 회사가 공장을 지을 때 내자가 없으므로 차관자금으로 공장 건설용 자재를 도입하고 이를 국내에 밀판매하여 내자를 조달하는 방식이다. 이

향한 새로운 장을 열었다.

공업화의 또 다른 꿈이었던 종합제철소 건설은 제1차 개발 계획 때부터 추진했으나 8~9년의 노력 끝에 1970년에 착공하여 1973년에 종합제철소 준공을 볼 수 있었다. 이 밖에 비록 소규모이지만 아연제련소도 건설되었다.

전자공업부문에서도 FM라디오, 트랜지스터, 텔레비전, 녹음기 등 최종 제품과 부품 생산도 늘어갔다. 하지만 기계공업부문 발전이 제일 빈약하여 철근, 강관, 강판, 주물류 등의 소재류, 간단한 전기기계, 공작기계 등만 생산했을 뿐, 공장 건설에

것은 차관 재벌이 흔히 쓰는 방법으로 알려져 있었다. 한비만 하더라도 외자 42,077천 달러, 내자 42억 달러라는 투자 금액은 당시 삼성의 총자산보다 많은 금액이었기에 자금 동원은 세인의 관심사가 되지 않을 수 없었다.이러한 관심 속에서 사카린사건이 터진 것이다. 사카린의 원료로 사용되는 OTSA를 비료공장 건설용 원료재로 수입하여 국내 사카린 생산업체에 밀판매하다가 당국에 적발된 것이 이 사건의 요지인데, 한비 측은 OTSA가 분명히 비료공장의 시운전에 쓰이는 화공약품이어서 도입했는데 실무자가 이 약품이 사카린의 원료로도 사용된다는 사실을 알고 일부를 빼돌려 개인의 착복을 위해 팔다가 적발된 것이라 주장했다. OTSA이 사카린의 원료인 것만은 분명하지만 비료제조공정에 사용되는 원료인가가 아닌가에 대해서는 당시에도 단정을 내리지 못했다. OTSA가 비료공장의 시운전에 쓰이는 원자재가 아니면 한비는 금수품을 도입하여 내자 조달을 목적으로 밀판매하기 위해 도입한 격이 되므로 이는 매우 중요한 사안이었다. 따라서 사카린의 원료인 OTSA가 요소의 합성 공정에 쓰이는 시운용 물자로서 사용 가능한가의 여부를 법정에 가서 가리지 않으면 안 되는 상황이 되었다. 국내 학자들 간에도 논쟁거리가 되었지만 한비를 설계한 일본설계회사의 기술담당상무는 법정에서 "OTSA는 요소의 합성공정에 사용할 수 있다"라고 증언하는 소동까지 빚어졌다.

이병철 회장은 자서전인 『호암자전』에서 한국비료에 대해 이렇게 술회했다.

"OTSA는 이탈리아 몬테카티니사가 개발한 특수약품으로 요소비료 합성 공정에 사용되는 것이며 한비의 설계회사인 일본의 동양엔지니어링을 통하여 구입한 것이다. 이것을 담당 사원의 부주의로 이의 일부(6톤 상당)를 부당 처분했는데 이 과오로 벌금을 물고 일단 해결된 것이다."

공업생산액의 구성(1965년 불변시장가격)

(단위: 10억 원)

구 분	1965(A)		1971(B)		71/65
	생산액	구성비	생산액	구성비	(%)
중화학공업	148.1	32.4	489.1	33.5	330.2
경공업	308.9	67.6	969.8	66.5	214.0
전공업	457.0	100.0	1,458.9	100.0	319.2

자료:「제2차 경제개발5개년계획 평가보고서」,「경제백서」(1972) / 중화학공업기획단

필요한 대부분의 기계류는 수입에 의존하고 있었다.

자동차공업은 1960년대 후반에 조립생산 형태로 나타났다. 1965년 새나라 자동차를 인수한 신진이 CKD조립 생산을 시작했고, 1968년에는 현대가 미국 '포드'사와 기술제휴했으며, 아세아가 이태리 차관을 도입하여 '피아트' 승용차 생산에 들어가기도 했다. 또한 기아산업이 4륜차를 생산하는 단계에 들어가 오늘날의 자동차공업 발전의 기초를 만들었다. 수리에 국한됐던 조선공업도 제2차 개발계획에서는 소형동력선박도 건조했다.

제2차 개발계획 기간 동안의 산업구조를 살펴보면 주도업종은 섬유공업을 비롯한 경공업이었지만 성장률은 중화학공업이 경공업을 능가하는 산업구조 발달의 고도화현상을 보였다 (표 3-7).

이리하여 부존자원이 빈약하고 국내시장이 협소한 한국경제 건설이 나아갈 길은 지속적인 수출 증대를 이룩하는 데 있

다는 기본 이념 아래, 경공업의 수출산업화가 이루어졌고, 이에 따라 공업 구조가 근대화되었으며, 화학공업과 중공업이 성장하면서 중화학공업의 기반이 조성되었다.

제3장 1960년대의 경제개발과 성과

1962~1971년에 걸친 10년간은 제1차 및 제2차 개발계획이 진행되면서 한국산업이 비약적으로 도약한 기간이라고 할 수 있다. 이 기간에 진행된 경제개발의 기본 정책은 전술한 바와 같이, 첫째 수입대체를 위한 공업화 착수, 둘째 경공업을 주축으로 한 수출공업화이다. 다시 말해, 공업화 추진과 수출제일주의라고 할 수 있다. 따라서 수입대체공업화 → 경공업 수출주도산업화 → 공업 자립화 구축이라는 경제개발을 밟아왔다고 할 수 있다. 그러면 이 10년간의 경제개발정책과 특성을 다시 한 번 음미해 보고자 한다.

첫째 수입대체산업 육성이다. 한국의 산업은 1950년대에 민생고 해결을 위해 최종소비재공업이 산발적으로 생겨났지만 그럼에도 대부분의 생필품과 공산품 조달은 수입에 의존하고 있었다. 이때 국내의 공업 생산은 수입 수요를 급격하게 증가시켰을 뿐, 생상품 자체는 질적으로나 양적으로 매우 낙후된 수준에 머물러 있기에 수출은 도저히 기대할 수 없었다. 이러한 수입 수요는 주로 미국에서 받은 원조자금으로 충당했으나 이 원조자금도 미국의 대외원조정책 전환으로 용이하지 않게 되었다. 그래서 우리나라가 경제개발을 착수할 때 제일 먼저 해결해야 할 것이 수입에 소요되는 외화를 절약하여 무역수지를 개선하는 것이었다. 다시 말해, 수입 상품을 국내에서 생산해 공급하는 것이 급선무였다. 이리하여 수입대체산업이 절실히 요구되어 무역수지를 개선하는 것이 필요했고, 따라서 공업화 착수라는 목표 아래 수입대체산업화의 실천이 우선적으로 강조되었던 것이다.

수입대체산업의 육성은 무역수지 개선의 소극적인 방안이긴 했지만 당시 우리나라의 여건으로 봤을 때는 외화를 획득하는 수출진흥책 못지않게 매우 중요한 일이었다. 수입대체산업의 육성은 외화 절약을 통해 경제자립화에 기여한다는 데큰 의의가 있었다. 수입대체산업은, 국내 수요도 있을 뿐더러 앞으로의 산업발전에도 필요불가결하다고 판단되었던 기간산업과 경공업부문부터 육성하게 되었다. 따라서 건설하고자 하는 사업계획서에는 반드시 수출절약액을 명시하기로 되어 있었으며 수출절약액이 없는 공장 건설은 검토 대상에도 들지 못했다.

둘째 소비재생산을 위한 경공업 중심의 육성 전략이다. 공업화를 추진하는 데 있어, 그 나라의 경제 현실을 감안하여 경공업중심의 공업화가 유리할 것인지 중화학공업부터 착수하는 것이 유리할 것인지는 검토의 대상이 될 수 있다. 후진국의 경제를 개발하는 데는 특별한 정설은 없지만 그 나라의 산업발전 수준, 개발 목표, 노동력의 양과 질, 기술 수준, 부존자원 상태 등에 따라 공업화의 방향을 설정해야 한다.

공업화 후발국인 한국은 불리한 점이 많았지만 그 가운데에서도 유리한 점을 잘 찾아 공업화를 시작했다. 선진국에서 이미 개발된 공업을 모방하면서도 좋고 나쁜 것을 선택하는 지혜를 발휘할 줄 알았다. 즉 국내에서 시장 수요가 있는 제품을 상대로 원자재를 수입하고 이를 가공하는 소비재생산 공업화 우선의 개발 전략을 짠 것이다. 이것이 경공업 중심의 공업화였으며 공업화가 진전됨에 따라 자본재부문으로 이행하는 정책을 택했다.

셋째 수출산업의 개발 육성이다. 수출산업은 경공업부문의 수입대체산업을 수출지향 또는 수출주도형으로 전환함으로써 실현했다. 수출산업 육성은 공업화의 확충과 제품 수입 증대에 필요한 재원을 확보하는 원천이었다. 수입대체는 국제수지 개선에 도움을 줄 수는 있어도 외화를 획득할 수는 없었기 때문에 필연적으로 수입 대체 → 수출 추진의 방향으로 가지 않을 수 없었다.

수출산업으로의 전진으로 한국의 공업화는 내수시장뿐만 아니라 해외시장을 통한 수요 증대로 적정 규모 내지 양산체제의 생산시설 유지가 가능해졌고, 개방정책에 의한 국제 분업을 촉진함으로써 성장의 원동력이 되었다. 수출제일주의 또는 수출드라이브정책은 이 기간부터 채용되어 오늘날에도 변함없는 정책으로 견지되고 있다.

그러나 이 기간에 추진된 수출산업화는 주로 경공업제품을 중심으로 한 노동집약상품을 풍부하고 우수한 저임금 노동력이 만드는 것이었다. 이러한 경공업에 편중된 수출은 원자재를 해외 수입에 의존하고 있었고 단순 가공에 치중했기에 외화가득률이 낮았고 저임금을 제외하고는 국제경쟁력이 약했으며, 수출상대국의 수입 규제와 국제적 경기 변동에 따라 크게 영향을 받는 구조적 취약성을 내포하고 있었다. 어쨌든 한국의 공업화는 '제로'에서 출발하여 초기조건의 불리함을 극복하고 비약적으로 발전했다.

1960년대의 한국경제성장을 경제지표 면에서 종합해보면 제1차 개발계획 기간은 연평균 8.5%(1960년 기준가격), 제2차 개발계획 기간은 11.4%(1965년 기준가격)의 성장률을 보이며 10년간 연평균 9.2%의 성장률이라는 성과를 이루었는데, 1975년 불변시장가격을 기준으로 하면 연평균 8.8%의 성장률을 기록했다(표 3-8).[12]

표 3-8 **1960년대의 성장률**

연 도	1975년 불변시장가격		1인당 GNP (미달러)	도매시장 상승률 (%)
	금액(10억 원)	성장률(%)		
1962	3,071.14	2.2	87	10.7
1963	3,350.65	9.1	100	30.3
1964	3,071.50	9.6	103	27.0
1965	3,884.99	5.8	105	7.7
1966	4,378.48	12.7	125	8.8
1967	4,669.39	6.6	142	7.5
1968	5,195.61	11.3	169	7.0
1969	5,911.39	13.8	210	7.6
1970	6,362.98	7.6	243	9.1
1971	6,962.46	9.4	278	13.2
기간평균	–	8.8	–	12.9

자료: 경제기획원, 「한국경제지표」(1982.6)

수출신장률은 기적적인 수치였다. 1961년에 수출이 약
4,000만 달러에 지나지 않았으나 1964년에 수출제일주의정

---

12 경제지표는 시장가격의 기준연도에 따라 수치가 다르다. 당초에 정부의 경제개발5개년계획의 평
  가는 총리실 기획조정실의 고유 업무였으며 매년 진척 상황을 평가했고, 기별로 5개년개발계획이
  끝나면 그 다음 해에 경제개발5개년계획 평가보고서를 작성했다. 제1차 개발계획에 대한 평가보고서
  는 1960년 불변시장가격을 기준으로 했으며 제2차 개발계획에 대한 평가는 1965년을 기준으로
  했다. 그 뒤 경제기획원에서 경제지표를 산출할 때는 불변시장가격 기준연도를 통일하여 1975년
  도로 했고 최근에는 1980년도를 정부의 공식적인 한국경제지표산출 기준연도로 삼고 있다.
    이 책에서는 제1차 개발계획과 제2차 개발계획을 평가할 때는 기획조정실의 경제개발5개년계
  획 평가보고서를 인용했으며, 제1차, 제2차 개발계획을 종합할 때는 정부의 공식자료로 경제기획
  원이 발간한 경제지표를 사용했다.

책의 목표였던 1억 달러를 달성했으며 1971년에는 약 13억 달러를 달성해 10억 달러의 고지를 넘었다. 이 수치는 1961년의 31.5배, 연평균 41.3%의 신장률을 기록했다는 것을 뜻한다 (표 3-9).[13]

1960년대 대외지향적 공업개발 전략과 수출촉진적 경제개발계획을 제도정책 면에서 어떻게 뒷받침했는가를 살펴보자.

---

13 수출통계자료도 산출 기준연도에 따라 다르며 수출입업무의 소관부처인 상공부와 전체적인 경제지표를 공식적으로 발표하는 경제기획원과의 통계 사이에 약간의 차이가 있다. 통관기준이냐 또는 BOP(Balance of Payment)냐에 따라 많이 달라진다.

이 책에서는 1960년대 수출실적을 상공부의 통관기준 자료에서 인용했는데 경제기획원 자료와 한국은행 자료를 인용하면 다음 표와 같다(자료: 한국은행, 「한국의 국민소득」).

표 3-9 **연도별 수출실적**

(단위: 백만 달러)

구 분	수출실적			증가율(%)	
	총액	공산품	공산품 구성비(%)	총액	공산품
1962	54.8	15.2	27.7	34.0	24.6
1963	86.8	45.1	51.8	58.4	196.7
1964	119.1	65.7	55.2	37.2	45.7
1965	175.1	107.5	61.4	47.0	63.6
1966	250.3	154.8	61.8	42.9	44.0
1962~1966년 평균	–	–	51.6	43.9	74.9
1967	320.2	216.1	67.5	27.9	39.6
1968	455.4	340.0	74.7	42.2	57.3
1969	622.5	484.0	77.8	36.7	42.4
1970	835.2	694.6	83.2	34.2	43.5
1971	1,067.6	923.6	87.0	27.8	33.7
1967~1971년 평균	–	–	78.0	33.8	43.3

자료: 한국은행, 「한국의 국민소득」

표 3-10 **1960년대 수출증가율**

(단위: 백만 달러)

구분	1961(A)	1966	1971(B)	B/A(배)	기간 중 평균증가율(%)		
					62~66	67~71	62~71
수출	42.9	255.8	1,352.0	31.5	43.0	39.5	41.3
공산품	9.4	159.7	1,162.9	123.7	82.5	48.9	70.1
(비중, %)	(22.0)	(62.4)	(86.0)	–	–	–	–

자료: 상공부, 「상공백서」(1987)

첫째, 대외경협활동의 전개와 국제기구 가입을 들 수 있다. 경제개발에 소요되는 막대한 외화를 조달하기 위해 국가원수가 주축이 되어 대외협력활동을 전개했다. 대미교섭이 주축을 이루었고 한미국교정상화도 빼놓을 수 없는 중요 활동으로 꼽힌다. 적극적인 대외활동을 전개함에 따라 국제금융기구인 IMF, 국제부흥개발은행(International Bank for Reconstruction and Development, IBRD), 아시아개발은행(Asian Development Bank, ADB) 등에도 가입했고 GATT를 비롯한 국제조약에도 가입 또는 서명을 하는 등 대외지향적 교섭을 활발히 추진했다.

둘째, 외자도입 및 수출입제도의 지원정책을 강화 정비했다. 외자를 도입하여 활용하려면 법령에 의한 제도적 지원 또는 보호조치가 필요하기 때문에 외자도입촉진법을 대폭 수정 보완하여 외자도입에 따르는 제반조건에 능동적으로 대처했다. 이와 함께 수출진흥확대회의 개최와 대한무역투자진흥공사(Korea Trade-Investment Promotion Agency, KOTRA) 설립 그리고 무역에 관한 모든 법령도 수출을 지원하기 위한 방향으로 개정하여 총력수출주의정책을 밀고 나갈 수 있도록 했다(무역정책 편에서 상론한다).

셋째, 재정투융자를 늘려 사회간접시설을 확충했다. 제1차 개발계획 기간에는 에너지원의 확보가 급선무였기 때문에 석탄 증산과 함께 군산·삼척·영월의 화력발전소, 춘천·소양·섬진댐과 화력발전소가 건설되었고 수송을 위해 황지, 경주, 정선선 등의 산업철도도 부설되었다.

제2차 개발계획 기간에는 산업의 고도성장과 재정 규모의 확대 등으로 사회간접자본에 대한 투자가 다양화되었다. 그중에서 특기할 것은 전국토를 1일 생활권으로 묶는 고속도로 건설이다.

넷째, 정부조직을 경제개발체제로 전환했다.[14] 제1차 개발계획 기간 전후에 경제기획원과 건설부를 신설했고 제2차 개발계획 기간에는 과학기술진흥을 위해 과학기술처를 설립함과 동시에 한국과학기술연구소(Korea Institute of Science and Technology, KIST)와 한국과학원(Korea Advanced Institute of Science, KAIS)을 창설했다.[15, 16, 17]

이 밖에 과학기술의 발달로 정보 이용도에 대한 수요가 늘어감에 따라 정보활동을 효율적으로 관리하는 한국과학기술정보센터(Korea Scientific & Technological Information Center, KORSTIC)가 설립되었다.

이렇게 하여 모든 정부조직과 체제를 경제개발 우선에 맞추었고 경제기획원장관을 부총리로 하여 경제각의를 구성 주재토록 했다. 과학기술진흥정책을 위한 일련의 제도 확립은 늘어나는 과학기술의 필요성과 요구에 부합되는 시기적절한 대

---

14 1968년 12월 21일 경인고속도로의 일부 구간인 경수고속도로 개통을 시작으로 1970년 7월 7일 경부고속도로를 개통했고 1970년 12월 30일 호남고속도로의 일부 구간(대전–전주 간), 1971년 12월 1일에는 서울–원주 간 영동고속도로가 연달아 개통되었다. 국토의 척추라고 할 수 있는 경부고속도로는 1968년 2월 1일에 착공하여 2년 5개월의 공사 기간을 거쳐 너비 22.4미터, 차선 전장 416킬로미터의 도로다. 경부고속도로의 개통으로 본격적인 고속도로화 시대를 개막하게 되었다. 경부고속도로는 처음부터 국내외의 격렬한 반발에 부딪쳤다. 우리나라 경제개발에 직간접으로 영향을 주었던 미정책당국도 남북보다는 동서를 연결하는 산업철도와 도로 건설을 주장했고 경부고속도로 건설은 반대했다. 이런 강력한 반대를 뿌리치고 이 고속도로를 건설할 수 있었던 것은 박정희 대통령의 결단이라고 할 수 있다. 박정희 대통령이 직접 도상 또는 현지를 답사하여 노선을 그어 결정했고 건설 중에도 수시로 현장을 시찰하면서 공사를 독려했다. 고속도로 건설은 박정희 대통령의 업적 중에 길이 빛날 업적으로 손꼽히고 있다. 고속도로에 대한 박정희 대통령의 담화 한 부분을 참고로 인용한다. "두 개 5개년계획 기간 중의 성과로서 하나 들 수 있는 것은 고속도로 건설이다. 우리나라에서 처음으로 우리 기술과 우리 돈과 우리의 힘으로 시작해서 서울–인천, 서울–부산, 대전–전주 또 서울–원주 간 등 모두 655킬로미터의 고속도로가 이 기간 중에 건설이 되었다. 이것은 우리나라의 근대화에 있어 하나의 상징적인 사업이라고 할 수 있다. 이렇게 됨으로써 전국의 일상생활권조성이 이루어져 가고 있고, 또한 우리 민족의 무한한 저력도 과시되었다."(1972년 2월 22 기자회견에서)

15 과학기술정책 업무는 1955년 부흥부에 기술관리실을 설치하면서 시작되었고 1962년 6월 18일 경제기획원에 기술관리국이 설치되면서 과학기술행정의 종합적 기구가 탄생했다. 그 뒤 과학기술행정을 독립행정부처로 격상하자는 논의가 꾸준히 제기되어 1966년 한국과학기술단체총연합회가 설립되고 1967년 1월 16일 과학진흥법이 제정 공포됨으로써 분위기가 조성되어 1967년 3월 30일 정부조직법에 과학기술처 설치가 공포되었다.

16 1961년 5·16이 일어나고 국가재건최고회의가 발족하자마자 건설부를 폐지하고 경제기획원을 신설하여 정부조직을 1원11부1처로 구성했다. 건설부는 자유당 정권 시 원조경제 아래에서 경제기획을 담당했던 부흥부를 1961년 5월 27일 건설부로 개칭하면서 탄생했다가 경제기획원 신설로

책을 수립하기 위한 조치였다.

다섯째 공업발전을 전개하기 위해 각종 공업육성법을 제정했다. 1960년대와 1970년대 초에 걸쳐 각종 공업육성법을 만들어 공업발전을 제도적으로 뒷받침했다.

1986년 7월부터 시행된 공업발전법이 이들을 흡수할 때까지 우리나라 공업발전의 좌우명 역할을 했는데 이들 법령을

일단 해체되었다. 제1차 개발계획 시설의 착수연도인 1962년 6월 29일 건설부의 필요성이 다시 인정되어 국토개발을 주 업무로 하는 기관으로 다시 태어났다.

17 한국과학기술연구소는 박정희 대통령이 1965년 5월 방미하여 린든 존슨(Lyndon B. Johnson) 대통령과 정상 회담을 한 뒤 발표한 공동성명 제12항에서 "미국은 한국의 공업 및 응용과학연구소를 설치하는 데 지원한다"고 밝힘으로써 이루어졌다. 이것은 박정희 대통령의 방미에 대한 선물 형식이었으므로 KIST는 존슨과 박정희 대통령의 합작품이라고 할 수 있다. 이어서 1966년 2월 4일 한미 간 연구소 설립 및 운영에 관한 협정을 체결하고 1966년 2월 10일 양국의 대통령이 설립자가 되어 등기함으로써 정식으로 발족했다. 이리하여 KIST 육성을 위한 한국과학기술소육성법 제정과 함께 연구소 건설을 추진하여 1969년 10월 23일에 전 세계에 자랑할 만한 연구소를 완공했다. KIST가 설립되기 전까지는 일제시대부터 명맥을 유지해온 국립중앙공업연구소(국립공업시험원)와 1959년 1월 21일 개원한 원자력원의 산하 연구기관인 원자력연구소가 있고, 이 밖에도 국방과학연구소, 지질조사소, 중앙관상대, 중앙화학연구소, 국립과학관 등이 있었으나 제대로 기능을 발휘하지 못한 채 명맥만 유지해 오고 있었다. 이러한 상황에서 KIST는 국내 최초의 현대식 연구기관으로 우리나라 기술연구의 산실 역할을 해왔다. 이와 병행하여 고급과학기술인력 양성을 위한 대책으로 1970년 8월 7일 한국과학원법을 제정하고 1971년 2월 16일 설립되어 1973년 9월 KAIS를 개원했다. KIST처럼 한미 간의 공동사업에 의해 빛을 본 것이다. KAIS는 문교부에 소속되지 않고 과기처 산하의 이공계 고급 인재를 양성하기 위한 특수대학원이었다. 1980년도 후반 연구기관의 대대적인 통합 방침에 따라 연구 업무를 담당하는 KIST와 교육기관인 KAIS가 1981년 1월 5일 한국과학기술원(Korea Advanced Institute of Science and Technology, KAIST)으로 통합되었고 설립자 명의도 바뀌었다.

나열하면 다음과 같다.

① 기계공업진흥법
② 조선공업진흥법
③ 전자공업진흥법
④ 철강공업육성법
⑤ 비철금속제련사업법
⑥ 석유화학공업육성법
⑦ 섬유공업근대화촉진법

제 **4** 부

중화학공업정책의
추진

THE HISTORY OF HEAVY AND CHEMICAL INDUSTRY

제1장 중화학공업화정책 선언

제3차 경제개발5개년계획

제1차 및 제2차 개발계획을 성공적으로 마무리 지은 한국은 정부와 온 국민이 자신감을 가지고 제3차 개발계획을 맞이했다. 그래서 1972년을 착수연도로 하는 제3차 개발계획을 예정보다 빠른 1971년 2월 9일로 확정 발표했다. 「제3차 계획에 붙이는 말」을 보면 당시 우리 국민의 경제개발에 대한 의지가 얼마나 강했는지 알 수 있다.

"지난 10년간 우리는 앞을 가로 막은 험난한 시련과 난관을 극복하고 비약적인 경제발전을 이룩하였고 10년 성장의 과정에서 우리는 민족적 저력에 대한 자신과 긍지를 되찾아 의욕에 넘친 줄기찬 전진을 거듭하게 되었다. 이번 제3차 계획은 바로 10년 개발의 성과와 경험을 보다 큰 약진의 발판으로 삼아 우리들의 의욕과 자신과 노력을 더욱더 새로이 하여 우리나라를 상위 중진국수준을 넘어 선진국대열에 육박하려는 완전민족자립의 청사진이다."1

제3차 개발계획의 개발 방향은 첫째 성장, 안정, 균형의 조화, 둘째 자립적 경제구조의 구축과 지역 간의 균형 발전이라는 기조 아래 농어촌 경제의 혁신적 개발, 획기적인 수출 증대, 중화학공업 건설을 기본 목표로 하여 세부 목표를 설정함으로써 그 내용을 명백히 제시했다.2

1960년대에 우리 경제가 고도성장을 이룰 수 있었던 것은 세계경제가 비교적 우리에게 유리하게 작용했던 이유도 있다. 그러나 1970년대에 들어와서는 세계의 경제 여건이 우리의 고도성장을 지속적으로 허락하지 않는 심각한 국면으로 전환되었다. 세계의 경제 질서가 흔들리면서 다음과 같은 혼돈 상

---

1 경제개발 5개년계획 작성은 주무부인 경제기획원이 종합 관장하지만 대통령의 시정방침에 의거 모든 부처가 참여하므로 한국정부의 국가 최대 중요 행사였다. 따라서 대통령이 직접 방침을 천명하는 것이 일반적이었으며 「제3차 계획에 붙이는 말」도 대통령의 것이다.

　1971년 4월 27일 제7대 대통령 선거가 있었기 때문에 "혼란 없는 안정 속에 중단 없는 전진"의 슬로건을 내걸고 3선을 겨냥한 박정희 대통령은 선거가 있기 전에 '중화학공업 건설', '수출입국', '농촌 근대화'를 요지로 한 제3차 개발계획을 발표했다.

2 제3차 개발계획의 세부 목표를 나열하면 다음과 같다.

　첫째, 식량을 자급하고 농어촌 소득을 증대시켜 나가는 한편, 경지 정리 및 기계화 등을 촉진한다.

　둘째, 농어촌의 보건 및 문화시설을 충실히 하고 농어촌 전화 및 가로망을 확충한다.

황이 벌어졌다.

첫째, 석유수출국기구(Organization of the Petroleum Exporting Countries, OPEC)에 의한 석유 파동과 이에 따른 자원민족주의가 태동했다.

둘째, 국제적 보호무역주의가 전개되었다. 비산유국은 국제수지 적자와 물가고 그리고 경기 침체 때문에 자국 산업을 보호 조치하는 쪽으로 방향을 바꾸기 시작했다.

셋째, 미국의 달러 가치 하락과 스태그플레이션(stagflation)으로 IMF, GATT 체제가 흔들리기 시작했다.

이와 같은 세계경제의 혼란 상황은 원자재 수입과 제품 수출이라는 해외의존적이고 대외지향적인 우리나라 경제에 그대로 영향을 미쳤다.

자원민족주의에 의한 해외자원의 원가고와 획득란, 특히 석유파동은 생산 활동 저하와 국제수지 적자가 확대되는 결과를 가져왔다. 국제보호무역주의 채택은 종래와 같은 수출정책으

셋째, 목표연도에 35억 달러 수출 달성 등 국제수지를 개선한다.
넷째, 중화학공업을 건설하여 공업의 고도화를 기한다.
다섯째, 과학기술의 급속한 향상과 교육시설의 확충으로 인력을 개발하여 고용을 최대한으로 증대한다.
여섯째, 전력, 교통, 저장, 하역, 통신 등 사회기초시설의 균형된 발전을 기한다.일곱째, 4대강 유역을 비롯한 국토자원의 효율적인 개발과 수출공업단지 등 개발단지의 조성으로 지역 개발을 촉진하고 공업과 인구를 적당히 분산한다.여덟째, 주택과 위생시설 및 사회보장을 확충하고, 근로환경을 개선하여 국민의 복지와 생활 향상을 기한다.

로는 수출 증대와 고도성장 지속 또한 어려워졌음을 의미했다. 결국 이러한 경제 난국을 타개하기 위해 정치, 사회, 경제적 개혁 조치가 단행되었는데, 그중 하나가 긴급명령과 특별조치였다.[3] 산업정책 면에서 취한 중요한 조치는 중화학공업화정책의 선언이다. 이것은 뒤에 상론하겠지만 기존의 정책만으로는 대내외의 악조건을 극복하고 경제성장과 수출 증대를 지속할 수 없었기에 취해진 것이다.

중화학공업화정책 선언

제1차 및 제2차 개발계획의 성공은 고용문제 해결, 외화 절약 및 가득(稼得), 산업구조의 고도화 등 여러 측면에서 효과가 있

---

3 1970년대 전반 한국경제는 여러 가지 어려운 국면을 맞아 긴급명령과 특별조치를 여러 번 실시했다. 그중에서도 특기할 것이 사채동결을 조정한 8·3조치와 기업공개에 대한 5·29조치이다. 8·3조치는 1972년 8월 3일 헌법 제73조에 의거 '경제 안정과 성장에 관한 긴급명령15호'를 발동하여 모든 기업의 사채 지불을 동결하여 사채를 월리 1.35%, 3년 거치, 5년 분할상환 조건으로 하거나 기업에 대한 출자로 전환하도록 한 조치이다. 제1차 및 제2차 개발계획의 외형 확장 경제의 부산물로 많은 외자차관 기업체가 생겨났고 이 과정에서 많은 부실차관 기업체도 생겨났다. 1969년 부실차관 업체를 일단 정리하기는 했으나 완전히 해결할 수는 없었다. 한국의 경제 상황이 어려워지고 기업 전반에 걸쳐 부실화가 확산되면서 국민경제에 부담을 주자, 정부는 경영난을 겪고 있는 부실기업과 국민경제의 부담을 덜어주기 위해 8·3조치를 단행했다. 이것은 자본주의 경제원칙에서는 파격적인 정책으로 중산층의 재산을 희생시킴으로써 기업에는 막대한 경제적 특혜를 주는 조치였다. 결과적으로 기업의 재무구조가 개선되었지만, 전 국민의 희생으로 기업 활동을

었다. 그러나 점점 어려워지는 대내외 난관을 극복하고 이 이상으로 산업을 발전시키려면 중화학공업의 추진 없이는 불가능했다. 그리고 1980년대 경제 미래상으로 제시된 수출 100억 달러, 1인당 GNP 1,000달러라는 목표를 달성하려면 중화학공업화정책을 수반해야만 했다.

한국의 경제는 지금까지 풍부한 노동력을 바탕으로 국제비교우위에 있는 노동집약적인 경공업부문의 공업화와 수출증대로 고도성장을 이룩했다. 그러나 경공업제품의 수출은 소득의 탄력성이 낮을 뿐만 아니라 선진국들이 급격하게 수입 규제를 강화한 탓에 수출 증대는 이미 한계에 도달했고 우리나라와 여건이 비슷한 국가들과의 경쟁, 후발 공업국가들의 맹렬한 추격을 받게 될 것이 뻔했다. 전체 세계무역량에 있어서도 1차산업제품과 경공업제품은 점차 축소되어갔고 중화학공

활성화시키는 조치였다고 할 수 있다.

5·29조치는 8·3조치의 후속 조치로서 1974년 5월 29일 '기업공개에 관한 대통령 특별지시'로 이루어졌다. 이것은 기업의 사회화라는 이념 아래 기업을 공개하여 기업주식을 일반화하고 동시에 증권시장을 육성하는 정책이었다. 이 조치로 기업은 증권시장에 소유 주식을 공개하여 자금을 조달했을 뿐만 아니라 주식시장에 사채를 발행하여 기채할 수 있게 되었고, 결국 기업의 재무구조는 호전되었다. 또한 이렇게 조달된 자금은 사세 확장에 사용되어 이 조치를 계기로 재벌기업이 확장되는 결과를 가져왔다. 이러한 증권시장의 육성은 사채를 제도금융으로 흡수하기 위해 만들어진 단자회사와 상호신용금고와 함께 제2금융권 형성에 크게 기여했다. 따라서 5·29조치에 의한 기업의 공개화와 증권시장 육성정책은 유효적절한 방법에 의해 성공적으로 구체화시킨 것이라 평가받고 있다. 이 밖에 1974년 12월 7일 국제수지 개선을 위한 특별조치가 잇달아 있었고 이것으로 물가, 금리, 환율 등을 통제했다.

업제품의 비중이 급속히 증대되는 추세에 있었기 때문에 수출을 신장시키려면 자연발생적인 생산 발전만으로는 불가능했다. 따라서 중화학공업화정책이라는 획기적 조치가 탄생한 것이다.

이런 관점에서 고도성장을 지속시키고 공업 구조를 고도화시키기 위한 중화학공업화의 전략적 추진은 이론적으로나 현실적으로나 필요성이 인정되었으며 1973년 초의 중화학공업화 선언은 한국의 산업발전을 높은 수준으로 달성하는 것임과 동시에 한 차원이 높은 새로운 고도 개발 전략 방향을 제시한 것이라 할 수 있다. 이와 동시에 국민의 과학화 선언도 있었다. 중화학공업화정책을 추진하기 위해서는 과학기술의 개발 및 기술인력 양성이 필수적이었다. 따라서 과학기술개발을 전 국민적으로, 전 국가적으로 추진하는 데 목적을 두고 과학화 선언이 실시되었다.

이런 과정을 거쳐 한국은 1973년부터 본격적인 중화학공업 시대를 장식하게 되었으며, 중화학공업이 중단되거나 후퇴하면 고도산업화 건설은 이룰 수 없고 영원히 개발도상국에서 벗어날 수 없다는 각오 아래 목표 달성을 위해 전진했다.

우리나라 경제는 성숙한 선진국과는 경우가 달라 성장 없는 안정은 현상 동결과 조기 사양화를 가져온다는 평가가 많았다. 따라서 어떤 일이 있더라도 지속적인 성장을 이루어야 한다는 신념을 가지고 이 성장의 동력을 중화학공업화에서 얻고자 목표를 설정했다. 이로써 더 알찬 성장의 돌파구를 만들었고 선진국 수준의 번영된 고도 경제사회 국가를 머지않은 미래에 바라볼 수 있는 기초를 만들었다.

자립으로의 전진

제3차 개발계획의 연평균 성장률은 제1차 개발계획 때의 8.5%, 제2차 개발계획 때의 11.4%보다 낮은 8.6%로 설정했는데, 성장과 안정을 조화시키는 방향으로 기본 목표와 세부 시행 방침을 수립했다.

그러나 제3차 개발계획 기간 중 우리나라 경제는 내적인 취약점과 세계경제의 혼란에 따른 장벽과 제약을 극복하고 목표 성장률인 8.6%를 훨씬 웃도는 11.2%의 고도 성장률을 이루었다. 특히 오일쇼크가 있었던 1973년에는 놀랍게도 16.7%의 성장률을 보였다. 많은 나라들이 석유파동으로 큰 타격을 입었을 때도 우리나라는 이 어려움을 슬기롭게 해결했을 뿐만 아니라 높은 성장까지 이루었기에 세계의 이목이 집중될 수밖에 없었다(그림 4-1).

산업별 성장률을 보면 쌀 증산으로 인해 농림어업도 괄목할 만한 성장을 보였다. 광공업부문은 계획 목표치 13.0%에 대하여 20.1%의 실적을 거두어 제3차 개발계획도 광공업부문이

그림 4-1 **GNP 성장률의 계획 대 실적대비**

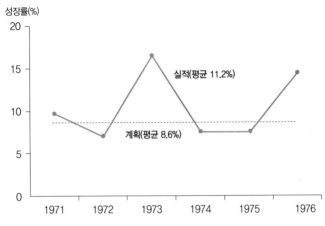

성장률(%)

실적(평균 11.2%)

계획(평균 8.6%)

자료: 중화학공업기획단

표 4-1 **산업류별 성장률**(1970년 불변시장가격)

(단위: %)

구분	1967~1971 평균	1972	1973	1974	1975	1976	1972~1976 평균	
							계획	실적
전산업	10.5	7.0	16.7	8.7	8.3	15.5	8.6	11.2
농림어업	2.5	1.7	5.9	5.8	7.1	8.9	4.5	5.9
광공업	15.0	15.0	30.4	17.0	12.9	25.4	13.0	20.1
사회간접자본 및 기타 서비스	12.3	5.8	14.7	4.9	5.8	11.3	8.5	8.5

자료: 「제3차 경제개발5개년계획 평가보고서」, 『경제백서』(1977) / 중화학공업기획단

성장에 주도적인 역할을 했다(표 4-1).

　이렇게 하여 2차산업의 비중이 증가하면서 후진국형 산업구조에서 선진국형으로 발전하는 모습을 갖추게 되었다. 제3차 개발계획 기간 동안 이룩한 고도성장과 산업구조의 고도화는 국제적으로 높은 평가를 받기에 이르렀다.

　수출은 제3차 개발계획 기간에 증대 속도가 높아져 연평균 36.6%씩 늘어났다. 1976년 수출목표액이 35억 달러였는데 목표의 2배가 넘는 77억 달러 이상을 달성했다.[4] 수출구조에

4　한국경제지표에 대한 공시적 통계를 집계 발표하는 기관은 경제기획원이지만 수출입에 있어서는 기획원과 상공부 자료에 약간의 차이가 있으므로 이의 해명을 위해 기획원 자료를 인용하면 다음과 같다(표 4-2).

표 4-2 국제수지 및 경제협력(1961~1976년)

1. 국제수지						
	경상수지					
		무역수지			무역외수지	
			수출	수입		수입
	경상 백만 달러					
1961	33.1	−242.2	40.9	283.1	43.8	104.7
1962	−55.5	−335.3	54.8	390.1	43.3	108.4
1963	−143.5	−410.2	86.8	497.0	7.4	98.7
1964	−26.1	−244.9	120.0	364.9	23.9	91.0
1965	9.1	−240.3	175.6	415.9	46.1	114.2
1966	−103.4	−420.5	250.4	679.9	106.5	204.3
1967	−191.9	−674.2	334.7	908.9	157.1	308.2
1968	−440.3	−835.7	486.3	1,322.0	169.3	394.0
1969	−548.6	−991.7	658.3	1,650.0	197.3	492.4
1970	−522.5	−922.0	882.3	1,804.2	119.3	496.8
1971	−347.5	−1,045.9	1,132.3	2,178.2	27.8	483.7
1972	−371.2	−573.9	1,676.5	2,250.4	32.9	550.3
1973	−308.8	−566.0	3,271.3	3,837.3	67.1	849.4
1974	−2,022.7	−1,936.8	4,515.1	6,451.9	−308.3	837.8
1975	−1,886.9	−1,671.4	5,003.0	6,674.4	−442.2	880.6
1976	−313.6	−590.5	7,814.6	8,405.1	−71.8	1,642.7

자료: 경제기획원, 「한국경제지표」(1982.6)

그림 4-2 **총수출 및 공산품 수출 증가 추이**

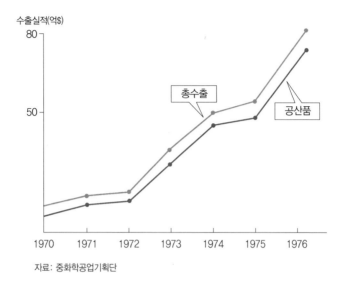

자료: 중화학공업기획단

서도 공산품의 총수출에 대한 점유비중이 1971년의 86.0%에서 1976년에는 90.1%로 늘었다. 이와 동시에 기계류, 조선, 전자제품 등의 중화학공업제품의 수출이 증가하고 섬유류, 합판 등 경공업제품이 상대적으로 감소하는 경향을 보여 중화학공업제품이 전체 공산품에서 차지하는 비중이 1972년 24.2%에서 1976년에는 34.0%로 증가하여 수출구조의 고도화를 가져왔다(그림 4-2, 표 4-3).

이것은 중화학공업화정책에 의하여 철강, 비철금속, 기계공업, 조선공업, 전자공업, 화학공업이 대형화, 근대화, 수출산업화 되어 고도화된 산업체제를 구축하게 됨으로써 얻은 효과라고 할 수 있다.

표 4-3 **상품 수출구조**

(단위: 백만 달러)

구분	1972		1976	
	금액	구성비	금액	구성비
농산물	70.3	4.3	345.4	4.5
수산물	74.2	4.6	338.8	4.4
광산물	35.0	2.2	77.5	1.0
공산품	1,444.6	88.9	6,953.6	90.1
중공업제품	-	24.2	-	34.0
경경업제품	-	75.8	-	66.0
합계	1,624.1	100.0	7,715.3	100.0

자료: 중화학공업기획단

제3차 개발계획 기간에 이룩한 실적 중에 빼놓을 수 없는 것이 용역산업의 해외진출이다.

한국의 인력 수출은 1963년 서독에 200여 명의 광부를 파견한 것을 시작으로 몇 건의 인력 송출이 있었다. 그러나 본격적인 용역산업의 해외 진출은 중동 건설의 대성황으로 전개되었다. '오일 머니(oil money)'에 편승한 중동 산유국가 개발에 한국의 건설업체들이 대거 참여하여 막대한 외화 수입을 올렸다.

1976년 용역의 해외 진출에 의한 외화 수입은 약 5억 달러에 가까웠으며, 이 중 해외 건설이 90%에 해당하는 4.4억 달러에 달하여 당시 건설 용역이 중요한 외화 획득 산업으로 등장했다(표 4-4). 이것은 우리나라 노동자의 근면과 성실성으로 얻은 결과라고 할 수 있다.

표 4-4 **용역부문의 외화 수입**

(단위: 천 달러)

구분	1975	1976
해외 건설 활동	39,069(53.9)	439,045(90.4)
개인 급료 및 임금	8,343(11.5)	3,155(0.6)
서독 광부 및 간호원	22,574(31.1)	25,083(5.2)
기타 해외기술자	2,495(3.4)	18,346(3.8)
합계	72,481(100.0)	485,629(100.0)

　　이때의 해외 건설 진출이 밑바탕이 되어 이후에도 중동시장을 심화시키고 새로운 시장을 개척하면서 적지 않은 부작용도 남겼지만 '플랜트(plant) 수출'의 기초를 만든 것은 사실이다. 이러한 놀라운 해외 건설 용역의 신장은 대내외적으로 높은 평가를 받았다.

　　우리나라는 해외 경제협력 면에서도 제3차 개발계획 기간 중 세계 36개국과 무역 및 통상관계협정을 체결했으며 여러 가지 무역통상진흥회의에 적극적으로 참가했다. 미국과 일본에 편중된 수출시장을 다변화하기 위해 경제사절단을 미개척 시장에 파견하고 개발도상국의 유력한 경제 인사를 국내에 초빙하는 등 경제 협력 관계를 강화했고 1972년에는 비적성 공산국가와 유대관계를 맺는 획기적인 조치를 취했다. 또한 IBRD, ADB 등 국제금융기구와 긴밀한 협조관계를 유지했다. 한국의 무역 상대국으로 빅 스리(big three)에 속하는 미국, 일본, 유럽공동체 국가와 협력관계를 증진시키는 동시에 자원민족주의에 대비하여 자원보유국과 자원 외교를 활발히 추진하는 것 또한 잊지 않았다.

그러나 제3차 개발계획 기간 동안의 실적에서 옥의 티라고 할 수 있는 국제수지 적자, 인플레 체질, 외채 의존(1976년 말 외채총액 5649백만 달러)은 해결하지 못했다. 이것은 세계에서 제일 가난했던 후진국이 수출주도형의 대외지향적 경제, 지속적인 성장정책에 의한 경제 확장주의를 표방하여 경제개발계획을 추진한 결과 생겨난 것이다. 제1차 및 제2차 개발계획 때부터 이러한 부작용이 싹트기 시작했고, 제3차 개발계획 기간에는 좀 더 심화되었으나 이것은 한국의 경제개발정책을 근본적으로 바꾸지 않는 한 불가피한 결과였다.

차치하고 제3차 개발계획 기간에 한국의 경제는 고도성장, 수출의 획기적 증대, 산업구조의 고도화를 이루어 자립 경제의 길로 들어서게 되었다.

제2장 중화학공업화정책의 실현

제4차 경제개발5개년계획

1977~1981년 제4차 개발계획의 전반 3년은 번영의 기간이며 후반 2년은 절망의 기간에 해당한다.

1977~1979년의 처음 3년 동안은 제4공화국이었는데, 1980년대는 제4공화국에서 제5공화국으로 정권이 바뀌는 과도 기간이었다. 양 기간이 제4차 개발계획 기간에 포함되어 있지만 두 기간의 성격은 완전히 달랐기 때문에 구분하는 것이 마땅하다. 그러나 이 책의 산업발전 개관은 경제개발5개년계획 기간을 중심으로 고찰하는 것이기 때문에 편의상 1980~1981년 기간도 제4차 개발계획 기간의 일부로 간주하여 여기

에 포함시켰다. 제5공화국에서도 이 두 해만은 제4공화국의 잔여기간으로 처리하여 언급을 회피하거나 악평을 하는 것이 일반화되어 있다. 따라서 이 시기를 제4공화국이나 제5공화국에서 모두 빼버리면 1980년대를 시작하는 첫 두 해가 발전사에서 빠져버리기 때문에 이를 제4차 개발계획 기간에 포함시켰다. 1970년대를 마무리 짓고 1980년대를 시작하는 제4차 개발계획 기간을 논하려면 3차에 걸친 경제개발5개년계획을 되돌아보는 것이 필요하다.

제1차 개발계획 기간에는 연평균 성장률 8.5%를 이룬 데 이어 제2차 및 제3차 개발계획 기간에는 이보다도 더 높은 11.4%, 11.2%의 성장률을 각각 달성했다.[5] 이리하여 자본 축적도 없고 부존자원도 빈약하고 국제 환경마저 어려운 환경 속에서 한국경제는 후진국 또는 개발도상국에서는 유례를 찾아보기 힘들 정도로 눈부신 발전을 이룩했다.

1973년 후반의 석유파동으로 전 세계적으로 경기 후퇴와 국제 경제 및 무역의 혼란 상태가 계속되었다. 1975년 이후에는 세계경기가 호황 국면에 접어들어 제4차 개발계획 기간에는 국제 여건이 호전되었다. 그러나 ① 선진국의 보호무역주

---

5 해외 원조 발표의 1975년도 불변가격을 기준으로 한 경제성장률은 제1차~제3차 개발계획의 연평균 성장률이 각각 7.9%, 9.5%, 10.8%로 기록되어 있다. 이 책에서 언급한 경제성장률은 경제개발5개년계획이 끝날 때마다 작성한 「경제개발5개년계획 평가보고서」에서 인용한 것이다. 따라서 숫자가 다른 것은 평가시 기준연도의 차이에서 온 것이다.

표 4-5 **경제 규모**

구분	단위	1975 (A)	1981 (B)	B/A (개수)	1977~1981년 연평균 증가율
국민총생산	1975년 가격(10억 원)	9,080	16,214	1.8	9.2
	1975년 가격(10억 달러)	18.8	33.5	1.8	9.2
	경상가격(10억 달러)	18.8	58.7	–	–
인구	백만인	35.3	38.8	1.1	1.6
1인당 GNP	1975년 가격(천 원)	257	418	1.6	7.6
	경상가격(천 원)	257	732	–	–
	경상가격(달러)	(532)	(1,512)	–	–

자료: 경제기획원, 「제4차 경제개발5개년계획」

의 채택 ② 자원민족주의의 대두 ③ 후발개발도상국과의 경쟁
④ 무역자유화 압력 등 국제적 압력은 점점 강해져 수출주도
형의 우리나라 경제는 외부로부터 심한 도전을 받게 되었다.
결국 제3차 개발계획 말미에는 이와 같은 외부 도전을 극복하
기 위해 우리나라 경제의 취약점인 국제수지 적자, 인플레 체
질, 외채 의존을 해결하고 고도 선진국가를 건설하기 위해 산
업구조를 고도화하여 국제경쟁력을 강화하는 길밖에 없었다.

이와 같은 배경을 안고 제4차 개발계획은 1976년 6월 18일
확정 발표되었다. 제4차 개발계획은 '성장, 형평, 능률'을 기본
이념으로 삼아 자력 성장 구조의 실현, 기술 혁신과 능률 향상,
사회개발 촉진을 기본 목표로 삼았다.

제4차 개발계획의 총량 계획을 보면 GNP를 1975년도에 비

표 4-6 **국제수지**(1975년 가격)

(단위: 백만 달러)

구분	1975	1981	1977~1981년 합계	
			금액	연평균 증가율
경상수지	−1,887	192	−1,857	−
① 무역수지	−1,671	339	−918	−
수출	5,003	14,165	56,004	16.0
수입	6,674	13,826	56,922	12.0
② 무역외수지	−442	−316	−1,898	−
수입	881	3,344	12,425	20.9
지급	1,323	3,660	14,323	17.2
이전거래(순)	226	169	959	−
장기자본(순)	1,287	363	4,249	−
차관 및 투자	1,467	1,932	10,000	−
원금 상환	−306	−787	3,250	−
기타(순)	126	−782	2,501	−
기초수지	−600	555	2,392	−
단기자본 및 기타(순)	1,093	−142	319	−
외환보유액	1,542	4,371	−	−
(경상지출에 대한 비율)	(19.3)	(25.0)	−	−

자료: 경제기획원, 「제4차 경제개발5개년계획」

해 목표연도인 1981년에는 1.8배로 확대시키고 연평균 경제
성장률은 9.2%로 유지하여, 1인당 GNP를 경상가격으로
1,512달러 달성하자는 것이었다(표 4-5).

자력 성장 구조 실현은 자립 경제 구축을 의미하는 것으로
이것은 한국경제의 오랜 숙원이었다. 투자재원의 자력 조달,

국제수지의 균형 달성과 산업구조의 고도화로 자립 기반을 마련하고자 한 것이다.

투자재원에서는 저축 기반을 확대하고 금융제도 및 세제 개선, 증권시장의 근대화를 통한 자본시장의 근대화를 이루어 내자동원체제를 강화하여 총투자의 대부분을 국내 투자로 조달하려고 계획했다.

산업구조 면에서는 광공업부문을 늘리고 중화학공업 비율을 올리려고 계획했으며 국제수지 면에서는 수출을 연평균 16%씩 신장시켜 무역수지 흑자를 기록하려고 계획했다(표 4-6, 그림 4-3).

그림 4-3 **산업구조**(1975~1981년)

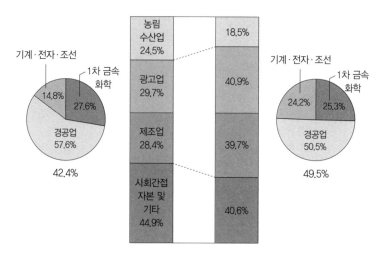

자료: 중화학공업기획단

중화학공업화정책의 조기 목표 달성

중화학공업화정책은 제3차 개발계획 기간의 2차 연도인 1973년부터 제4차 개발계획 기간의 3차 연도인 1979년까지 7년간에 걸쳐 실시되었다.

수출 100억 달러, 1인당 GNP 1,000달러는 1981년도의 미래상으로 제시되었으며 중화학공업화정책도 1981년까지 완료하는 것으로 계획했다. 그러나 계획한 미래상과 중화학공업화정책이 목표한 바를 모두 3~4년 앞당겨 달성했다. 수출은 1977년에 100억 달러 고지를 점령했고, 1인당 GNP는 1978년에 1,330달러가 되었으니 중화학공업화 목표를 1979년에 조기 달성하게 된 것이다(표 4-7).

표 4-7 **목표의 조기 달성**

연도	1인당 GNP(달러)	수출(백만 달러)
1976	765	7,814.6
1977	966	10,046.5
1978	1,330	12,710.6
1979	1,546	14,704.5
1980	1,481	17,214.0
1981	1,636	20,886.0

자료: 경제기획원, 「한국경제지표」(1982.6)

제 **5** 부

중화학공업화정책의
철학과 비전

제1장 정책 추진의 역사적 의의

중화학공업화정책 추진이 절체절명의 과제였다면 우리나라가 이를 추진할 수 있었던 배경이 무엇이었는지 살펴보자.

중화학공업은 첫째, 자본집약적이고 기술집약산업이므로 수요의 탄력성이 높고 기술진보가 빠르며 노동생산성이 향상된다. 둘째, 수요의 폭과 깊이가 있고 후진국이 섣부르게 따라올 수 없다. 셋째, 방위산업을 하려면 중화학공업을 추진해야 한다는 데 이의가 없었다.

당시 우리나라가 중화학공업을 추진할 수 있는 능력이 있었느냐에 대해 엄밀하게 따져보면 없었다고 할 수 있다. 사실 엄두도 내지 못하는 것이었다. 하지만 그럼에도 중화학공업화정책을 추진한 이유는 경제적인 도약(take-off)을 해보자는 강한 의지가 있었기 때문이다.

우리는 1960년대 10년 동안 제1차와 제2차 개발계획으로 경공업과 소비재산업 그리고 노동집약산업을 건설하는 데 성공을 거두었다. 즉 한강의 기적을 이룩했으며 '아시아의 4마리 용' 중의 하나로 세계의 주목을 받았다. 제2차 개발계획 말기에 석유화학공업, 종합제철건설이 추진되었으나 이를 중화학 공업이라고 부르지 않고 산업의 2대 지주(支柱)라고 일컬었다. 이리하여 1970년대에는 제1차와 제2차 개발계획을 연장선상에 두고 제3차와 제4차 개발계획을 추진하키로 했는데, 계획만 가지고는 선진국이 되기는 힘들었고, 중간에 언제 낙방할지도 모르는 상황이었다. 따라서 중화학공업화정책으로 대도약을 하여 선진국의 공업 형태를 구축하겠다는 꿈같은 야망을 꾸게 된 것이다.

수출의 측면에서 이야기를 해보자면, 경공업제품은 가공만으로 얻는 수입이므로 크게 이익도 없고 후발 국가들이 언제든지 따라올 수 있었던 데다 수입국가의 횡포가 심했다. 이를 피하려면 중화학공업제품을 만들어 수출해야 했다. 중화학공업제품이 수익도 좋을 뿐더러 앞에서 말한 불이익의 영향을 받지 않기 때문이다. 수출주도형 공업국가로 지속적인 발전을 이루기 위해서는 불가피한 선택이었다.

제2장 정책 구상의 배경

한국은 1960년대의 경제개발을 성공적으로 마무리 짓고 1970년대를 맞이하게 되었다. 정부는 1972년을 착수연도로 하는 제3차 경제개발5개년계획을 확정 발표했다. 제3차 경제개발 추진의 기본방침은 성장, 안정, 균형의 조화 아래 자립적 경제구조를 구축하고 농촌경제의 비약적 발전, 수출의 획기적 증대, 중화학공업의 건설이었다.

1960년대의 우리 경제가 기적적으로 성장할 수 있었던 것은 세계경제가 우리에게 유리하게 돌아간 요인도 있었다. 그런데 1970년대에 와서는 세계경제의 질서가 우리에게 유리하게만 작용하지는 않을 것이라고 예측되었다. 그 이유는 첫째 OPEC의 자원민족주의에 의한 석유 및 원자재 파동이 있을 것이며, 둘째 국제적 보호무역주의가 태동되어 물가고와 경기 침체가 생겨 수출에 지장이 있을 것이며, 셋째 미국의 달러 가치 하락과 스태그플레이션이 일어날 것으로 예상되었기 때문이다.

따라서 재경당국은 안정 기조 아래에서 정상적인 개발계획을 짰다. 수출의 경우 제3차 개발계획 기간의 목표연도인 1976년에 35억 달러, 제4차 개발계획 기간의 목표연도인 1981년에 53억 달러 달성을 전망치로 내놓았다. 하지만 달성을 장담할 수는 없다고 보았다. 1971년도에 수출이 10억 달러(1972년도 13.7억 달러) 수준이었으니 1981년도에 53억 달러를 목표치로 삼은 것은 대단한 성장이었기 때문이다. 이 목표치만 달성하더라도 성공한 것이라 생각했다. 하지만 선진국을 내다보기에는 거리가 먼 수치였다.

경제기획원이 설정한 경제 전망치에 불만을 가지고 있었던 사람은 박정희 대통령이었다. 1972년도 말에 불만이 표출되었다. 10월 유신을 발표하고 얼마 되지 않을 때였다. 박 대통령은 오원철 수석을 불러 이렇게 말했다 "80년대에 한 100억 달러를 수출할 방안이 없어?" "예, 있습니다. 중화학공업화정책입니다." 이 대화로 중화학공 업화정책이 시작되었다. 경제 2비서실에서는 오원철 수석의 아이디어로 필자가 공업구조를 개편해야 한다는 구상 아래 작업을 진행하고 있었다. 이것이 '공업구조개편론'이며 어떤 일을 하는 추진하는 데 목표가 있어야 하기 때문에 "100억 달러 수출, 1인당 GNP 1,000달러"
로 목표 수치를 설정했다.

수출의 증대를 이루려면 공업구조를 중화학공업으로 개조
해야 했다. 100억 달러 목표를 달성하기 위해 중화학공업화정
책을 실시했고, 중화학공업화정책을 추진하면 수출 100억 달
러를 달성할 수 있다고 믿었다. 즉 '수출 100억 달러 달성=중
화학공업화정책'이라고 할 수 있다.

이렇게 정의를 내리니 중화학공업이 공장 건설을 통해 수출
만 한 것이라고 알고 있는 경우가 많다. 중화학공업을 하려면
여러 가지 복합된 사항을 동시에 종합적으로 추진해야 한다.
예를 들면 인력개발, 과학기술 발전, 방위 육성 등이 그것이다.
이를 모두 합해야 중화학공업화정책이 되는 것이다.

참고로 박정희 대통령이 1973년 1월 12일에 발표한 중화학
공업화정책 추진선언문은 다음과 같다.

나는 오늘 이 자리에서 우리 國民 여러분들에게 經濟에
관한 하나의 중요한 宣言을 하고자 합니다.

우리나라 工業은 이제 바야흐로 〈重化學工業時代〉에 들
어갔읍니다.

따라서, 政府는 이제부터 〈重化學工業育成〉의 施策에 重

點을 두는 〈重化學工業政策〉을 宣言하는 바입니다.

또 하나 오늘 이 자리에서 우리 國民들에게 내가 제창하고자 하는 것은, 이제부터 우리 모두가 〈全國民의 科學化運動〉을 전개하자는 것입니다. 모든 사람들이 〈科學技術〉을 배우고 익히고 開發을 해야 되겠읍니다.

모든 사람들이 〈과학기술〉을 배우고 익히고 개발을 해야 되겠읍니다.

그래야 우리 國力이 급속히 늘어날 수 있습니다. 科學技術의 발달 없이는 우리가 절대로 先進國家가 될 수 없습니다.

80년대에 가서 우리가 100억 달러 수출, 〈重化學工業〉의 育成等等, 이러한 目標達成을 위해서 汎國民的인 〈科學技術〉의 開發에 總力을 集中해야 되겠읍니다.

이것은 國民學校 아동에서부터 大學生, 社會成人까지 男女老少 할 것 없이 우리가 전부 技術을 배워야 되겠읍니다. 그래야만 國力이 빨리 신장하는 것입니다.

80년대 초에 우리가 100억 달러의 輸出目標를 달성하려면, 전체 輸出 商品 중에서 重化學製品이 50%를 훨씬 더 넘게 차지해야 되는 것입니다. 그러기 위해서, 政府는 지금부터 鐵鋼, 造船, 機械, 石油化學 등 重化學工業育成에 박차를 가해서 이 분야의 製品輸出을 目的으로 강화하려고 추진하고 있읍니다.

참고로 80년대 초에 가서 우리 政府가 구상하고 있는 중요한 重工業部門의 生産施設能力을 몇 가지만 예를 들어서 말씀 드린다면, 製鐵能力은 지금 현재의 100만 톤에서 80년대 초에 가서는 약 1천만 톤까지 끌어올리고, 造船能力은 현재 약 25만 톤 되는데, 이것을 약 500만 톤까지 끌어올리며, 精油施設은 日産 39만 바렐에서 약 94만 바렐까지 끌어올릴 계획입니다.

蔚山精油工場이 처음에 준공되었을 때, 日産 3만 5천 바렐이라고 나는 기억을 하고 있읍니다. 石油化學原料가 되는 에틸렌 생산은 지금 10만 톤인데, 80년대 초에 가서는 80만 톤 수준까지 끌어올리며, 電力은 지금의 380만 킬로와트에서 1천만 킬로와트까지 끌어올리고, 시멘트는 지금의 800만 톤에서 1천 600만 톤까지 年産水準을 올려야 되겠으며, 기타 自動車는 현재 年産 약 3만 대가 되는데, 그때에 가서는 약 50만 대 정도의 生産能力으로 올라갈 것입니다. 그 외에 電子工業 등 여러 가지 부문이 많이 있읍니다마는 중요한 것만 몇 가지 얘기를 했읍니다. 이러한 대규모의 工場들을 수용하기 위해서, 정부는 지금부터 東海岸, 南海岸, 西海岸

地方에 여러 가지 대단위 國際規模의 工場團地, 또는 기지를 조성해 나갈 생각입니다.

첫째는 제2의 浦項과 같은 제2의〈綜合製鐵工場〉건설을 앞으로 추진해야 하겠고, 또〈大單位機械綜合工業團地〉도 만들어야 되겠읍니다.

지금 蔚山에 있는〈石油化學工業團地〉와 같은 제2의〈綜合化學工業단 지〉를 또 만들어야 되겠읍니다.

또 100만 톤 급의〈大規模 造船所〉을 앞으로 하나 내지 두 개를 더 만들어야겠고,〈大單位電子附屬品生産團地〉도 지금 추진하고 있고, 馬山에 있는〈輸出自由地域〉과 같은 단지를 앞으로 제2, 제3을 더 만들어야 되겠습니다. 이런 것을 다 했을 때에 100억 달러 輸出이 되는 것입니다.

물론 우리가 農漁村에도 重點開發을 해야 되겠고 딴 일도 해야 되겠지만, 결국은 農漁村을 중점 개발하자면 輸出을 해서 外貨를 많이 벌어 政府가 그만큼 富者가 되어야만 農漁村에 많이 投資를 할 수 있습니다.

그래서, 우리는 80년대의 輸出目標를 약 100억 달러까지 올려보자, 그래서 1인당 GNP를 한 1천 달러 수준까지 끌어 올려보자 하는 目標를 지금 제시하고 있는 것입니다.

이것은 요전에도 어떤 機會에 내가 얘기를 했읍니다마는,

결코 쉬운 일이 아닙니다. 그러나 그렇다고 해서, 이것이 우리들 努力 여하에 따라서는 절대 不可能한 일도 아닙니다. 되고 안 되고는 우리들 努力 여하에 달려 있읍니다.

이것은 우리가 아무리 努力을 하더라도 우리의 與件으로서는 도저히 達成할 수 없는 무리한 目標는 결코 아닌 것입니다. 努力만 하면 충분히 달성할 수 있는 그런 목표입니다.

그렇기 때문에, 우리는 지금부터 우리의 可用한 人的, 物的, 資源을 最大限度로 활용하고, 특히 技術開發에 힘을 써야 되겠읍니다.

앞으로 우리는 이 技術開發이라는 데 대해서 政府, 企業, 國民, 할 것 없이 總力을 경주해야 됩니다. 그렇게 해서, 經營을 개선하고 生産性을 높이는 데 그야말로 全力投球를 해야 되겠읍니다.

제3장 정책 선언 당시의 시대적 배경

한국은 1960년대 새롭게 수립한 비전과 국민의 노력으로 기적적인 경제성장을 이루었다. 정부에서는 1980년대를 향해 제3차와 제4차 경제개발5개년계획 전망치를 발표했다. 1970년대에 들어서자마자 한반도를 둘러싼 여건이 1960년대와 같은 호조건이 아니었다. 자국의 이익만을 추구하는 보호무역주의와 자원민족주의가 대두된 것이다. 그러다 보니 제3차 개발계획의 안정 기조로는 착수연도부터 시련과 난관에 부딪힐 수밖에 없었다. 더 강력한 개발계획정책이 있어야 국력도 신장되고 나아가 다른 나라가 한국을 존중하게 될 것이었다.

1969년에 닉슨 행정부가 수립되자 미국은 전쟁을 끝내려는 일념으로 월남전에서 불명예스럽게 철수했다. 닉슨독트린을 발표되었고, 국제적으로는 미국과 소련을 거두로 하여 자유진영과 공산국가 간에 평화 공존의 동서냉전체제가 형성되었다. 국내적으로는 주한 미군 2개 사단 중 미7사단 1개 사단을 철수했고 점진적으로 더 철수하겠다는 발표가 있었다. 따라서 북쪽이 남침할 경우 한국의 방위는 한국이 책임져야 하며 한국전쟁 때처럼 미국의 참전이 보장되지 않았다. 즉 한미 간의 방위조약은 무용지물이 되어버릴 운명에 처한 것이다.

미국은 한국전쟁 당시 적이었던 중공을 UN에 가입시키고 대만을 축출했다. 일본도 중공과 외교정상화를 추진했다. 독일도 동·서독이 화해를 했고, 제2차 세계대전의 주적이었던 서독과 소련은 무력사용불가협정을 체결했다. 이처럼 국제정치의 변화는 이념과 체제에 구애됨이 없이 자국의 이익을 우선 추구하는 것으로 전환되었다.

한반도는 국제적 평화주의와 보조를 맞추어 서로의 주체를 인정하는 평화통일로 통일정책을 바꾸고 남북적십자회담, 7·4공동성명 등의 평화회담을 개최했다. 남북한 화해무드가 국제적으로 이목을 끌었다.

그러나 북한의 실질적인 정책은 무력에 의한 대남통일정책이었다. 남북평화회담을 하고 있는 동안 남침을 위해 땅굴을 파고 '4대노선'이라고 하는 ① 전 국토를 요새화하고 ② 전 인민을 무장화하며 ③ 전군을 간부화하며 ④ 전 군장비를 현대화하는 혁명적 계획을 수립하고 있었다.

이상과 같은 국제정세와 북한의 무력 도발에 대응하는 길은 자주적 국력 배양의 길밖에 없었다. 1970년대에 불어 닥칠 내외 정세에 대비하기 위해 자립, 자주 국력을 배양하는 것이 우리가 존립할 수 있는 첫 번째 과제였다.

박정희 대통령은 방위산업을 비롯한 국력이 신장될 때 북한과의 대결에서 승리할 수 있으며, 우리의 국력이 북한보다 우월하다고 생각될 때 북한이 남침 야욕을 버릴 것이며, 미국을 비롯한 국제사회도 북한의 남침에 대해 우리를 도와줄 것이고, 이를 위해 국론을 통일하여 더 높은 경제 건설을 추진해야 한다고 주장했다.

제4장 정책 추진의 구체적 이유

경제개발의 도약

1981년도 경제기획원의 5개년 계획상의 수출목표액인 53억 달러를 가지고는 한국이 경제강국으로 올라서는 일은 까마득했다. 이런 전망치로는 정권이 바뀌었을 때 중도에서 낙방할지도 몰랐다. 따라서 유신을 발표한 뒤 중화학공업을 완성해놓지 않으면 안 될 처지였다. 국제 정세도 우리에게 불리하지만 않고 유리할 것이라는 판단도 있었다. 국내외적으로 안정된 1970년대에 도약하지 않으면 영원히 후진국이나 중진국의 문턱에 주저앉아 있을지도 모른다는 우려가 있었다.

표 5-1 **중화학공업화정책상의 총수출 구조**

(단위: 백만 달러)

상품	금액	비율(%)
농산물	160	1.6
수산물	485	4.8
광산물	55	0.6
공산품	9,300	93.0
총수출	10,000	100.0

표 5-2 **중화학공업화정책상의 수출 계획**(상공부 1972년 11월 7일)

연도	금액	전년대비 신장률(%)
1973	2,350	30.0
1974	3,000	27.7
1975	3,750	25.0
1976	4,600	22.7
1977	5,600	21.7
1978	6,800	21.4
1979	8,250	21.3
1980	10,000	21.2

자료: 「공업구조개편론」

이웃 일본은 신 일본열도 개조론이란 정책 아래에서 중화학공업 화정책을 실시하여 1957년부터 1966년 10년의 기간 동안 100억 달러의 수출목표를 달성했다(표 5-3). 일본은 1950년대와 1960년대에 한국전쟁과 월남전의 특수를 입었다. 그리

표 5-3 **일본의 연도별 수출실적**

(단위: 백만 달러)

구분 연도	수출총계		농산품		수산품		광산품		공산품	
	금액	비	금액	비	금액	비	금액	비	금액	비
1955	2,011.0	100	58.4	2.9	74.4	3.7	37.3	1.9	1,846.0	91.5
1956	2,402.2	100	58.0	2.4	119.2	5.0	43.9	1.8	2,287.4	90.8
1957	2,781.1	100	58.6	2.1	120.1	4.3	37.8	1.4	2,654.9	93.2
1958	2,877.0	100	74.0	2.5	161.8	5.6	54.0	1.9	2,582.3	90.0
1959	3,280.0	100	95.8	2.9	165.1	5.0	56.8	1.7	3,136.2	91.4
1960	3,874.0	100	103.6	2.7	164.0	4.2	59.4	1.5	3,724.0	91.6
1961	3,992.0	100	88.8	2.2	162.7	4.1	63.1	1.6	3,916.0	92.1
1962	4,787.0	100	94.3	2.0	244.2	5.1	54.9	1.1	4,564.2	91.8
1963	5,358.0	100	86.6	1.6	202.7	3.8	90.6	1.7	5,194.1	92.9
1964	6,579.0	100	97.5	1.5	223.4	3.4	101.7	1.5	6,205.1	94.3
1965	8,310.0	100	113.2	1.4	230.7	2.8	126.8	1.5	7,932.5	95.5
1966	9,770.0	100	115.6	1.2	268.2	2.7	132.2	1.4	9,197.5	94.1
1967	10,441.6	100	129.0	1.2	243.4	2.3	123.8	1.2	10,166.9	97.4
1968	12,971.7	100	150.6	1.2	281.1	2.2	132.5	1.0	12,339.0	95.1
1969	15,990.0	100	325.7	2.0	273.4	1.7	172.5	1.1	15,144.2	94.7
1970	19,317.7	100	330.9	1.7	316.8	1.6	198.9	1.0	18,316.4	94.8
1971	24,018.9	100	339.4	1.4	339.3	1.4	276.0	1.1	22,874.6	95.2

자료: 일본대장성, 「공업구조개편론」

고 제2차 세계대전을 치른 나라다. 이미 중화학공업국가였다. 따라서 일본을 따라간다는 것은 무리였다. 그러나 일본이 해냈는데 우리가 못할 리 없다는 오기에서 출발했다. 수출을 직접 담당하고 있는 상공부에서도 가능하다는 판단 아래 당초

표 5-4 **연도별 공산품 수출계획(상공부)**

구분 \ 연도	1972 금액	1972 비	1973 금액	1973 비	1974 금액	1974 비	1975 금액	1975 비
공산품	1,584	100	2,080	100	2,680	100	3,370	100
1. 중화학공업제품	427	27.0	650	31.3	970	36.2	1,330	39.5
(1) 화학제품	79		85		110		160	
(2) 금속제품	120		150		190		250	
(3) 일반기계류	16		22		34		40	
(4) 전기기계류	169		323		490		660	
(5) 운반용기계류	43		70		150		220	
2. 경공업제품	1,157	73.0	1,430	68.7	1,710	63.8	2,040	60.5
(1) 섬유류	722		860		1,020		1,230	
(2) 기타	435		570		690		810	

자료: 「공업구조개편론」

목표액 50억 달러에서 100억 달러 계획서를 작성했다(표 5-1, 5-2, 5-4 참조).

이렇듯 중화학공업은 획기적이고 장기적인 비전을 달성하기 위해 출발했다. 새로운 박정희 대통령 헌정의 출범과 함께 동서냉전의 비정한 국제사회에서 존립하고, 나아가 경쟁에서 이겨나가기 위해서는 국력신장이 절실했다. 이를 달성하기 위한 방안이 중화학공업화정책이었다.

1976		1977		1978		1979		1980	
금액	비	금액	비	금액	비	금액	비	금액	비
4,160	100	5,100	100	6,230	100	7,620	100	9,300	100
1,830	44.0	2,460	48.2	3,270	52.5	4,300	56.4	5,630	60.5
208		251		303		365		445	
333		435		570		725		930	
59		124		202		305		450	
830		1,100		1,450		1,900		2,400	
400		550		745		1,005		1,405	
2,330	56.0	2,640	51.8	2,960	47.5	3,320	43.7	3,670	39.5
1,430		1,640		1,840		2,050		2,280	
900		1,000		1,120		1,270		1,390	

노동집약산업의 한계성

우리는 좁은 땅덩어리에 많은 인구가 살고 있는 인구과잉 상태에서 1960년대 노동집약산업을 주축으로 경제발전을 추진해왔다. 이로써 경제발전 초기에 경제성장과 수출신장을 가져왔고, 고용증대효과를 거두어 실업자 해결에 기여했다. 경공업과 노동집약산업이 비교생산비적 측면에서 우위에 있었기 때문에 공업입국으로의 추진은 당연한 귀결이었다. 그렇게 우리는 성공을 거두었다.

그러나 이들 산업은 반제품을 해외에서 수입하여 가공조립하여 수출하든지 국내 수요로 공급하는 형태였기 때문에 해외의존적이며 부가가치가 낮은 산업구조라는 취약성을 가지고 있었다. 고용면에서도 노동공급이 원활하지 않거나 노임이 올라가면 생산의 탄력을 잃게 된다. 그러므로 고부가가치의 산업이 필요했다. 이것이 중화학공업이었다.

저임금의 후진국가에서 탈피

노동집약산업은 노동력과 임금이 좌우한다. 후진국이 언제든 따라올 수 있으므로 경쟁에 대비해야 하는데 노동집약산업으로는 불가능하기 때문에 부가가치가 높은 산업으로 가야 했다. 실제로 중공이 풍부한 저임금의 노동력을 가지고 경공업제품을 수출하기 시작했다. 중소 냉전시대에 접어든 이때에 미국은 이런 기류를 틈타 중공과 국교를 열고 중국을 소련의 견제세력으로 만들기 위해 중국을 특별대우하기 시작했다. 중국에서 싸구려 제품을 수입해 미국에 쏟아부었다. 이로 인해 한국은 수출시장을 잃게 되었다. 이런 상황에서 후진국과의 경쟁에서 이기려면 기술집약산업으로 이행할 수밖에 없었다.

방위산업의 육성

1971년 말 박정희 대통령의 제안으로 시작된 방위산업은 1972년에 들어와서 병기의 시제(試製) 단계를 거쳐 양산(量産) 단계에 들어갔다. 그러나 여러 가지 면에서 한계에 도달했다. 설계기술은 국방과학연구소(Agency for Defense Development, ADD)가 분발하여 어느 정도의 수준에 올랐지만 철강, 특수강, 화공약품 등의 원자재가 없었다.

시제 때는 청계천 고물상가에서 구했고 일부는 소량씩 수입에 의존했다. 양산에 들어가려면 원료의 안전한 국내 공급이 필요했다. 중화학공장이 원자재를 생산해야만 했다. 방위산업도 민간업체가 담당해야 하는데 병기수요만으로는 생산규모가 충족되지 않았다. 민수제품과 동시에 생산할 수 있는 수요가 있어야 했다.

방산제품은 부품을 생산하여 조립하는 형태이므로 이런 형태는 선진화된 기계공업에서만 가능했다. 즉 기계공업의 육성계획이 필요했다.

또 한 가지 정밀가공 기술인력이 문제였다. 정밀기능사를 양성해야 하는데 커다란 수요처가 있어야 인력을 교육시켜 확보할 수 있었다. 이리하여 방위산업도 건전한 중화학공업이 있을 때 가능한 것임을 실감했다.

이처럼 한국은 중화학공업을 하지 않으면 방위산업도 없고 한국의 생명길인 수출도 이룩할 수 없다는 사실이 판명되었다. 한국이 지금까지 이루어온 발전 이상으로 발전하려면 중화학공업은 필요불가결했다.

중화학공업은 공업구조구축의 완성을 가져오며 수요의 폭이 넓고 부가가치가 높으며 후진국이 쉽게 따라올 수 없는 특징을 가지고 있다. 중화학공업의 육성은 공업구조를 향상시키고 수출을 증대시키는 방안이기 때문에 우리나라 산업을 중화학공업으로 전환 향상시키지 않으면 안 되었다.

그러므로 중화학공업화정책선언은 우리 경제가 봉착하는 어려움을 타개하고 국가발전의 장기비전을 제시한 것이라 할 수 있다. 중화학공업화정책으로 경제발전을 이루고 이를 통해 조국의 번영을 가져오는 것이 중화학공업화정책의 목적이었다. 그러므로 중화학공업화정책선언은 우리나라의 조국 근대화 사상이라는 점에서 그 의미가 크다고 할 수 있다.

제5장 정책 추진을 위한 공업구조개편론

중화학공업화정책은 1970년대에 만들어진 어떤 정책보다 차원이 높은 정책이었다. 국가원수의 비전에 의하여 발표된 국가 최고정책이었다. 이리하여 중화학공업화정책은 대통령의 정책선언으로 출발되었다. 이를 대통령의 친정(親政)사업으로 하고 이를 추진하기 위해 대통령비서실에 경제2비서실이 설치되었다. 일종의 대통령의 태스크포스팀이 만들어진 것이다.

1971년 말에 정책이 구상되기 시작하여 1972년도에 '마스터플랜'이 작성되었다. 약 1년간 비서실 단독으로 작업을 진행했다. 이것이 「공업구조개편론(工業構造改編論)」이다. 1972년 말 성안하여 대통령에게 정책선언으로 건의하여 중화학공업화정책이 확정되었다.

「공업구조개편론」의 작성과정에서 우리가 따르고자 한 모범 모델이 없었기 때문에 우리의 실정에 맞는 한국식 모델을 만들어 추진했다. 왜냐하면 제2차 세계대전 후에 후진국에서 선진국으로 발전한 나라가 없었기 때문이다. 모든 것을 백지에서 출발하지 않으면 안 되었다. 물론 외국 용역회사 인사들의 개인적인 구두 자문은 받았다. 자문의 내용은 공업구조를 향상시키려면 어떻게 하 면 좋겠느냐는 것이었다. 우리 안(案)을 만들어놓고 그 안에 대해 검토하는 식으로 자문을 구했다. 입지조사도 마찬가지였다. 입지를 결정해놓고 이것이 맞는지, 타당성이 있는지 검토하는 형식으로 자문을 구했다. 처음부터 자문을 구하면 중구난방이 되기 때문이었다. 시간도 없었다.

보통 이런 정책 수립은 외국 용역회사에 맡겨서 하는 것이 일반적인데 우리는 그렇게 하지 않았다. 우리는 비서실이 직접 계획안을 작성했다. 외국회사에 용역을 주려면 우리가 과업지시서를 만들고 경쟁 입찰로 용역회사를 선정해야 했다. 이렇게 하면 첫째 중화학공업화정책을 수립할 만한 자격 있는 용역회사가 없을 수도 있고, 둘째 설령 자격 있는 용역회사가 있다고 하더라도 최소 6개월 이상 걸리며, 셋째 과업지시서 자체를 만드는 것이 정책결정이나 마찬가지이고, 넷째 중화학공업화정책이라는 게 비밀 작업인데 비밀을 유지할 수 없으며, 다섯째 중화학공업화정책을 추진한다고 알려지면 반대세력이 많아 추진하기도 전에 주저앉을 것 같은 위험성이 있기 때문이었다.

　이런 이유로 청와대(경제2수석실)가 마스터플랜을 작성했다. 이 마스터플랜에 따라 세부 추진계획을 1971년 11월과 1973년 사이에 만들었다.

　그중에 제일 중요한 것이 100억 달러 수출계획과 중화학업 종별 추진계획이었다. 수출계획은 상공부가 "주요국의 25억 달러와 100억 달러 수출"이라는 이름으로 1973년 1월 16일에 작성했다. 구체적으로 사업을 추진하기 위해 상공부와 기획단 그리고 업계에서는 다음과 같이 업종별로 추진계획을 위한 시 안을 만들었다.

　호남화학공업단지계획(1972. 2)

　조선공업육성방안(1972. 12)

　일반기계공업육성방안(1972. 12)

　기계소재공업건설방안 및 철강재 수출계획(1973. 1)

　정밀기계공업 육성방안(1973. 1)

　전자공업 장기 육성방안(1973. 1)

　비철금속 제련단지 계획(1973. 1)

　공업구조개편론에서 밝힌 계획지침의 내용을 요약하면 다 음과 같다.

① 수출 100억 달러, 1인당 GNP 1,000달러 획득을 목표로 한 국가산업 기본 모델을 만든다. 즉 중화학공업화율이 50% 이상(Hoffman계수 1 이하로 유지)이 되도록 한다.

② 국가경제발전의 최고 과제로 추진한다(국가가 추진해야 할 백년대계의 과제).

③ 1980년대의 목표이므로 10년의 장기계획으로 추진하고 년차별계획을 세워 목표를 달성한다(년차별 계획).

④ 계획은 정부가 세우고 민간이 이를 추진한다(정부 계획, 민간 주도).

⑤ 정부는 중화학업종별로 입지를 정해 공표하고 중화학업종은 이 입지에 건설해야 한다(산업기지 설정).

⑥ 사회간접시설(Infrastructure)은 정부가 사전에 마련한다(대지, 용수, 철도, 도로, 항만 등 시설). 정부의 수행의지를 보여준다.

⑦ 국민투자기금 등을 마련하여 민간을 지원한다.

공업구조개편론

목차

중화학공업화정책 선언에 따른 공업구조개편론

제1장 계획 작성

제2장 이념의 도출

1. 주도업종의 선정

2. 중화학공업

3. 공업구조

4. 공업형태

5. 연불수출

6. 과학기술

7. 기술의 고도화

8. 검사제도 확립

9. 국토계획

10. 공업지역계획

11. 공업원료

12. 관민협조

제3장 중요사업의 시행방안

1. 기계공업

2. 화학공업

3. 전자공업

4. 철강공업

5. 조선공업

6. 중화학공업 수출자유지역

7. 경공업 수출자유지역

8. 기지계획

9. 기술교육제도

10. 외국회사의 입지조사

참고자료

수출구조

수출계획

일본의 수출실적

첨부도면

제1장 계획 작성

1. 수출 100억 불, 1인당 GNP 1,000불을 목표로 한 국가
   산업 기본 모델을 작성한다.

   가. 본 모델은 목표연도에 있어서의 공업구조 문제와 양

적 문제를 동시에 다룬다.

나. 본 모델 적성은 국가적 견지에서 장기적 관점으로 국가 지원의 종합적이고 합리적인 차원에서 검토 수립한다.

2. 80년대의 목표를 성공적으로 추진하기 위하여는 출발 방식이 중요하다. 따라서 출발 방식부터 연구 검토한다.

3. 본 목표를 10개년에 달성하는 년차별 사업계획서를 작성한다. 년차별 계획을 세워 사전에 조치할 사항은 지금부터 서둘러 해결한다. (예: 기술자 양성에는 10년의 기간이 필요함)

가. 경제개발 도상국가의 경제개발에는 정설이 없다. 우리나라의 과거 10년간의 경험으로 보면 정부에서 구체적 공장건설계획을 수립하여 추진하고 정부의 강력한 뒷받침이 있을 때 민간이 따라왔고 성과가 있었다.

나. 정부 주도에 의한 공장건설 일람표 작성은 개발 도상국가의 경 제개발에는 필요 불가결하다.

4. 본 계획은 방임된 개개 사업의 추진만으로는 목적을 달성할 수 없다.

　가. 국가발전 종합발전계획의 테두리 안에서 계획적으로 규모, 품질, 가격 등을 국가적 차원에서 검토한 후 정부와 민간이 피땀 흘려 노력할 때 목표 달성을 할 수 있다.

　나. 개발도상 국가에서는 투자 재원이 제일 큰 문제이므로 가장 경제적인 방법을 택한다.

　다. 정부는 앞으로 부닥칠 문제나 난관에 대하여 적극적 자세로 검 토 해결한다.

5. 계획의 목표와 내용은 명확해야 하며 조기에 확정시켜 공포한다.

　당면과제

　1) 목표연도의 우리나라 공업의 모델(공업구조 문제, 양적 문제)

　2) 출발 방식의 연구

　3) 연차별 공장건설 계획 일람표

　4) 문제점 검토 (정부지원 포함)

제2장 이념의 도출

1. 주도업종의 선점

　가. 본 계획 기간에는 중화학공업을 주도 육성 업종으로
　　　한다. 특히 기계공업을 집중 육성한다.

　1) 제1·2차 경제개발5개년계획의 성공으로 경공업을
　　　중심으로 한 공업구조를 구축했다. 중공업 육성을 위
　　　한 기초가 만들어졌다.

　2) 종합제철 건설은 철강 관련 산업과 비철금속 등의 육
　　　성이 필요하다.

　나. 일본에서는 57년부터 중화학공업정책을 명백히 한
　　　신장기 경제계획을 수립하여 오늘의 경제 대국으로
　　　유도했다.

　1) 일본의 중화학공업화정책의 배경은 자본집약적이며
　　　기술집약적 산업으로 수요의 탄력성이 높고 기술 진
　　　보가 빠른 사업이라는 데 있었다.

　2) 중화학공업화정책 선언 후 10년 만에 수출 100억 불
　　　의 고지를 점령했다.

　다. 중화학공업화정책은 지금 시작하지 않으면 영영 시
　　　기를 놓친다.

라. 주도업종으로서의 중화학공업과 병행하여 수출특화
산업은 계속 강화 육성한다.

2. 중화학공업
가. 중화학공업의 확대는 세계경제 및 무역 확대의 기본
방향이다.
나. 중화학공업 중에서 중점적으로 육성해야 할 업종은
① 기계류 ② 조선 및 수송기계 ③ 철강 ④ 화학 ⑤
전자공업이다. 이것은 화학 플랜트, 발전소, 조선 및
자동차 공업과의 유기적 결합이 필요하다.

3. 공업구조
가. 중화학공업구조에서 기계공업 육성은 시급히 해결
해야 할 과제이다.
나. 중화학공업은 출발 단계에서부터 품질, 가격 면에서
수출경쟁력이 있도록 계획한다. 중화학공업은 후진
국과의 경쟁도 없고 선진국의 수입 규제도 없어 수
출전망이 밝다.
다. 공장규모를 경제 단위 규모에서 세계 최대급으로 발
전시킨다.

업종별 생산능력

업종	단위(연산)
철강	1,000만 톤
화학	에틸렌 50만 톤
비철금액	10만 톤
조선	100만 톤

4. 공업형태

가. 공업형태면에서 장래에는 두뇌공업으로 점차적으로
전화시켜야 한다. (예: 철강의 가격은 톤당 150불인데 비
하여 기계제품의 가격은 톤당 2,000불선임)

나. 중간 원자재 또는 제품을 수출하는 방향으로 바뀌야
한다.

다. 중화학공장의 건설규모와 채용기술에 대하여는 각
기업가 위주 에서 국가기업이라는 견지에서 계획 건
설되어야 한다.

5. 연불수출

가. 중화학공업제품의 수출확대를 위하여는 장기적 연
불 조건이 수반되어야 한다.

나. 본 계획 기간에 연불 조건이 적극 이루어져서 차관

을 받은 나라에서 차관을 주는 나라로 항상 발전되
어야 한다.

6. 과학기술

가. 어느 선진국이든 과학기술이 발달되어 있지 않은 나
라가 없다. 과학기술이 발달된 나라치고 후진국으로
머물러 있는 나라는 없다. 모든 선진국은 과학기술
로 번영을 이룩했다.

나. 우리의 중화학공업 건설에는 과학기술의 발전이 중
요하다. 국민생활, 국민교육, 산업현장에서 과학기술
제일주의 무드가 조성되어야 한다.

7. 기술의 고도화

가. 중화학공업에 있어서의 기술의 고도화는 성공 여부
의 관건 요소이다. 이를 위하여는 기술자의 자질이 향
상되어야 한다. 기술인력 양성을 위하여 기술계 교육
제도를 대폭 개편한다.

나. 기술 향상과 연구개발 및 디자인에 대한 집중적 노력
으로 가공 도를 높여 고급화하고 신제품을 생산한다.

다. 생산공장의 기술자는 생산기술의 기술 향상을 위하

여 상호 협조 검토한다. 공업진흥청이 주관한다.

1) 도입기술의 토착화

2) 상호방문, 견학

3) 기술상 문제점 토의

4) 각 공장의 선진 외국의 현황조사 연구

5) 장래의 기술 전망 제시

6) 기술지 발간

8. 검사제도 확립

가. 품질향상을 위하여 철저한 검사제도를 확립한다. 불
  량품 생산 풍토는 불식되어야 하고 기능공의 적당주
  의적 사고방식은 없어져야 한다.

나. 검사는 국가기관을 설립하여 추진한다.

다. 생산제품의 품질보증제도를 확립한다.

9. 국토계획

가. 중화학공업의 고도화 과정에서 발생하기 쉬운 환경
  오염에 대한 철저한 대책을 수립한다. 공해 임해 벨
  트 또는 해안선과 5대강 상류의 공해방지 지구는 지
  금부터 설정해야 한다.

나. 공업 입지도 국가의 귀중한 자원이므로 장래를 위하여 유보하는 국가 장기 안목이 필요하다.

10. 공업지역계획

가. 공업 입지 조건이 까다로운 업종의 입지에 적합한 지형학적 지대는 우리나라에는 한정된 몇 개 장소밖에 없으므로 이러한 지대 는 국가적 자원으로 활용되어야 한다.

나. 공업단지는 대규모화하여 국제 경쟁에 대처할 설비 규모에 대 비하고 산업 규모의 확보, 기술의 집대성, 대량 생산 방식 체제가 이룩되도록 한다.

다. 공업입지는 가용 공장 건설만의 개념에서 단지 특성에 따라 주 거, 교육 행정 등 기능을 부여하는 종합 기지체제로 한다.

1) 종합석유 화학 공업 기지

2) 종합 철강 공업 기지

3) 조선 공업 기지

4) 종합 기계 공업 기지

5) 전자 기지

6) 수출 자유지역

11. 공업원료

가. 공업용 원료의 확보 방안은 그 공업의 존립을 좌우
할 만큼 중요하다. 저렴하고 풍부한 자원의 확보를 위
하여 범국가적 노력을 경주 한다. 해외 자원 개발을
위한 직접투자 또는 합작 방안을 고려한다. 수입 창
구를 단일화하여 수입원료의 안정된 공급을 기한다.

나. 에너지원으로서의 원유 공급에 있어서는 세계적 공급
불안과 부족 상태가 예견된다. 산유국으로부터의 직
접 도입이나 LNG 또 는 대체 에너지 확보를 검토한다.

12. 관민협조(총력체제)

가. 중화학공업화정책은 관 계획, 민 실천으로 건설하는
국가 백년대계의 사업이다. 정부가 주도하는 사업이
므로 정부부터 솔선수범한다.

1) 단시일 내에 이룩한다.

2) 경제적 효과를 거둔다(투자소, 과실대).

3) 종합적 견지에서 합리적 방안으로 추진한다.

나. 정부 각 부처 간 협조가 잘 이루어져서 민간이 자발적
으로 정부 시책에 따르는 국민총화 체제를 구축한다.

1) 법령, 제도, 기구 등 제정 설치 및 보완

2) 정부 지원 공사의 조기 완성

3) 자금의 원활한 방출

제3장 중요사업의 시행방안(구체적 방안 생략)

1. 기계공업

2. 화학공업

3. 전자공업

4. 철강공업

5. 조선공업

6. 중화학 수출자유지역

7. 경공업 수출자유지역

8. 기지계획

9. 기술 교육제도

10. 외국회사의 입지조사

중화학공업화정책 선언에 따른 공업구조개편론은 81쪽 분량의 본문과 몇 장의 도면으로 구성된 인쇄물이라는 것을 첨기한다.

제 **6** 부

중화학공업 업종별
기본계획 및 추진 효과

THE HISTORY OF HEAVY AND CHEMICAL INDUSTRY

업종별 추진계획은 이미 대통령연두기자회견에서 개요가 밝혀졌으며 전기공업구조개편론에서 기본계획과 시행방안이 만들어졌으나 최종적으로는 중화학공업추진위원회의 의결을 거쳐 확정되었다. 확정된 계획이라도 수정보완이 필요할 때는 적법 절차를 밟아 계획과 방침을 융통성 있게 수정했다.

이 업종별 계획은 중화학공업기획단에서 매 분기마다 「중화학공업추진현황」이라는 책자를 만들어 명백히 하였고 관계부처와 관련인사에게 배포하여 업무 추진 협조에 만전을 기하도록 했다. 이 책자는 중화학공업 추진이 실질적으로 끝난 1979년 말과 기획단이 해체되기 직전인 1980년 7월에 마지막으로 발간되었다.

중화학공업화정책에 포함된 6개 업종에 대해서는 추후 기술코자 하는 각론에서 상세히 기록하고자 한다. 그러므로 여기서는 중화학공업화정책을 종합하기 위해 6개 업종을 중심으로 기본육성계획과 이의 추진 효과만을 요약하여 둔다.

제1장 철강공업

기본계획

철강공업의 기본육성계획은 제1단계사업으로 포항제철을 조강 연산규모 850만 톤으로 확장하고 제2단계사업으로 최종규모 1,200만 톤의 제2공장 건설에 착수하는 것이었다. 이와 병행하여 종합특수제강공장과 제철연관산업의 발전도 도모하도록 했다.

1) 포항종합제철 확장
    1기사업(1,032천M/T)　　　　　　: 1970. 4. 1~1973. 7. 3
    2기사업(1,032 → 2,600천M/T)　: 1973. 12. 1~1976. 5. 3

3기사업(2,600 → 5,500천M/T)   : 1976. 8. 2~1978. 12. 8

4기사업(5,500 → 8,500천M/T)   : 1978. 2. 1~1981. 6. 2

2) 포항제철 제2공장 건설

1기(3,000천M/T)   : 1982. 2~1984. 11

최종 규모(12,000천M/T)   : 1991. 6

3) 종합특수강공장 건설

특수강(250천M/T)   : 1977. 12

효과

중화학공업화정책 중 철강공업에 가장 많은 투자가 필요했으
며 가장 뚜렷한 효과를 거두었고 시간적으로도 계획대로 완성
되었다. 1973년도에 약 100만 톤 생산 규모의 종합제철이 준
공된 이래 몇 차례 확장과 생산공정의 합리화를 거쳐 960만
톤 규모의 국제적 공장이 모습을 갖추게 되었다. 그 결과
1978년에 양적인 면에서 철강재의 국제환율을 54%로 향상시
켰고 생산강종에 있어서도 1972년 59종에서 115종으로 늘려
양적증대와 질적 향상을 모두 이루었다. 이로써 우리나라 철
강공업을 세계철강 상위권으로 부상시켰으며 제2제철을 계획

표 6-1 **철강생산 국제지위**

연도	시설능력	순위(1977년도 통계기준)
1977	4,280(생산치)	23위
1978	7,778(생산치)	17위
1981	13,000(생산치)	12위
1986	20,000(생산치)	9위

대로 진행해 10위권 내의 철강생산선진국 대열에 낄 수 있는 소지를 만들었다(표 6-1).

포항종합제철은 최신기술과 시설을 도입하여 대단위 일관 생산체제를 갖춤으로써 세계에서 가장 저렴한 철강재를 생산 공급하는 국가가 되었다. 세계철강사에서 가장 단기간에 공장을 건설하고 투자비에서도 철강톤 당 단위 건설비가 세계최저 비율, 연주비율, 고로코크스비(高爐, coke ratio), 철강재생산실수율이 세계 이류 수준에 도달했기 때문이다.

이렇게 하여 후진국 또는 개발도상국에서 불가능하다고 여겨지던 철강공업을 탄생시켰을 뿐 아니라 국제비교 우위생산으로까지 발전시키는 대단한 업적을 이루었다. 세계 제일의 철강국이라고 하는 일본에서도 위협을 느끼고 '부메랑'을 겁내 제2제철 건설 시에는 고로기술 제공을 거절한 것만 보아도 우리나라 철강공업의 국제경쟁적 지위를 알 수 있다.

포항종합제철소는 창원기계기지, 현대조선소, 석유화학기지와 함께 1970년대 한국의 국위를 선양하는 데 중요한 역할을 담당했다. 또한 특수강공장 건설로 인해 스테인레스스틸 (Stainless Steel)과 모든 포신소재도 공급할 수 있게 되어 민수뿐만 아니라 군수생산에 미친 효과도 매우 컸다.

발전 과정

정부의 경제개발계획 이전에도 한국에 제철공업의 역사는 있었지만 역사다운 역사는 포항종합제철건설계획에서부터 시작한다. 국내 최초의 종합제철소 건설계획은 1962년 정부가 제1차 개발계획을 수립할 때부터 구상되었다. 울산에 공업단지를 만들고 여기에 정유공장, 비료공장, 석유화학공장과 일관종합제철소를 건설하는 것이었다.

1961년 제1차 개발계획 수립 기간에 상공부 내에 '철강자문위원회'를 만들어 매년 30만 규모의 일관제철소건설계획을 수립하여 미국의 블로녹스(Blaw Knox), 웨스팅하우스(Westing-house), 카이저스틸(Kaiser Steel) 그리고 서독과 프랑스의 몇 개 회사를 상대로 국제입찰을 실시했으나 차관공여자가 없어 계획이 성사되지 못했다. 그 뒤에도 서독의 데마크(Demag), 크루프(Krupp), GHH 3사로 구성된 DKG 조합체와 다시 교섭했으나 규모가 너무 작고 기업성이 희박하다는 이유로 실패하고 말았다.

종합제철소 건설을 위한 차관선과 기술선 교섭에 실패한 이유가 연산 30만 톤으로는 규모가 너무 작다는 것이었기 때문에 생산규모를 50만 톤으로 키워 IBRD와 교섭한 결과 건설의 타당성만은 인정받게 되었다. 이를 배경으로 드디어 1966년 12월에 미국의 코퍼스(Koppers)사를 의장으로 하여 미국, 프랑스, 서독, 영국, 이탈리아 등 5개국 8개사로 구성된 한국국제철강연합(Korea International Steel Associates, KISA)을 구성하고 1967년 10월 20일 한국과 종합제철소 건설을 위한 계약을 체결했다. 계약의 내용은 조강 연산 60만 톤 규모의 공장을 짓는 데 필요한 외자 116백만 달러를 KISA가 200일 내에 조달하며 200일 내에 외자 조달에 실패하면 계약이 무효화되는 것이었다. 결국 종합제철소의 기업성이 문제가 되고 한국의 차관상환 능력이 없다는 이유로 차관제공자가 없어 이 계약도 무산되고 말았다.

이렇게 종합제철소 건설은 실패에 실패를 거듭했다. 종합제철소 건설은 정부의 매우 중요한 사업이었으므로 중간에 포기할 수는 없었다. 정부가 사업주체가 될 수는 없었기 때문에 이를 더 강력하게 추진하기 위한 주체로 국영기업체 형태인 포항종합제철주식회사(POSCO)가 건설되었다.

일본정부에서도 한국의 제철소 건설에 줄곧 소극적이었으나 한국국교정상화에 따라 자금조달이 가능하게 되면서 청구권자금 7,370만 달러와 경제협력자금으로 수출입은행에서 5,000만 달러를 공여하는 차관협정이 체결되었고 일본의 야하타(八幡)제철, 후지(富士)제철, 일본강관(日本鋼管) 3사로부터 기술을 전수받아 공장건설에 착수했다. 따라서 정부는 1962년부터 8~9년간 꾸준한 노력 끝에 1970년 4월 1일 비로소 초기 조강 연산 103만 톤 규모의 종합제철공장 건설에 착공하여 1973년 7월 대망의 공장 준공을 하게 되었다. 종합제철소건설은 본공장뿐만 아니라 3백만 평에 가까운 대지조성, 항만시설, 공업용수시설, 철도인입선공사 등 정부지원시설과 부대시설공사 등 그 규모는 당시로서 실로 방대하고 웅장한 것이었다.

이리하여 세계철강공업 역사상 가장 짧은 기간에 공장을 완성하는 획기적인 기록을 남겼다. 제1기공장 건설에 이어 제2기확장(1976.2), 제3기확장(1978.12), 제4기확장(1981.5)을 끝냄으로써 연산 850만 톤 규모로 만들고 그 뒤 합리화조치(debottlenecking)로 960만 톤 규모의 세계 유수의 일관 제철소를 만들었다. 이에 쉬지 않고 광양에 제2제철소 건설의 1.2기 공사를 끝냈고 현재 3기공사가 진행 중이다. 최종 규모 조강연산 1,200만 톤 생산 이상의 세계최신, 최대급의 종합제철소가 건설될 날이 멀지 않다.

제2장 비철금속공업

기본계획

비철금속공업의 기본계획은 아연, 동, 연, 알루미늄 등 4대전략품목의 비철금속업종을 육성하는 것이었다. 이를 위해 온산공업기지를 조성하고 이 기지에 상기 비철금속공장과 관련 공장을 건설하고자 했다.

제1단계	·아연제련소 : 생산 50천M/T (1978년 완공) ·동제련소 : 연산 80천M/T (1979년 완공)
제2단계	·연제련소 건설 ·알루미늄 제련소 건설(보류)

온산비철금속공장기지

온산은 울산과 남서쪽으로 접하여 해안선을 따라 남북으로 길게 뻗쳐 있는 지역이다. 대해에 직접 잇닿아 있기 때문에 육지와 얼마 떨어지지 않는 곳이라도 수심이 깊어 큰 배가 드나들 수 있으며 해안을 끼고 비교적 낮은 구릉으로 된 평탄하고 넓은 대지가 있어 공장입지로는 좋은 곳이었다. 일찍부터 정유공장입지로 몇 번 물망에 올랐으나 대해에 바로 접하여 있기 때문에 원료와 제품 수송을 위한 부두를 만들기 힘들어서 실현되지 않았다. 더구나 이 지역은 기후가 온화하고 한류와 난류가 합치는 곳이었다. 따라서 선박이 자유롭게 출입하여 하역할 수 있도록 방파제와 부두를 만들면 공업입지로는 적격이었다. 당시 우리나라의 항만 건설 능력으로는 이 정도의 방파제와 부두 건설은 문제가 아니었다. 그래서 원료를 해외로부터 대량 수입하여 가공하는 임해공업형인 비철금속과 정유공장 그리고 이와 관련된 공업단지로 선정되었다.

이 지역은 대해에 직접 면하고 있고 해류 흐름의 특수성으로 보아 만약 공해가 발생하더라도 해결하기 좋은 곳이었으므로 공해발생공장을 집중 유치하기로 했다. 공해를 발생시킬 소지가 있는 공장을 건설한다고 해서 공해를 그대로 내보낸다는 것이 아니고 공해 처리를 집중 관리하여 공해 발생의 소지를 원천적으로 봉쇄하는 데 효과적인 투자를 하자는 데 목적이 있었다. 이리하여 이 단지에는 비철금속공장과 관련 공장, 정유공장과 석유화학단지 그리고 석유비축기지를 수용하기로 결정했다.

효과

철강공업과 비철금속은 공업국가에서 없어서는 안 될 금속소재공업으로 비철금속공업단지에서 철, 동, 아연 및 연을 생산함으로써 알루미늄을 제외하고 금속의 5대소재 중 4종을 국산화할 수 있게 되었다. 이로써 공업소재를 자립으로 공급할 수 있게 되었으며 방위생산에 필수적인 원자재 또한 공급할 수 있게 되었다. 또한 이 밖에도 신동공장, 알루미늄가공공장, 아연관련제품의 생산소지를 마련하여 외화 절약 및 가득에 크게 기여했다.

비철금속공장은 공해발생산업이므로 처음부터 공해 발생을 억제하기 위해 처리시설을 설치하고 공해를 용이하게 처리하기 위해 온산비철금속기지에 집중 입주시켰다. 이 기지에는 비철금속공장 외에 공해 발생의 소지가 있는 공장들도 같이 입주시켜 공해 처리의 효율성을 기했으며 공해공장이 전국적으로 확장되는 것을 방지하도록 했다.

제3장 조선공업

기본계획

천혜의 기후조건과 항만 그리고 양질의 풍부한 인력을 활용하여 조선공업을 수출대종산업으로 육성하며 이와 함께 조선공업이 필요로 하는 선박용 기계류의 국산화를 도모하여 기계공업 육성에도 기여하도록 하는 데 목표를 두었다.

조선공업은 1970년대 우리나라 국위선양에 커다란 역할을 했으며 세계조선공업의 경기부침에 따라 국내조선공업도 우여곡절이 많았으나 어쨌든 우리나라는 세계 최대의 조선 강국이 되었다.

조선능력 확충(1977년 2,670천 G/T → 1981년 4,250천 G/T)

사업명	규모	건설 기간
현대중공업 확장	최대선 1,000천 DWT	1975. 9 완공
대우조선 건설	최대선 1,000천 DWT	1980. 12 완공
삼성거제조선 건설	최대선 65천 DWT	1979. 12 완공
삼성거제조선 확장	최대선 100천 DWT	1980. 12 완공

선박수리능력 증강(1977년 10,680천 G/T → 1981년 14,600천 G/T)

사업명	규모	건설 기간
현대미포수리조선소 건설	8,000천 GT/년	1977.12 완공

효과

조선공업은 기본계획에서 설정된 목표를 달성했고 그로 인해 세계 10대조선강국으로 자리 잡으면서 국력을 과시하는 최선봉장 역할을 했다. 선박건조는 수출대종산업으로 각광받았으며 특히 군용선박 건조능력을 보유하게 되어 국방력 증가에도 많은 기여를 했다. 현재 실전에서 전력화되고 있는 각종 함정, 전투함 등이 전부 이때 쌓은 선박건조 실력의 배양 덕분이라고 할 수 있다.

선박건조능력의 향상으로 선각에 필요한 후판을 종합제철에서 생산 공급하게 되었다. 선박용 기계를 국산화함으로써 금속공업 및 기계공업 육성에 기여하게 되었고 선박공업 자체의 경쟁력도 높였다. 조선공업의 불경기에 대비해서 선박건조상의 여러 가지 운영을 합리화했으며 대형유조선만 건조하던 것에서 나아가 대·중·소형 유조선, 화물선, 여객선, 화학선, 고속정, 시추선을 건조하여 선박 건설의 다변화와 다목적화를 이루었다.

1986년도 이래 우리나라의 조선공업이 일본을 꺾고 세계 1위가 된 것을 계기로 조선공업은 우리나라에 부합되는 공업이며 국제비교 우위에 있다고 말할 수 있게 되었다. 따라서 조선공업의 경기가 침체되더라도 이길 수 있도록 체질을 개선하여 우리나라의 전략산업으로 육성해 나가야 할 것이다. 일본의 조선공업이 그간 꾸준한 합리화운동으로 근년에 와서 흑자경영을 하게 된 것을 좋은 교훈으로 삼아야 한다.

제4장 기계공업

기본계획

기계공업을 품질과 가격 면에서 국제경쟁력을 갖추게 하여 기계류의 국제화를 이루고 기계류 및 '플랜트'의 국산화를 기할 뿐만 아니라 수출주도산업으로 만드는 것이 기계공업의 기본계획이었다. 그러므로 기계공업은 처음부터 국가계획 및 관리에 의한 규모의 확대, 기술의 효율화, 전문공장 설치, 다량생산 방식을 채택하는 것으로 계획되었다. 다시 말해, 다음과 같은 기본지침을 마련하여 기계공업의 육성을 계획한 것이다.

1) 고급제품 즉 수출제품을 생산한다.

   ① 기술 및 설계능력의 향상(기술 도입, 개발)

   ② 전문공장의 설치(최신설비, 전용기)

   ③ 기능공의 확보(유자격자, 정신 개조)

   ④ 품질검사의 철저(국제수준화, 국가 관리)

2) 체질 개선에 의한 염가생산을 기한다.

   ① 양산생산체제의 구비(대형화, 품종별 단일공장)

   ② 투자비 인하(초기투자 절감, 단계별 건설)

   ③ 재무구조의 건전화(자기자본 30%)

   ④ 정부 지원의 적극 강화(대지, 용수, 전기, 소재, 세제, 금융 지원)

3) 기간 내에 소기의 목적을 달성한다.

   ① 기간 단축(국가계획, 집중 육성)

   ② 기지화(단일창구)

   ③ 조기 출발(정부공사, 선발공장)

   ④ 기존 공장의 단지유치

이러한 지침 아래 기계공업구조를 완성하여 계획도(그림 6-1)를 작성하고, 단지에 설치할 공장리스트를 만드는 동시에 출발공장과 후발공장명도 명시하여 단계별, 년차별 계획을 수립했다.

그림 6-1 **기계공업구조완성계획도**

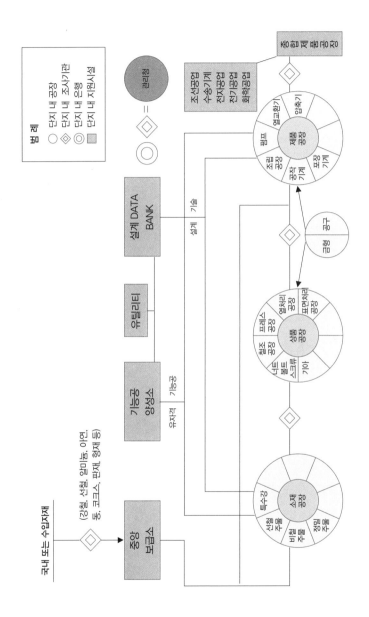

이렇게 기본계획을 추진하는 시책의 주축은 창원기계공업기지의 건설에 있었다. 우리나라 기계공업은 모든 분야가 미개지였으므로 창원기지를 체계적으로 건설함으로써 이것이 모체가 되어 전국에 파급되도록 하자는 것이었다. 창원기지에 기계공업의 구색을 갖춘 공업군을 건설함으로써 기계공업완성계획단에 표시한 바와 같은 구조를 완성하려고 계획했다.

이리하여 우선 기계공업에서 반드시 있어야 할 품목인데 취약한 것, 내수수요가 있는 것, 장래 수출 가망성이 있는 것 등 37개 품목을 선정하여 이들 공장부터 먼저 건설하기로 했다. 이 37개 품목은 기능별로 소재, 요소, 부품, 산업기계, 전기기계 등이 포함되었고 형태별로 대단위기계공장, 중소기업형 전문공장, 자동차부품공장, 공작기계, 섬유기계 등 업종별 전문공장으로 구성되었다. 그러므로 종합기계공장과 부품공장 그리고 대기업과 중소기업을 총망라한 것이라고 할 수 있다.

종합기계공장이 먼저냐 부품공장이 먼저냐 하는 논란이 있을 수 있으나 우리나라 기계공업의 현황은 어느 쪽이나 전무한 형편이었으며 동시에 착수해 균형 있게 발전을 도모하는 방향으로 가는 것이 최선의 길이었다. 종합기계공장이 없으면 부품공장이 있을 필요가 없고 부품공장이 없으면 종합기계공장이 성립될 수 없으니 둘은 불가분의 관계에 있기 때문이다.

우리나라의 기계공업은 지금껏 기계공장다운 기계공장이 없었고 어떤 제품을 만들기 위해서 공장을 건설한 것이 아니라 선반 등을 만드는 시설이 몇 개 있으니 제품을 만들어내는 수리공장식 전근대적 공업이었다. 방법도 미개했지만 규모 면에서도 대부분 영세기업이었다. 기계공업도 다른 공업처럼 근대적 기업형태에 의한 운영이 필요했다. 이리하여 소비재 산업에 치중하고 있던 대기업체가 기계공업에 참여하게 유도함으로써 기계공업에도 경영의 현대화를 기하려고 했다.

기계공업에서 제품의 생산과정은 소재 → 요소 → 부품 → 조립 순이다. 여기서 대기업과 중소기업의 역할이 명백해지는데, 소재와 조립분야는 대기업 소관이며 요소나 부품생산 또는 중간조립은 중소기업이 담당해야 할 분야이다. 따라서 중소기업의 생산형식은 원료를 대기업체로부터 받아 가공하여 부품을 만들어 대기업인 조립업체에 납품하는 것이 일반적이며 이것은 기계공업이 쓰는 대표적인 방식이다. 그러므로 중소기업을 육성하려면 기계공업을 육성해야 하고 기계공업을 육성하려면 중소기업을 육성해야 한다는 결론이 나온다. 기계공업에서 중소기업을 육성한다는 의미는 대단히 크므로 창원기지에 중소기업단지를 따로 두었고 중소기업체에 의한 자동차부품단지도 별도로 지정하여 입주하도록 했다.

이와 같은 중소기업 및 자동차부품공업의 중점적 지원 육성을 위해 전문공장 및 시범공장을 정부기관에서 실사하여 일정한 수준에 달한 공장에는 규격품 생산공장이라는 자격증을 부여했고 자금을 지원하는 등의 중점육성시책을 폈다.

기계공업은 기계공업을 지원하는 관련시설과 체제가 구축되어야 하므로 여러 가지 대책을 수립하여 실시함으로써 지원체제를 마련했다. 예를 들어, 공고 및 공대교육제도를 개선하여 기술인력을 육성하도록 했고 품질관리와 기술개발을 위한 강화대책도 마련했다. 또한 기계금속연구소, 전기기구시험연구소 등 연구시험시설을 완비하여 소재, 중간재, 제품의 시험검사를 철저히 하여 완전한 규격품을 사용하거나 생산하게 만들어 불량생산품의 소지를 없애도록 하는 제도를 도입했다. 이들 연구소는 우리나라 기계공업의 가장 큰 취약점인 설계능력을 키워 업체에 지원하도록 했다.

기계설계에 대해 한 가지 더 보충하면 공대를 졸업한 기계기술자는 기계설계에 대한 능력을 가지고 있지 않았으므로 공대기계교육에 설계시간을 필수과목으로 지정했고 이것만으로는 도저히 수요를 감당할 수 없어서 기계설계과를 신설하게 하는 방안도 수립하여 실시했다.

그다음 확립한 것이 품질관리(Total Quality Control, TQC)를 위한 검사제도였다. TQC에는 여러 가지 대책이 있겠으나 우리나라 실정으로는 검사제도를 확립하는 게 우선이라고 판단되었다. 그래서 검사기관을 관장하는 최고기관을 국가관리 아래두었을 뿐만 아니라 기업 내부에서도 검사부를 독립시켜 검사부가 전권을 갖도록 했다. 이리하여 기계제품을 생산할 때 매 공정마다 검사를 하도록 하여 품질관리에 철저를 기하도록 했다. 계측기의 정확성과 통일을 기하기 위해 표준연구소와 기계연구소의 관리 아래 표준계측기를 사용하고 부정계측기는 사용하지 못하게 하는 등 다양하고 구체적인 대책을 세워 실시했다. 이상 상기한 것을 다시 요약하면 다음과 같다.

(1) 창원기계공업기지 건설

　기계공업의 체계적 육성(36개 특수유치업종)

- 소재　　　• 요소부품　• 생산기계　　• 정밀기계
- 전기기계　• 박용기계　• 수송기계

(2) 분야별 기계공장 건설

- 대단위 기계공장
- 중소기업형 전문기계공장
- 자동차 부품공장
- 업종별 전문기계(공작기계, 섬유기계 등)공장

(3) 기계공업의 지원체제 조성

- 기술인력-기계공고, 기계공대 설립
- 품질관리체제 구축
- 시험연구시설-기계금속, 전기기계시험연구소

(4) 세제 및 자금지원체제

창원기계공업기지

기계공업은 중화학공업화정책업종 중 최고로 중요한 업종이었고 무에서 출발하여 사람의 힘으로 세계 최고이자 최대인 기계공업단지를 건설하려는 것이었으므로 입지 선정이 대단히 중요한 과제였다. 국내외기술용역회사의 치밀한 실사와 실무진의 수차례 출장조사에 의거해서 창원이 건의되고 고위층의 판단으로 이곳이 기계공업기지로 결정되었다. 창원이 적격지로 결정된 입지조건을 살펴보면 다음과 같다.

첫째, 창원지역은 온화한 온도와 적당한 강우량과 습도를 지녀 기계공업을 육성하기에 기후조건이 적당했다.

둘째, 창원은 마산에 바로 인접해 있고 멀지 않는 곳에 부산, 진해, 진주, 대구 등의 도시가 있어 기계공업에 필요한 인력 공급이 용이하며, 과거에도 이 지역에서 정밀가공이 발달했기 때문에 인력 공급의 양과 질적인 면에서 기계공업의 적격지였다.

셋째, 창원지역은 전국 또는 주위 도시와 고속도로, 포장국도, 철도망 등으로 연결되어 있고 마산이라는 양항이 있으며 창원에도 별도로 항만 축조가 가능한 지역이 있어서 교통이 편리한 곳이었다.

넷째, 창원은 제철, 조선, 석유화학, 비철금속 등 중화학공업이 집중된 남해안 공업지대의 중심부에 위치하고 있었다.

다섯째, 창원은 낮은 구릉으로 된 분지여서 1,500여만 평의 대지를 조성하여 공업단지와 산업도시를 동시에 수용할 수 있는 기계공업기지로서는 이상적 입지였다.

1973년 9월 건설에 착수한 창원기지는 처음부터 세계적 규모의 공업기지로 계획하여 기지의 절반은 공업단지, 나머지 절반은 주거시설로 배후도시를 만들겠다는 계획이었다. 따라서 공업단지는 단지대로, 배후도시는 도시대로 계획을 수립했다.

공업단지는 단지를 구분하여 단계별로 조성하고, 조성된 지역에 전술한 계획과 방침에 따라 공장을 입주시켰다. 그러므로 이 단지에는 대단위기계공장, 요소공장, 중소기업형 전문공장, 일반 및 자동차부품공장, 분야별 전문기계공장, 방위공장 등 없는 공장이 없었다. 이 과정에서 단지조성은 국민투자기금을 투입하여 산업기지개발공사에 맡기고, 관리와 공장유치 등은 상공부가 기계공업공단을 만들어 수행하게 했다. 이리하여 단지 조성, 자금 지원, 단지 관리, 행정 지원, 보상 및 이주대책과 공장 건설 등 여러 분야에서 유관기관과 민간기업이 하나가 되어 일을 진행했다. 이런 과정을 거쳐 모든 사람들이 기지건설계획과 규모 그리고 건설 기간에 경탄하여 마지않는 오늘의 창원기지를 만들어냈다. 창원기지는 종래처럼 공업단지만의 기능을 하는 기지가 아니라 새로운 산업기지 개념에 입각하여 건설을 추진했다. 따라서 공장뿐만 아니라 기계공업이 필요로 하는 교육기관, 연구기관, 행정관서, 은행, 병원 기타 공공지원 기관을 입주시켰고 주민의 주거시설 해결을 위해 배후도시를 건설토록 했다. 이 배후도시 건설은 우리나라로서는 초유의 산업도시의 출현이며 도시계획에 의해 공단과 주거를 연결하여 만들어 낸 산업도시 형성상 획기적인 일로 평가되고 있다. 이와 더불어 창원기지에는 나무랄 데 없는 공업용수, 전력, 통신공급시설과 도로, 철도, 항만시설 등이 완비되어 있어 이제는 효과적인 공장의 가동만 남아 있을 뿐이다(표 6-2).

표 6-2 **창원기계공업기지**

구분	내용
인구 및 고용	인구: 300,000명~500,000명 고용: 148,000명
기지 규모	총면적: 1억 4,700만 평 　공업지역　　: 7,960 　　공업용지　: 6,258 　　준공업지역 : 151 　　공공용지　: 1,551 　배후지역　　: 6,740 　　거주지역　: 2,628 　└ 상업지역　: 422 　공공용지　　: 3,960
지원시설	철도: ① 기존철도이설: 11km ② 역사 3개소 신설 용수: 200,000MT/일 항만: 20,000DWT급 7선좌(1981년 완공) 통신: 동마산전화국건설(1976년 건설) 　• 시내전화 5,000회선 　• 시외자동전화 1,500회선(1976. 10. 9 개통)　• 테렉스 55대 전력: 154KV 변전시설
교육훈련기관	기계공고　: 4개학과 45학급(1977. 3. 28 개교) 직업훈련원: 4개공과 760명(연간)(1977. 9. 1 개원) 기능대학　: 7개과 22학급 880명(2년)(1978. 4 착공)

자료: 중화학공업기획단

효과

창원기계공업지기를 중심으로 한 기계공업 육성의 효과를 나열하면 첫째, 기계공업을 체계적으로 육성함으로써 공업 기반을 튼튼히 하여 1980년대를 향한 기계공업발전에 이바지했다.

대규모 주단조설비, 열처리시설, 제관설비, 기계가공설비, 엔진, 터빈, 발전기제작설비 등을 갖추어 종합제철소, 원자력발전소를 비롯해 석유화학공장과 시멘트공장 그리고 건설 및 운반장비, 광산기계 등 모든 산업기계를 생산할 수 있는 능력을 갖추었다.

둘째, 창원기지는 세계에서 최초로 시도된 신 계획에 의한 시설군을 하나의 단지에 집중화하여 기계공업 상호 간의 관련 효과를 증대시켜 기계공업의 국제경쟁력을 강화했다.

셋째, 고부가가치의 정밀기계공업과 메카트로닉스(mechatronics)제품과 하이테크(hi-tech) 기계류 생산의 소지를 만들었다.

넷째, 방위제품 생산체제를 구축했다. 기계공업을 육성함으로써 방산제품의 생산공급원으로 군의 전력증강에 크게 기여했고 방산제품 생산으로 정밀기계제품을 구축하게 되었다.

'못 만드는 것이 너무 많고 제대로 만드는 것도 드물었던 기계공업'이 창원기계기지의 건설로 '못 만드는 것이 별로 없고 만드는 것마다 국제수준'인 선진국형 기계공업의 기반을 갖추게 된 것이다. 1987년 10월 9일 경제기획원이 발표한 「86년

표 6-3 **업종별 광공업 구조**

	1986년도 실적		
	사업체(개)	종업원(천 명)	출하액(10억 원)
광공업	52,035(100)	2,833(100)	92,168(100)
광업	1,948(3.7)	95(3.4)	1,168(1.3)
제조업	50,087(96.3)	2,738(96.9)	91,000(98.7)
음식료품 및 담배	4,776(9.2)	209(7.4)	10,495(11.4)
섬유의복가죽	13,095(25.1)	746(26.3)	14,596(15.8)
나무가구	2,849(5.5)	67(2.3)	1,290(1.4)
종이인쇄출판	3,630(7.0)	116(4.1)	3,758(4.1)
화합물석유고무 및 플라스틱	5,356(10.3)	373(13.1)	19,235(20.8)
비금속광물	3,067(5.9)	114(4.0)	3,573(3.9)
제1차금속	1,179(2.3)	107(3.8)	7,914(8.6)
조립금속기계장비	13,720(26.4)	889(31.4)	28,306(30.7)
기타	2,415(4.6)	119(4.2)	1,830(2.0)

자료: 경제기획원, *( )안은 구성비

도 광공업센서스」(표 6-3)에 의하면 기계공업의 출하액이 전체 제조업 출하액의 3분의 1에 육박하는 30.7%를 차지하면서 이제는 기계공업이 주종산업으로 부상하여 우리나라 산업구조가 점차 고도화되어가고 있다는 것을 알 수 있다. 중화학공업화정책의 효과가 얼마나 큰지 알 수 있는 대목이다.

제5장 전자공업

기본계획

전자공업에 대한 기본육성정책은 부품공장 건설에 있었다. 제품조립분야는 상당한 수준에 있었으나 부품의 대부분은 수입에 의존하고 있었기 때문에 국산화가 시급한 실정이었다. 우리나라는 이때에도 많은 전자제품을 수출하고 있었지만 껍질을 조립하여 수출하는 것에 지나지 않았으며 알맹이에 해당하는 부품은 다른 나라 제품을 수입하고 있었으므로 실질적으로는 남의 물건을 우리가 대신 수출하는 역할을 하고 있었다고 해도 틀린 말이 아니었다. 조립에서 얻어지는 수출가득액은 얼마 되지 않았으므로 알맹이인 부품을 만들어 수출가득액이

수출전략산업화
• 국제수준급의 부품 생산 • 기술집약적 고급제품 개발

고도정밀전자기기생산체제 구축
• 반도체 및 컴퓨터산업 중점 육성 • 최첨단기술의 전자기기 생산

전자공업기지의 확충
• 구미 1, 2, 3 단지

중점개발사업 추진
• 품목: 57 • 공장수: 151 • 생산: 15억 달러(수출 8억 달러)

높은 알찬 전자공업을 육성하고자 했다. 이와 병행하여 반도체, 컴퓨터산업 등을 육성하여 고도정밀전자기기의 생산체제를 갖추는 것도 계획을 세웠다. 이를 위해 다른 공업과 마찬가지로 산업기지화를 구축하고자 했는데 구미기지를 전자공업기지로 지정하여 중점 육성하도록 했다. 이의 기본계획을 요약하면 다음과 같다.

구미전자공업기지

구미기지는 낙동강 상류의 상습 범람지역에 제방을 만들어 버려진 땅을 공업단지로 조성한 곳이다. 초기에는 경북지방의 전략산업인 섬유공장이 주로 입주했으나 구미단지가 전자공업기지로 특성화되면서 전자공장의 수요가 늘어나 여러 차례 단지를 확장했다.

제1단지, 제2단지, 제3단지로 확장 구성되어 있었으나 제3단지는 1979년에 계획만 세웠을 뿐 조성되지 않았다. 제1단지의 기존 단지 일부가 일반 단지로 되었으며 잔여는 전자단지였다. 이 제1단지, 제2단지에 1979년 말 현재 2,000여 업체가 입주 가동하고 있었다. 전자공업기지를 구미단지로 정한 이유는 전자공업은 내륙공업이며 인구가 많이 필요한 공업인데 구미 대구지역에 상주인구가 비교적 많이 모여 있었기 때

표 6-4 **단지 규모**

단지별		조성 기간	규모	투자액	비고
제1단지	전자	1071.11~1973.10	1,874천 평	5,617백만 원	
	일반	1969. 3~1973. 12	1,278천 평	2,2443백만 원	조성 완료
	소계	1969~1973	3,152천 평		
제2단지		1977. 7~1979. 12	1,200천 평	7,012백만 원	조성 중
제3단지		1980~1981	3,100천 평		1979. 5. 21 지정
계			7,452천 평		

※ 규모는 구역 지정 면적

문이다. 또한 이미 단지가 조성되어 있어 전자공업수용을 위해 확장만 하면 기지로 만들 수 있는 여건에 되어 있었다는 점도 선정 이유였다(표 6-4).

효과

전자공업이야말로 비교적 적은 투자로 괄목할 만한 발전을 했다고 평가할 수 있는 분야이다. 오늘날 한국 전자공업이 선진국형 전자공업으로 발전할 수 있게 된 것은 이때의 발전에서 기인한다고 할 수 있다.

 전자공업은 내외수산업으로 크게 각광받고 놀라운 속도로 발전했지만 특히 전자공업을 수출전략화산업으로 지정하고 강력히 지원 육성함에 따라 수출이 대폭 증대되었다. 전자공업의 수출실적을 보면 1973년에 3.7억 달러밖에 되지 않던 것이 1978년에는 14억 달러가 되어 전체 수출의 11%를 차지함

으로써 수출산업으로서의 발판을 튼튼히 마련했다. 부품의 국산비율도 재고되어 예를 들어 라디오는 1973년 43%에서 1978년에는 85%, 텔레비전은 1973년 25%에서 1978년에는 87%로 각각 향상되었다.

중화학공업화정책의 강력한 실시에 힘입어 전자공업도 꾸준한 기술혁신과 국제경쟁력강화대책의 실현으로 부품국산화, 조립산업대형화, 반도체와 컴퓨터산업의 육성, 기술첨단산업화되었으며, 이로써 1980년대 선진고도전자공업의 소지를 마련했다고 할 수 있다.

제6장 석유화학공업

기본계획

석유화학공업에 대한 중화학공업화정책은 여천에 에틸렌 기준연산 35만 톤 규모급 2개 계열 석유화학단지를 건설하는 것이 기본계획의 주축이었다. 계획 초기에는 2개계열공장을 동시 착공하는 것으로 계획했으나 여의치 않아 단계별 사업으로 변경했다. 기존의 울산석유단지도 확장을 하되 여천기지의 2단계사업이 끝나는 시기에 신규 제4단지 건설에 착수하도록 했다. 그동안 울산단지는 착공되지 않은 신규 품목을 추가하면서 더욱 계열화해서 석유화학단지로서의 효과를 올리도록 했다. 또한 석유화학공업 건설과 때를 같이하여 우리나라 화학

공업의 시급한 과제였던 정밀화학공업으로 추진시키는 시책
도 동시에 추진했다.

1) 기본 방향

항목	내용
단지화 및 계열화 달성	여천기지 건설, 울산단지 확장
최신 공정의 대규모 공장 건설	석유화학제품 자급, 국제경쟁력 강화
정밀화학공업의 본격적 육성	세계일류화학공업국

2) 단계별 계획

제1단계	제2단계
울산석유화학단지 확장(에틸렌 150천 MT/Y) 여천선발사업 추진(메탄올, 7비) 여천석유화학기지 건설(제2단지)	여천석유화학 제2단지 건설

3) 추진 계획

사업별		규모 (천M/T/년)	기간		비고
			착공	완공	
울산	유공기존	100	1970. 11	1972. 11	
	유공확장	50	1976. 8	1977. 12	
	소계	150			
여천	제2단지	350*	1976. 11	1979. 6	*실최대생산능력: 400천MT/년
	제3단기	350*	1979년 초	1982년 말	*실최대생산능력: 400천M/T/년
울산, 여천 계		850*			
신규 제4단지		350	1983	1986	울산 또는 온산
		350	1985	1989	기타(미정)
합계		1,550	세계		10위권

필요성 및 특징

석유화학공업의 필요성은 재론할 여지가 없으나 1980년대 초에 필요성 자체를 부정하는 상식 밖의 비난이 있었기에 여기서 석유화학공업의 필요성을 강조하지 않을 수 없다.

첫째, 산지자원과 가공자원에 대한 문제에서 필요성을 살펴볼 수 있다. 자원을 산지자원과 가공자원으로 구분할 수 있는데 산지자원은 보통 천연자원이라고 하여 원유, 철광석 등을 말하며, 가공자원은 산지자원을 가공하여 공업용 원자재를 산출하는 것을 말한다. 석유화학 원료, 철강재가 이에 해당된다. 산지자원은 천연의 혜택을 입은 한정된 지역에서 생산되지만 가공자원으로 만들지 않으면 가치가 없다. 산지자원을 가공하려면 고도의 기술과 막대한 투자가 필요하므로 가공자원은 공업선진국가만이 생산 가능하고 최종제품 생산과 직결되어 있다. 따라서 제품에 대한 수요가 있어야 하고 필요에 따라 가공도를 높여 부가가치를 올릴 수 있다.

일반적으로 자원부족 또는 원유 쇼크(shock)라고 하면 산지자원만을 말하는데 사실 산지자원도 문제지만 공업국가였던 우리나라는 가공자원 문제가 더 심각하다. 천연자원이 부족하면 천연자원에 기술과 자금을 투입해서 가공해 만들어내는 가공자원은 더 부족해진다.

석유 위기가 온다고 해서 석유화학공업은 안 된다고 이야기하는 건 이치에 맞지 않다. 우리가 과거 두 차례의 원유파동을 겪는 동안 원유공급은 슬기롭게 해결하였지만 석유화학원료는 제대로 구하지 못했고 구했더라도 비싼 가격으로 사지 않을 수 없었던 수난을 당한 것만 보아도 알 수 있다.

석유화학공업의 국산화율이 30%밖에 되지 않는 상황에서 잔여 70%를 해외에서 수입해서 의존하는 국가를 공업국가라고 할 수는 없다. 공업의 종류에 따라 원자재의 수입의존도를 몇 %선에서 유지하느냐에 대해서는 왈가왈부할 수 있으나 최소한 석유화학공업과 철강공업만은 70% 이상 국산화해야 공업국가라고 할 수 있다. 공업의 기본소재를 국산화하는 것이 공업의 해외 의존에서 탈피하여 자립을 이루고 국제경쟁에서 이길 수 있는 방법이다.

둘째, 석유화학공업은 철강공업과 함께 근대산업국가의 지주로서 석유화학공업이 빈약하면 공업국가로서 허실하며, 지주 없는 공업국가는 있을 수 없다.

셋째, 석유화학공업은 의식주산업으로 일상생활에 생필품을 공급하는 산업이다. 석유화학제품을 공급하지 못한다는 것은 생필품을 공급하지 못하는 것이므로 생필품의 공급 안정을 위해서는 석유화학공업의 건전한 육성을 이루어야 한다(표 6-5).

넷째, 석유화학공업은 거대장치산업이며 단지계열화가 필요한 산업이다. 따라서 여러 가지 조건을 구비해야 하는데 우리는 이들을 모두 보유하거나 해결할 수 있는 능력을 구비하고

표 6-5 **석유화학제품의 용도**

구분	용도
의	내의, 와이셔츠, 스웨터, 장갑, 양말, 한복, 양복, 인조가죽, 점퍼, 오버코트, 신발, 이불솜, 털실, 오토바이헬멧, 합성세제, 염료, 세탁기부품
식	식초, 껌베이스, 비료(유안), 농약, 농업용 필름, 자동모내기틀, 음료포장상자, 아이스박스, 생선상자, 식품포장, 어망, 송수호스, 냉장고 부품, 병(야쿠르트, 식용유, 의약)식품, 쟁반, 물컵, 양동이, 함지박, 두레박, 바가지
주	파이프, 채양, 단열재(스티로폼), 창틀, 합성, 목재, 합성유리, 인조대리석, 도료, 접착제, 바닥타일, 착판, 변기, 욕조, 세면기, 정화조, 벽지, 장판, 카펫, 의자, 테이블크로스, 전선피복, 전기배선기구, 라디오, 텔레비전 부품, 전화기
교통	타이어, 튜브, 타이어코드, 자동차 부품, 항고유리, 연료(LPG)
군수품	헬멧, 군복, 우의, 수통, 군화, 훈련화, 총개머리판, 탄약포장, 다이너마이트, 칫솔, 양말, 배낭, 텐트, 보트, 담요
학용품	볼펜, 사인펜, 매직펜, 크레용, 그림물감, 삼각자, 분도기, 필통, 책커버, 바인더, 책가방
기타 생필품	의약품, 소독제, 의치, 안경테, 화장품 및 케이스, 샴푸 및 용기, 칫솔, 비누갑, 빗자루, 솔, 선풍기날개, 휴지통, 완구돗자리, 천막, 조리, 재떨이, 시계케이스, 카세트테이프, 사진필름, 로프, 합성지, 인쇄잉크, 신분증커버, 부동액, 기계기구

있으므로 국제경쟁력 있는 석유화학공업을 육성할 수 있다.

여천석유화학단지 건설을 두고 여러 분야에서 많은 반대가 있었지만 건설의 필요성과 정당성이 충분하였기에 구체적 방안을 하나씩 마련해 실천해 나갔다. 그 첫 번째가 선발업종의 선정과 이 업종의 조기착공이었다.

이렇게 진행한 의도는 여천공업단지를 기정사실로 만들어 건설을 착수한다는 정부의 의지를 보여주기 위해서였다. 선발로 착수할 테니 후발로 뒤따르라는 것이었다. 필요한 지원시설이 있으면 이때 해 두겠다는 의도도 있었다. 정부지원시설을 만들려면 지원해 주려는 대상물이 있어야 하기에 일차적으로 이들 업종을 대상물로 삼았던 것이다.

그렇게 해서 선발업종으로 선정된 것이 제7비료공장과 메탄올공장이었다. 두 공장 모두 입지를 결정하지 못한 상태였으므로 여천으로 유치되었다. 두 공장이 선발공장 역할을 하게 된 것이다. 상기 공장들은 정유공장에서 나오는 제품을 원료로 사용하기 때문에 정유공장 인접지에 위치해야 했다. 그래서 호남정유가 있는 현재의 삼일면에 입지를 결정했다.

여천단지의 선발업종으로 만들기 위해 이 공장들의 건설계획이 세워진 것이 아니라, 공장 건설계획이 먼저 수립된 뒤 입지를 결정하지 못한 시점에서 나중에 여천으로 결정된 것이었다.

제7비료공장은 국영기업인 '종합화학㈜'의 자회사로 '남해화학㈜'를 설립하여 추진했고, 메탄올공장은 민간회사인 한일합작회사로 설립된 '대성메탄올㈜'가 건설했다. 이 메탄올공장은 나프타를 원료로 제품을 생산했는데 원유 가격이 올라 국제경쟁력이 없어지면서 가동을 중지하고 말았다. 하지만 선발업종으로 국가시책에 협조한 공로는 인정해야 할 것이다.

이처럼 선발업종으로 두 개의 공장을 착수함으로써 정부의 의지가 표면화되고 구체화되었다. 정부지원시설도 여러 개 착공했는데 이 중 중요한 것은 5만 톤급 부두 건설이었다. 당시 이런 규모의 부두는 부산항과 인천항을 제외하고는 없었다.

여천석유화학단지 건설을 위한 구체적 방안 중 두 번째는 석유화학공업건설을 위해 실현가능한 구체안을 만드는 것이었다. 즉 원료공장인 나프타분해공장과 주요계열공장은 국영으로 하되 계열공장은 외국과의 합작으로 추진하는 것이었다. 국영으로 계획한 이유는 당시 민간은 이런 대규모 공장을 건설할 만한 능력도 없었고, 민간에 맡기면 조기착공과 완공이 불가능하다고 판단했기 때문이다.

나프타분해공장 및 그 핵심 계열공장을 국영으로 하게 된 이상 모든 필요자금은 정부투융자로 조달해야 했다. 하지만 투융자 부담이 너무 컸으므로 원료공장인 나프타분해공장만 100% 국영으로 하고 계열공장은 외국과 50대50 합작으로 추진하면서 자본금 이상의 소요자금은 차관선이 책임지도록 했다. 제품이 남을 경우를 대비해서 수출의무조건도 합작선에 부과했다. 따라서 외국과의 합작은 자금, 기술, 시장 면에서 필요불가결한 요건이었다.

세 번째 구체적인 방안은 합작선과의 교섭이었다. 정부는 외국합작선과 직접 교섭을 진행했다. 사실 여천석유화학단지를 구상할 때 벌써 예비접촉을 해서 외국 합작선으로부터 긍정적 반응을 얻어놓고 있었다. 어떤 결과가 오느냐에 따라 계획 자체도 과감하게 수립할 수 있었던 것이다.

가장 뚜렷한 외국 합작선 교섭대상국은 일본이었다. 일본은 이때부터 해외투자시대를 맞이하여 진출 대상국을 물색하고 있었고, 우리나라에 붐을 이룬다 싶을 정도로 많이 진출해 있었으나 석유화학에 관한 한 동남아제국에도 석유화학공업 건설이 있었기 때문에 한국만이 진출 대상국은 아니었다.

1973년 5월, 한국정부에서 투자유치설명회 등을 개최하여 우리의 중화학공업화정책을 명백히 하자 일본회사들이 한국에 대거 진출을 계획하게 되었다. 그 뒤 한국 진출은 주로 일본이 담당했는데, 그중에서도 우리 계획에 맞게 공동참여하겠다고 나타난 합작희망자는 일본의 미쓰이와 미쓰비시였다. 미쓰이와 미쓰비시가 각각 1개단지를 맡고 이 약속에 따라 구체적 실전을 위해 회사설립방안(그림 6-2)을 수립하고 단지계획을 위한 예비조사도 실시했다.

그러나 여천2단지계획은 합작투자선이 합작투자를 포기하면서 연기되었다가 1980년대에 와서 건설계획 자체가 취소되고 말았다. 여천1단지계획은 계획대로 추진되었으나 제1단지가 완공될 즈음에 예산당국에서 정부예산으로 이 이상 석유화학단지 건설에 투융자를 계상할 수 없다고 결정함에 따라 나프타분해공장과 호남석유화학(주)의 정부투자분인 종합화학주식을 민간에 매각하여 민영화했다. 이 결과 오늘의 대림산업의 호남에틸렌(주)과 롯데계열의 호남석유화학(주)이 생겨났다.

이 밖에 약 130만 평에 이르는 대지 매입과 정지공사 그리고 당시로서는 최장거리였던 섬진강에서 석유화학단지까지

그림 6-2 **회사 설립 방안과 출자통계도**

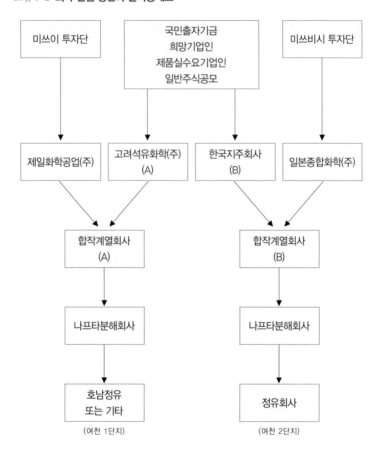

60km 길이의 공업용수관로공사가 추진되었고 또한 석유화학 단지 전용부두도 착공되었다.

송수관로공사와 부두 건설은 정부지원공사로 실시되었으며 대지조성공사는 국민투자기금을 사용하여 산업기지개발공사 가 담당했다. 대지의 약 3분의 1은 공유수면을 매립하여 조성

표 6-6 **여천석유화학기지 준공공장**

회사명	소요자금			생산제품	생산 규모 (톤/년)
	내자 (억 원)	외자 (백만 달러)	계 (억 원)		
호남에틸렌(주)	862	198	1,882	에틸렌 프로필렌 혼합C4유분 벤젠 혼합키실렌 증기(톤/시) 전기(kw)	350,000 187,000 128,000 96,000 52,000 600 60,000
호남석유화학(주)	716	126	1,330	고밀도 폴리에틸렌 에틸렌글리콜 폴리프로필렌	70,000 80,000 80,000
한양화학(주)	239	90	674	저밀도 폴리에틸렌 염화비닐모노마 2염화에틸렌	100,000 150,000 286,000
한국다우케미칼 (주)	275	107	795	염소 가성소다	210,000 231,000
한국합성고무(주)	110	28	249	뷰타다이엔 뷰타다이엔고무	50,000 25,000
계	2,202	549	4,870		

된 것이었다.

이리하여 여천석유화학단지는 1976년 11월 10일 합동기공식을 거행하고 1979년 말에 공장의 기계적 준공을 하고 1980년 초에 가동에 들어갔다(표 6-6).

여천공업기지

여천지역은 천부의 지형지리적 조건을 갖고 있다. 수심이 깊고 사면이 육지로 둘러싸여 태풍 피해조차 없는 내항인 광양만이 있다. 이 만을 면한 전 지역이 공업단지를 조성할 수 있는 평탄한 지대를 가지고 있으며 특히 남측 여천군과 북측 광양군 지역이 일찍부터 공업단지 후보지로 물망에 올랐었다. 이 지역은 TVA조사단이 비료공장입지를 물색할 때부터 시작해서 제1정유공장과 제2정유공장 등의 입지후보 중 하나가 되었다. 결국 여기에 제2정유공장이 건설되었고 2개의 화력발전소가 설치되었으며 모든 사회간접시설이 완비됨으로써, 여천지역은 가장 적합한 제2석유화학단지 후보지가 되었다. 문제가 있다면 공업용수 공급을 어떻게 하느냐는 것과 여천지역과 광양지역 중 어느 쪽부터 착수하느냐 하는 것이었다.

공업용수는 대안의 섬진강 유량이 풍부하므로 공업용수관을 설치만 하면 문제가 없었고 지역선정문제는 정유공장이 설치된 여천 쪽부터 개발해 나가는 것이 순서였기 때문에 여천이 선정되었다.

여기서 광양에 대해 약간 부언을 하자면, 광양에 제2제철단지가 설정된 것은 포항제철 쪽에서 보기에는 최적의 입지 선정이었기 때문에 대단한 행운이라 할 수 있다. 광양만 일대에 퇴적된 사구는 사질이 좋기 때문에 준설하여 매립하면 그대로 공장대지로 사용할 수 있고, 준설한 곳은 항로로 만들어질 수 있는 장점이 있는 곳이었다. 장래 공장단지로 비할 데 없이 좋은 지역이었기 때문에 광양은 국가장기계획에 의해 대규모공장단지로 개발하려고 유보해 둔 공장입지로서는 금싸라기 같은 땅이었다. 따라서 이런 곳에 종합제철소를 건설했으니 얼마나 다행인지 알 수 있다.

제2제철소 입지는 낙동강 상류, 영해지역, 아산만지역이 검토되었으며 결국 아산만지역으로 낙착되었다. 아산만지역은 제철입지조건도 물론 좋았지만 무엇보다 이 지역에 종합제철소를 건설함과 동시에 산업 무풍지대인 중부지역을 개발하자는 원대한 포부가 있었기에 선정된 것이었다. 국가기관에서 대규모공장을 지을 때 사회간접시설을 설치해 두면 다른 공장도 이 시설들을 그대로 사용할 수 있기 때문이다. 중부지방에 없는 항만이 생기고 공업단지, 용수, 도로, 철도시설 등이 마련되므로 중부지방이 개발되고 대중국교역의 교두보가 구축되는 것이었다. 중부지방으로 잠정 결정된 제2종합제철이 광양으로 옮겨 간 것은 포항제철로서는 다행스러울지 모르나 전국토의 균형 발전의 측면에서 볼 때는 아쉬운 일이었다. 그래도 다행스러운 것은 아산만지역의 집중조사와 계획수립 덕분에 하나의 정유공장이 건설되고 있고 약 10년이나 늦었지만 아산만개발의 붐을 만들었다는 점이다.

여천공업기지에도 창원기지와 같이 공업단지와 주거단지의

연관관계를 유지하기 위해 여천배후도시를 건설하도록 했다. 도시계획면적 589만 평에 인구 10만 명 거주를 위한 도시를 계획하여 신도시를 조성하도록 했다. 공업단지에 계획도시를 만든 것은 창원에 이어 두 번째라고 할 수 있다.

여천공업기지는 약 130만 평에 이르는 석유화학단지 외에 약 550만 평의 지역이 공업단지로 고시되어 있으나 지금은 여유지역이 없다. 그러나 광양만해안지역인 여천군 일대에 한 개의 정유공장, 3개의 석유화학단지와 계열공장이 세워지고 대안인 광양군 일대에 대규모종합제철소와 제철연관단지 그리고 건설부가 계획 또는 건설하는 종합항만기지 등이 있으므로 공장의 과밀현상을 초래할 염려도 있다.

효과

석유화학공업 육성의 추진 효과를 요약하면 아래와 같다.

① 석유화학제품의 자급비율을 향상시켰다.
② 의식주에 필요한 생필품공급에 안정을 기하고 염가로 공급함으로써 저물가정책에 기여했다.
③ 울산 및 여천석유화학단지의 계열화를 높여 단지의 효율을 향상시켰다(그림 6-3, 그림 6-4).

그림 6-3 **울산석유화학공업단지**

*1979.12월 말 현재

그림 6-4 **여천석유화학공업단지**

*1979.12월 말 현재

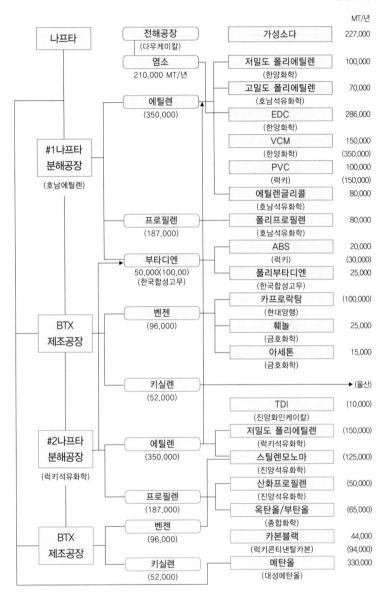

	MT/년
나프타	
전해공장 (다우케미칼) → 가성소다	227,000
염소 210,000 MT/년	
저밀도 폴리에틸렌 (한양화학)	100,000
고밀도 폴리에틸렌 (호남석유화학)	70,000
에틸렌 (350,000)	
EDC (한양화학)	286,000
VCM (한양화학)	150,000 (350,000)
PVC (럭키)	100,000 (150,000)
에틸렌글리콜 (호남석유화학)	80,000
프로필렌 (187,000) → 폴리프로필렌 (호남석유화학)	80,000
부타디엔 50,000(100,00) (한국합성고무)	
ABS (럭키)	20,000 (30,000)
폴리부타디엔 (한국합성고무)	25,000
벤젠 (96,000)	
카프로락탐 (현대양행)	(100,000)
훼놀 (금호화학)	25,000
아세톤 (금호화학)	15,000
키실렌 (52,000) → (울산)	
TDI (진양화인케이칼)	(10,000)
저밀도 폴리에틸렌 (럭키석유화학)	150,000
에틸렌 (350,000)	
스틸렌모노마 (진양석유화학)	125,000
산화프로필렌 (진양석유화학)	50,000
프로필렌 (187,000)	
옥탄올/부탄올 (종합화학)	65,000
벤젠 (96,000) → 카본블랙 (럭키콘티낸탈카본)	44,000 (94,000)
키실렌 (52,000) → 메탄올 (대성메탄올)	330,000

#1나프타 분해공장 (호남에틸렌)

BTX 제조공장

#2나프타 분해공장 (럭키석유화학)

BTX 제조공장

④ 1980년대 내에 연산 150만 톤 생산능력 보유국가로 발전하는 데 기초를 축조했다.

⑤ 고부가가치의 정밀화학공업 육성에 착수할 수 있는 기반을 만들었다.

제 **7** 부

중화학공업화 추진의
효과

제1장 선진 공업국가로의 도약

필자는 박정희기념사업회의 상임위원으로 15년간 역임하며 2012년 2월에 개관한 전시관의 전시실과 팸플릿 등 자료를 만드는 데 일조했다.

박정희 대통령의 18년 6개월간의 기록을 전시하려고 하니 한정된 공간에 전시하기가 여간 힘든 일이 아니었다. 새마을 사업, 고속도로, 전원 개발, 치산치수, 농업 개발 등 얼마나 많은가. 그러나 이들 사업이 경제개발이 없었더라면 빛을 보았을까? 박정희 대통령이 존경받는 이유는 무엇보다 경제개발에 대한 업적 때문이라고 생각한다. 그렇다면 경제개발 중 무엇이 오늘날 한국경제의 초석이 되었다고 할 수 있을까? 두말할 것도 없이 1970년대의 중화학공업화정책의 성공이다.

우리는 1970년대 중화학공업의 추진으로 우리나라의 척추 산업을 구축했다. 한 나라의 산업은 인간의 인체와 마찬가지로 튼튼한 척추를 가지고 있어야 건강한 체제를 유지할 수 있다. 그러면 중화학공업화정책의 의미를 항목별로 나열해보자.

첫째, 공업 원자재를 자급자족할 수 있는 체제를 갖추게 되었다. 철강, 비철금속, 석유화학 등을 추진함으로써 공업에 필요한 소재와 원료를 공급하게 되어 공업 독립을 이루었다.

둘째, 종합기술공업을 육성했다. 단순노동집약산업에서 기계공업, 전자공업을 육성시킴으로써 기술집약산업의 발전을 다져왔으며 플랜트산업도 육성시켜 금속, 화학, 기계, 전자가 포함된 종합기술을 육성시켰다.

셋째, 부품의 국산화를 달성했다. 부품을 수입하여 조립하는 단순 형태에서 생산 가공하여 조립하는 형태로 발전했다.

넷째, 방위산업의 육성에 기여했다.

다섯째, 생산체제의 국제 일류화를 추진했다.

여섯째, 모든 사업을 수출산업화했다.

일곱 번째, 중화학공업을 기지화, 집중화하여 효율화하였다.

마지막으로 기술 인력과 연구개발에 대한 질적, 양적 공급체제를 구비했다.

우리는 1970년대 중화학공업에 의한 경제 기반을 건설했다. 리더의 소신과 비전에 의거하여 우리도 할 수 있다는 각오로 매진한 결과로 얻은 것이다.

우리나라의 중화학공업 구조는 잘 짜인 시나리오에 의거해 만들어진 산물이므로 정치나 노동쟁의가 선진 경제 건설의 전진을 방해하더라도 쉽게 넘어지지 않는다. 우리나라는 바야흐로 선진국의 문턱을 넘어설 단계에 있지만 아직 선진국에 진입하지는 않았다. 앞으로의 전진을 위해 1970년대 건설한 중화학공업화정책을 본받아야 한다.

허울 좋은 포퓰리즘이나 분에 넘치는 복지정책은 금물이다. 세계적 금융 혼란을 일으키고 있는 남미 국가군인 PIGS가 좋은 예이다.

자유민주주의 아래에서 성장을 위주로 한 경제모델로 기업이 자유롭게 활동하게 하여 오늘날의 세계적 경제 대파국을 극복하여 국민 모두가 잘 살 수 있는 나라를 만들어야 한다.

제2장 1980년대 경제위상 조기 달성

중화학공업화정책의 목표는 1981년 말에 수출 100억 달러, 1인 당 GNP 1,000달러를 달성하는 것이었다. 그런데 실제로는 수출액과 GNP 목표를 3년이나 앞당겨 1977년에 달성했다. 얼마나 효과적이고 능률적으로 추진했는지 알 수 있는 대목이다.

재경당국이나 경제학자들 모두가 무모하다, 불가능하다고 반대했던 정책이었다. 그럼에도 빠른 경제성장을 이룬 기반을 마련할 수 있었던 것은 바로 중화학공업화정책을 실행했기 때문이다. 이로써 우리나라는 선진국으로 진입할 수 있는 기초를 구축하게 되었다. 경제발전을 위한 튼튼한 기초가 만들어진 셈이다.

1972년도에 경제기획원에서는 제4차 개발계획의 최종연도
인 1981년도에 장기 경제 전망치로 53억 달러를 추정했다. 하
지만 중화학공업화 추진으로 172억 1,400달러를 달성하면서
전망치를 크게 웃돌았다. 정상적인 경제개발 전망의 3.2배 이
상을 초과 달성한 것이다.

표 7-1 **중화학에 의한 수출실적과 5개년계획**

연도	중화학공업정책(실적)	정상적 5개년(계획)
72년(중화학정책 기준연도)	16.7억 달러	-
76년(3차 5개년 목표연도)	78억 8천 1백 만 달러	35억 달러
77년(100억 불 달성연도)	100억 4천 6백 만 달러	-
81년(중화학 목표연도) (4차 5개년 최종연도)	172억 1천 4백 만 달러	53억 달러

자료: 중화학공업기획단, 『정책결정이면사』, 1979. 07

제3장 중화학공업구조로의 개편

중화학공업화율

중화학공업화정책의 실현으로 중화학공장이 많이 건설되었으니 중화학공업률이 상향된 것은 당연한 일이다. 일반적으로 공업구조의 발전단계를 조사할 때 소비재 공업에 대한 투자재 공업의 비율을 호프만계수를 따져서 측정하는 것이 상례다.

이 방법에 따라 계산한 수치를 보면 중화학공업률이 1960년대 초에는 20% 미만, 1970년대에는 40%도 안 되었으나 1979년에는 50% 이상을 차지했다. 호프만계수도 1 이하로 선진국 형태의 공업구조로 대폭 개선되었다.

수출상품 구조

상품구조면을 분석해보면 〈표 7-2〉와 같이 1979년도 전체 상품의 90% 이상이 공산품이며 공산품 중에서도 중공업제품이 42.6%를 차지하고 있음을 알 수 있다. 실제로 경공업제품 중에는 화학과 전자제품이 포함되어 있으므로 중화학제품이 50% 이상이 된다. 우리나라도 중화학공업화정책 이후에 중화

표 7-2 **상품구조별 수출실적**

(단위: 백만 달러)

구분 연도	총수출	공산품			기타
		중화학	경공업	계	
1972	1,807 (100.0)	426 (26.9)	1,158 (73.1)	1,158 (87.7)	223 (12.3)
1973	3,257 (100.0)	829 (28.9)	2,043 (71.1)	2,873 (88.2)	384 (11.8)
1974	4,713 (100.0)	1,763 (41.6)	2,490 (58.4)	4,253 (90.2)	460 (9.8)
1975	5,427 (100.0)	1,620 (33.8)	3,171 (66.2)	4,791 (88.3)	636 (11.7)
1976	8,115 (100.0)	2,639 (37.0)	4,590 (63.0)	7,283 (89.7)	832 (10.3)
1977	10,046 (100.0)	3,685 (41.9)	5,102 (58.1)	8,787 (87.5)	1,259 (12.5)
1978	12,711 (100.0)	4,752 (41.6)	6,669 (58.4)	11,421 (89.9)	1,290 (10.1)
1979	15,500 (100.0)	6,050 (42.6)	8,150 (57.4)	14,200 (91.6)	1,300 (8.4)

자료: 상공부, 중화학공업기획단   * ( )내는 %(1977년부터는 통관기준, 1979년 추정치).

학제품 수출 국가가 되었음을 알 수 있다.

호프만계수

공업발전의 지표로 삼고 있는 호프만계수를 살펴보자. 1960년에는 계수가 4.0 이상이 되어 공업화의 초기단계인 제1단계에 있었다. 1965년에는 2.13이 되어 제2단계에 진입했고, 1970년대 초에는 1.5 수준이었고, 1970년대 후반에는 1.0 이하였다. 1.0 이하면 〈표 7-3〉에서 보는 바와 같이 중진공업 국가가 되었음을 알 수 있다.

선진공업국의 공업화단계를 보면 호프만계수 5.0~3.5의 제1단계에서 제3단계로 올라가는 데 약 50년의 기간이 소요되었으나 우리는 10년 내에 이루었다. 이것은 1960년대의 제1차 및 제2차 개발계획과 1970년대의 중화학공업화정책에 기

표 7-3 | **호프만단계의 구분 및 특징**

구분	호프만비율	특징
제1단계	5±1.0	피복(특히 섬유제품) 식료품공업의 발달(후진개발도상국)
제2단계	2.5±1.0	중화학공업 발생(중진개발도상국)
제3단계	1.0±0.5	기계공업, 금속공업의 발달(신흥공업국)
제4단계	1 이하	고도산업발달 단계(선진공업국)

표 7-4 **중화학공업의 진보**

구분 / 연도	중화학공업화율		호프만비율	
	경공업	중공업	비율	비고
1960	81.0	19.0	4.26	제1단계
1965	68.1	31.9	2.13	제2단계
1970	61.1	38.9	1.57	제2~3단계
1975	57.6	42.4	1.36	제3단계
1976	59.0	41.0	1.44	제3단계
1977	58.4	41.6	1.40	제3단계
1978	51.2	48.8	1.05	제3단계
1979	45.3	54.7	0.83	제3~4단계
1980	48.0	52.0	0.92	

자료: 한국은행, 「한국의 국민소득」 / 중화학공업기획단

주: ① 경공업=소비재공업=식료, 음료, 연초, 가구, 인쇄, 피혁, 고무제품, 기타 제조업

　　중화학공업=투자재공업=화학제품, 석탄제품, 1차금속제품, 일반기계, 전기기계, 수송기계 등

　② 본 자료는 경상가액 기준으로 계산된 것이나, 통계자료의 불확실성으로 간행물마다 공업화율 계

　　산에 약간의 차이가 있음. 100% 정확한 수치는 아니나, 공업화율의 추이를 밝히는 데 사용해도

　　무방한 자료임.

인한 것임이 틀림없다.

　현재 선진공업국은 호프만계수가 0.5 이하다. 한국의 공업은 1970년도 말에 고도산업국가 중 중진국에 들어섰지만 실질적인 선진국형 산업국가를 이루려면 중화학공업의 양적 확대와 질적 개선이 필요하다.

제4장 선진국 공업 형태로의 전환

원자재의 국산화

과거 해외에서 수입하던 공업용 원자재를 생산하여 공업의 해외 의존에서 독립했다. 철강공업이나 비철금속공업에서 원광석을 수입하여 제련함으로써 철강과 비철금속 등 원자재를 국내에서 생산할 수 있게 되었다. 석유화학에 있어서도 석유화학에 필요한 원료를 국내에서 생산함으로써 합성섬유, 합성수지, 합성고무, 합성세제에 필요한 원자재를 안정적으로 공급하게 되었다.

종합기술공업의 육성

화학공업은 소비재집약공업이며 금속 및 철강공업은 소재공업이고 조선공업은 금속·기계·전자공업을 총망라한 종합기술집약공업이다. 방위산업, 자동차 등은 종합기술공업에 속한다. 따라서 우리 산업은 부가가치가 낮은 단순 공업에서 기술집약산업으로 전환되었음을 알 수 있다. 생산 형태에 있어서도 단순조립공업에서 생산가공조립의 일관 생산 형태로 발전했다. 자동차나 전자제품을 생산하는 데 있어서 조립만 하던 단계를 지나 부품까지 국산화함으로써 제품의 수출 영역을 넓혔을 뿐만 아니라, 단순 조립 노임만으로 획득하던 외화에서 일관생산으로 인해 모든 분야에서 외화가득률을 대폭적으로 향상시키는 결과를 가져왔다.

중소기업의 발전

모든 중화학제품은 원료 생산에 추가하여 부품, 요소 그리고 부속품과 이들의 조립으로 이루어진다. 중화학공업정책이라고 하면 대규모 원료공장만을 짓는 것으로 알고 있는데 전자나 기계공업에서는 부품과 요소생산을 병행 생산하는 것도 포함되어 있다. 이런 부품과 요소 그리고 부속품은 중소기업 담당이다. 즉 조립 공장과 부품공장, 대기업과 중소기업이 동시에 육성되는 것이다. 튼튼한 기반을 가진 공업 강국이 되려면 중소기업에 의한 공업발전을 병행 추진해야 한다. 따라서 중화학공업화정책에 의한 부품공업 육성은 그 공업의 건전성을 높이는 일이다.

중화학공업에 의한 수출산업 추진으로
고용효과를 거두다

중화학공업 추진에 있어서 정치·경제·사회적으로 얻은 특기할 만한 효과는 중화학공업을 추진한 1970년대에 한국의 역사상 가장 많은 고용 증가가 있었다. 경제성장을 하는데 있어서 국민에게 일하는 기회가 주어지는 고용증가를 수반하지 않으면 참다운 경제성장이라고 할 수 없다. 어느 경제학자는 말하기를 중화학공업 기간에 괄목할 고용 증대를 이루었다는 것이 100억 달러 수출목표의 중화학공업 추진이 가져온 첫째로 꼽아야 할 성과라고 했다. 중화학공업의 절정기이며 수출이 가장 활발했던 1975~1978년의 기간의 고용 현황, 경제성장에 대한 기여도와 수출취업인원에 대한 비율이 이를 증명해 주고 있다.

제 **8** 부

중화학공업화정책에 수반한
후속 정책과 그 결과

제1장 기술인력 양성을 통한 성공

기본계획

중화학공업화를 이루기 위해 절대적으로 필요불가결한 요건은 기술인력 양성이었다. 기술인력의 보유 여하가 중화학공업화정책의 성공 여부의 관건을 쥐고 있다고 해도 틀린 말이 아니었다.

우리나라는 천연자원이 빈약하여 자원 혜택을 못 받았지만 세계적으로 자랑할 수 있고 또한 인정받을 수 있는 우수한 인력을 풍부히 갖고 있다. 이것이 우리가 가지고 있는 유일한 자원이었다. 그러나 당시의 기술인력 수준이 중화학공업화정책을 밀고 나가기에는 양적으로나 질적으로나 부족한 실정이었기에 기술인력 양성을 위한 획기적 조치가 마련되지 않으면 안 되었다. 인력 양성은 물건을 사고파는 것과는 달리 길고 긴 시일이 소요되기 때문에 사전에 대비하는 것이 필요했다. 이리하여 중화학공업화를 위한 기술인력양성제도가 수립되었는데 이것은 우리나라 실정에 부합되는 독특한 교육방안을 수립하여 가장 효과적인 방법으로 중화학공업에 필요한 기술인력을 양적, 질적인 면에서 수급의 완벽을 기하는 것이었다.

기본목표

기술인력개발의 기본목표는 인력의 수급계획을 맞추는 데 있는 것이므로 먼저 인력의 수요를 추정했다(그림 8-1). 이 수요에 맞추어 양성공급하는 것을 목표로 삼은 것이다. 이리하여 1981년까지 전산업에 소요되는 과학기술계인력을 양성확보하되 중화학공업에 필요한 인력을 최우선으로 양성하도록 했다.

과학기술계인력의 수요는 1981년에 약 200만 명이 되면서 1975년의 2배, 1969년의 4배가 될 것으로 추정되어 이에 대한 공급계획을 수립했다(표 8-1).

그림 8-1 **과학기술인력의 증가**

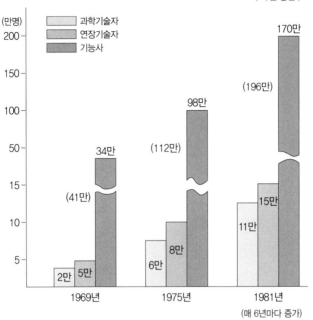

표 8-1 **기술자의 수급계획**

(단위: 천 인)

구분 \ 연도	계 (1977~1981)	1975	1977	1978	1979	1980	1981
수요	–	132.1	164.5	181.9	200.9	221.8	245.5
필요공급량(A)	124.7	–	22.6	21.8	24.0	26.6	29.7
현공급능력(B)	118.1	–	24.9	24.7	23.7	22.6	22.2
• 이공계열	62.4	–	11.3	12.1	13.0	13.0	13.0
• 전문학교	55.7	–	13.6	12.6	10.7	9.6	9.2
수급차(A–B)	△6.6	–	2.3	2.9	△0.3	△4.0	△7.5

표 8-2 **기능사의 수급계획**

(단위: 천 인)

구분 / 연도			계 (1977~1981)	1977	1978	1979	1980	1981
수요				1,179	1,280	1,412	1,548	1,700
필요공급량	계(100%)		853	158	147	161	179	198
	기술사2급(33%)		280	49	48	54	61	68
	기능사보(33%)		280	49	48	54	51	68
	단순공(34%)		293	60	51	53	67	62
공급방법	기능사 2급	공고	256	46	52	52	53	53
		직업훈련	77	14	15	15	16	17
		합계	333	60	67	67	69	70
		과부족	53	11	19	13	8	2
	기능사보	직업훈련	365	59	72	72	79	81
		과부족	65	10	10	18	18	13
	단순공	기업체단기훈련	283					

자료: 중화학공업기획단

양성 방법

과학기술인력의 수급계획은 기능사와 기술자로 대별하되 원
칙적으로 학교교육에 의해 양성하기로 했다. 인력 양성은 서
두른다고 해결되는 것이 아니었다. 최선의 길은 학교교육에
의한 양성이었다. 그러나 이때까지 이공 계학교에서 배출하는
인원은 질적으로나 양적으로 미흡한 상황이었다. 그래서 학교
교육에 의하되 학교교육제도를 개혁하기로 했다.

기능사와 공고교육

과학기술인력 중에 가장 시급한 것이 기능사공급이었기 때문에 공고교육에 의해 기능사를 양성하는 것부터 착수했다. 공고교육개혁의 요지는 공고에서 실기실습을 하지 않고 이론만 가르쳐서 산업현장 수요에 맞지 않는 인력을 배출하는 현실에서 탈피하여 실습을 시켜 산업이 필요로 하는 인력을 양성하자는 데 있었다. 이를 위해 실기시간을 대폭 늘려 실기위주교육으로 전환하는 조치를 취했다. 하지만 실기시설이 없었기 때문에 국가예과 업체보조로 시설을 구비하도록 했으며 실기교사도 특별 양성했다.

공고를 졸업하면 누구든지 기술자격증을 가질 수 있게 했으며 전국, 지역 또는 학교에서 기능경진대회를 개최해서 기능증진을 도모했다. 특히 기능올림픽 초기에는 주로 공고생이 참가하도록 독려하여 실험 실습에 역점을 두도록 했다.

기능사에 대한 자격증제도의 확립에도 주의를 기울여 기능사자격을 국가기관(기능검정공단)에서 부여하도록 했다. 수요와 공급을 조화시키기 위해 업체에서도 자격증을 보유한 공고졸업생 우선 채용하도록 했다. 또한 사회에서 푸대접받고 있는 기술인을 후대하도록 각종 실기대회 입상자에 대한 특별대우제도를 마련하기도 했다.

교육개혁은 모든 공고에서 한꺼번에 실시할 수는 없었으므로 시범학교, 특성화공고, 기계공고제도를 만들어 이들 학교가

표 8-3 **공고 운영체제**

유형	운영 목적	지정학교 수	1979년 정원
기계공고	방위산업 육성과 기계공업정밀화를 위한 고급 정밀가공사 양성	19	13,920명
시범공고	해외진출 기능사 양성 일반 공고 육성의 선도적 역할	11	9,360명
특성화공고	특수산업분야에 적응할 수 있는 고급기능사 양성(예: 전자, 화공, 건설, 제철, 철도 등)	10	5,750명
일반 공고	일반산업분야에 적응할 수 있는 다양한 분야의 기능사 양성	55	56,300명
계		95	65,290명

• 국립: 4교   • 공립: 50교   • 사립: 41교

먼저 실시하고 일반 공고는 이를 본받도록 했다(표 8-3). 이와 같은 공고교육에 의한 기능사양성제도를 요약하면 다음과 같다.

1) 공고교육과정에서 자격증을 획득하도록 한다.

2) 실습시간을 대폭 늘리고 현재의 만물박사 교육방식에서 부문별로 전문화교육을 실시한다(예: 기계공고).

3) 현장에서의 적응을 위해 실험실습시설은 산업현장시설과 유사한 것으로 하고 공장실습을 의무화한다.

4) 지역발전의 특성에 맞추어 공고도 특성화하는 방식을 택한다(특성화공고).

5) 실습교재를 실정에 맞게 편찬하되 국고로 발행 공급한다.

6) 실습교육 확대와 함께 정신교육을 강화하여 정밀기능에

대한 습성을 갖도록 한다.

7) 진학의 길을 트기 위해 기능장대학 및 야간전문학교를 설치한다.

8) 1973년도부터 시범학교, 특성화공고, 기계공고를 선정하여 이들 학교부터 실시하고 앞으로 일반 공고에도 확대 적용한다.

9) 실험 실습을 위한 기자재를 구비하기 위해 정부예산을 특별히 배정하고 범국민적인 운동(예: 선반보내기운동) 등을 전개한다.

10) 기술인의 사회적 우대 조치를 마련한다.

기능공을 양성하는 또 다른 방법은 직업훈련교육이었다. 직업교육 없이 사회에 바로 진출하는 인문계 고교 및 중학 출신자를 대상으로 단기직업훈련을 실시하여 기능사로 공급했다. 이 중 가장 괄목할 만한 것이 정수직업원, 한백직업훈련원 등의 설치였고, 중앙직업훈련원에서도 형식적인 직업훈련 대신 산업현장에서 필요한 기능인력 양성을 위한 훈련체제로 전환했다는 점이다.

기술자 양성과 대학교육

기술자 양성은 이공계대학의 교육에 의존하되, 대학교육은 산업사회가 요구하는 이론과 실기를 겸비한 기술자를 양성하여 중화학공업화정책을 효율적으로 수행하는 데 필요한 인력을 양성 공급하는데 목표를 두었다.

이때까지 공대교육은 공고교육과 마찬가지로 산업사회와 동떨어진 교육을 하고 있었다. 따라서 이를 시정하여 전체적으로 기술전문분야 교육시간을 늘리고 실습시간을 추가 배정하는 것에 주안점을 두었다. 중화학공업분야 해당 학과의 입학정원을 증원하고 교육방침과 교육과정을 대폭 개편하도록 했다. 공대교육의 개혁제도를 다시 나열해보면 ① 우수학생 확보 ② 교육과정 개편 ③ 교육시간 증가 ④ 실습위주 교육으로 전환 ⑤ 우수교수 확보 및 양성 ⑥ 연구소 육성 ⑦ 산업협동 증진(업체후원) 등이었다.

기술자 양성에 대한 산업사회 요구는 시급했다. 하지만 대학교육제도는 여기에 즉각적으로 부응할 수 없는 특수성이 있으므로 국립대학부터 특성화제도를 마련하여 실시하도록 하고, 일반대학은 점차적으로 이 제도를 따르게 했다. 특성화제도란 대학별로 1개의 전문분야를 택하고 그 분야에 대해 집중적으로 투자하여 전문인력을 양산하는 것이다. 즉 기계대학 또는 화공대학 등의 단일과전문대학 형식을 가리킨다.

이것은 최소의 투자로 최대의 효과를 거두는 경제원칙에 근거를 두었다. 1개과의 적정 설비에 필요한 투자금액이 약 50만 달러로 추정되었는데 공대 대부분이 10개과 이상을 가지고 있었으므로 1개 공대당 5백만 달러 이상을 설비해야 하는데 국가재정이나 학교형편으로 보아 이것은 불가능한 일이었다. 따라서 1개 대학에 하나의 전문학과를 선정하여 이 전문학과에 집중 투자하고 그 전문과에서 대량 인원을 교육시킨다는 취지였다. 특성학과를 정할 때는 산업과의 관련성을 고려하여 특성화공대를 선정했다. 예를 들어, 부산대학교공과대학은 인근의 창원기계기지와의 연관성을 고려하여 기계특성화로, 전남대학교공과대학은 여천석유화학기지가 부근에 있기 때문에 화공특성화로 지정했다.

대학교육 이상의 고급기술자 양성에도 대책을 마련했다. 각 대학 대학원을 활성화하는 데도 관심을 기울였지만, 제일 중점을 두어 추진한 것은 한국과학원에 중화학공업분야 전공과를 신설 또는 증원하여 많은 학위 소지자를 배출하도록 한 것이다. 공공연구소와도 유대관계를 맺어 학교에서 연구소에 필요한 인력을 공급하고, 연구소에서는 전문고급인력을 훈련 배출하는 제도도 마련했다.

이렇게 인력 양성을 위한 만반의 대비책을 강구했지만 그래도 기술인력의 공급 부족현상이 일어나 과열된 스카우트가 벌어지는 등 사회문제가 발생했다. 해결책은 어디까지나 우리 기술인력의 저변 확대에 있었다. 중화학공업의 구축으로 우리 기술인력의 기반이 더욱 확고해져 앞으로 산업발전을 이끌어 갈 수 있는 능력을 배양할 수 있었다.

기술인력 양성 없이는 불가능한 중화학공업

필자는 어느 기관의 회보에, 기술인들에게 박정희 대통령의 휘호 중 제일 좋아하는 휘호를 고르라고 하면 "기술인은 조국 근대화의 기수"가 될 것이라는 글을 실은 적이 있다. 이 휘호는 1970년대 기능공 양성의 주역이었던 공업고등학교 교정의 기념탑이나 시계탑에 새기거나 우리나라 기계공업과 방위산업의 집산지인 창원기계공업단지 입구에 세워진 정밀공업진흥의 탑에 각인되기도 했다. 특성화 대학이나 엔지니어클럽 같은 단체에서도 탑이나 액자로 이 휘호를 걸어놓기도 했다.

1970년 한국의 중화학공업화 과정에서 기술인은 자부심과 긍지를 가지고 조국근대화의 기수로 일해왔다. 그러니까 우리나라 공업화 성공에 있어서 일등공신은 기능사, 기술자, 과학자 등의 기술인력임은 두말할 것도 없다. 박정희 대통령은 중화학공업화를 계획할 당시부터 중화학공업 추진의 성공은 기술인력 양성에 있음을 강조했다. 1973년 1월 중화학공업화정책 선언과 동시에 국민의 과학화운동을 제창하고 기술인력 양성의 필요성을 역설했다. 말이 기술인력 양성이지 실제로는 쉽지 않았다. 인재교육은 하루아침에 이루어지는 것이 아니고 오랜 기간에 걸쳐 꾸준한 노력에 의해 이루어져야만 한다. 천연자원이 전혀 없는 우리나라는 다행히 인력은 풍부했다. 이것이 중화학공업화를 추진할 수 있는 요소였다. 중화학공업화 추진은 이 보고(寶庫)를 활용하는 것이었다. 천연자원이 풍부한 개도국이라도 중화학공업화를 추진하지 못하는 이유가 여기에 있다.

공업인력을 양성하기 위해 우리는 기능사는 공고교육으로, 기술자는 대학, 그 이상의 과학자는 대학원과 연구소에서 양성하기로 계획을 세웠다. 그리하여 교육방법을 개혁했다. 공고는 기계공고, 시범공고, 일반공고로 나누어 실습 위주의 교육으로 개편하여 양성했고, 기술자는 국립대학 공과대학을 위주로 하여 특성화 공대를 만들어 현장에서 필요한 이론과 실기를 겸비한 기술자를 교육시켜 배출했다. 국가적으로 기능검정공단을 만들어 자격을 검정해 자격증을 발급하여 기능을 보유한 자격자만이 취직할 수 있도록 했다. 사회적으로도 기능경진제도를 개최하여 국제기능올림픽에 참가시켜 종합 우승하는 쾌거도 이루었다.

이리하여 중화학공업, 방위산업과 일반산업에 필요한 인력과 해외에 진출하는 기술인력도 차질 없이 확보 공급했다. 일본의 사토 교수는 그의 저서 『아시아에 있어서의 산업발전과 기술자』에서 한국은 경제개발에 맞추어 기술인력을 양성했기 때문에 성공했다고 평가했다. 특히 특성화 대학 제도에 대해 높이 평가했다.

기술자 양성과 동시에 기술자 우대 조치가 사회 전반에 걸쳐 시행되었다. 정부기관의 공무원 직급에 있어서도 기좌(사무관), 기정(서기관), 국장(기감)을 두어 기술계가 국정에 참여할 기회를 많이 주었다. '정부계획 민간 실천'의 중화학 추진 원칙에서 유능한 기술 계 테크노크라트들이 있었기에 정부 주도로 계획을 세워 추진해나갈 수 있었다.

제2장 과학기술연구개발계획 추진 및 과학 한국으로서의 성과

전국민 과학화운동

중화학공업화정책의 실현을 위해서는 과학기술 연구의 발전이 필수적이다. 과학기술이 없는 곳에는 산업발전도 없다. 1973년 초 박정희 대통령은 중화학공업화정책을 선언하면서 동시에 전 국민의 과학화운동을 전개할 것을 제창했다. 과학화운동을 전개하게 된 이유는 중화학공업화정책으로 산업이 발전하면 국민의 사고와 생활방식이 과학적으로 변해야 하기 때문이다. 이를 위해 국민계층별로 다음과 같은 과학운동 목표를 설정했다.

첫째로 청소년층에 과학교육을 시켜 창의성과 창조성을 배양하며, 둘째로 일반시민에게까지 확대되어 직장과 가정에서 생활의 과학화를 도모하며 산업현장에서 필요한 과학기술에 익숙하도록 한다. 셋째로 산학계는 연구소를 건설하여 연구능력을 배양한다.

중화학공업화정책의 초창기에는 외국으로부터 최고, 최신의 세계 일류급 기술을 도입하도록 했다. 그러나 산업이 발전되어갈수록 도입이 불가능하거나 고가의 기술료를 지불해야 되는 상태에 이른다. 그러니 도입된 기술을 우리 실정에 맞게 토착시키는 한편 도입이 불가능한 기술은 자체적으로 개발해야 한다. 이를 위해서는 기술능력을 중화학정책 초기부터 축적해 두어야 한다. 연구능력을 배양하는 데 민간이 무형의 자산에 많은 투자를 할 수 없으므로 정부가 주동이 되어 연구소를 건설하되 민간이 점차적으로 따라오도록 계획했다.

정부 주도에 의한 연구소 설립

중화학공업화정책을 실시하기 위해서는 과학기술이 획기적으로 발전해야 했다. 중화학공업화정책 초창기에는 주로 외국에서 기술을 도입했지만 산업이 고도화될수록 고가의 기술도입료와 특허료를 지불해야 하거나 어떤 특정기술은 도입조차 불가능한 상황에 이르렀다. 따라서 도입이 불가능한 기술은 개발해야 하며, 신제품을 생산하려면 우리 스스로 연구개발능력을 배양하지 않으면 안 되었다. 이리하여 중화학공업화정책을 뒷받침할 산업기술 기반을 정부가 주도하여 구축하는 것을 원칙으로 강력한 기술개발정책을 수립하여 추진하게 되었다.

연구개발능력을 배양하려면 정부가 주동이 돼야 했다. 민간이 무형의 자산에 막대한 투자를 할 수는 없었기 때문이다. 당시 국가연구소다운 연구소로서는 KIST 등 몇 개 밖에 없었는데 이것만으로는 연구개발에 대한 미래의 수요 증대를 감당할 수 없었다. 이리하여 중화학업종별로 기계, 전자, 금속, 선박, 화공 등의 전문연구소를 정부출원으로 설립하기로 했다. 이들 공공연구소는 기업의 직접 산업활동에 필요한 R&D(Research and Development) 역할을 하는 것이었으므로 기업형 전문연구소라 불렀으며, 중화학공업에 포함된 전략산업을 대상으로 하는 연구기관이어서 전략산업 연구기관이라 명명되기도 했다.

산업과 밀접한 관련 있는 기계와 금속연구소는 창원기계기지에, 전자연구소는 구미전자기지에 각각 입주토록 했고 잔여 연구소는 전문연구단지(science town)를 조성하여 이곳에서 전부 수용하도록 했다. 전문연구단지는 충남 대덕에 조성했는데 이 지역은 우리나라의 중심권에 위치하여 서울과의 교통도 편리하고 대전이 부근에 있어서 연구단지로 최적지였다. 따라서 공업단지와 같은 개념으로 연구단지를 건설했다. 이렇게 하여 1979년 말 현재 서울에 4개, 구미에 1개, 창원에 2개, 대덕단지에 9개의 전문연구소가 설치되었다(표 8-4).

정부가 출원하는 공공연구소활동이 활발지는 동시에 민간에서 자체적으로 R&D 활동을 해야 할 즈음 산업발전의 주체인 일반기업체가 연구소를 설립하도록 독려했으며 이의 협의체로서 민간기술연구소협회(현 한국산업기술진흥협회)가 설립됐다. 이렇게 하여 설립된 연구소의 연구개발계획의 기본시책은 첫째, 국가연구사업을 본격적으로 추진시키는 것과 둘째, 산업이 필요로 하는 기술을 개발하여 보급하는 것 두 가지였다.

국가연구는 장기간에 걸쳐 연구개발이 필요한 국책적 연구과제를 선정하여 이를 계획적으로 추진하고 국가연구체제를 정비하여 효율적으로 추진하는 것이 목표였고, 산업연구는 산업에 필요한 선진기술을 빠르게 도입하여 토착화해 나가면서 신기술을 개발하는 방향으로 전개했다. 국가연구사업은 정부기관이나 연구소에서 연구과제를 정해 과학심의회를 거쳐 확정 수행하도록 하고 산업연구는 중점전략산업분야 205개 업체를 정하고 연구개발을 의무화하여 연구소를 설립하고 기업 자체가 기술개발촉구책을 강구하도록 했다.

이와같이 강력한 산업기술개발정책을 뒷받침하기 위해 과학화운동에 따른 저변 확대와 풍토 조성에 노력했고 기술개발촉진법, 특정연구기관육성법, 국가기술자격법, 기술용역육성법을 만들어 법적인 지원제도를 강화했다. 이것이 공업화 기반과 과학기술 기반이 동시에 조성되는 효과를 거두었다.

표 8-4 **과학기술전문연구소 설립 현황**(1979. 9 현재)

서울단지

연구소	설립연월	건설 기간	비고
KIST	1966. 2	66~73	과기처
원자력연	1977. 4	63~66	과기처
과학원	1971. 2	71~77	과기처
과학기술정보센터	1962. 1	69~70	과기처

대덕단지

연구소	설립연월	관계부처
표준연	1975.12	공진청
선박연	1976.11	상공부
핵연료	1976.12	과기처
화학연	1976. 9	상공부
열관리연	1977. 9	동자부
통신기술연	1977.12	체신부
연초연	1978. 4	전매청
인삼연	1978. 4	전매청
자원개발연	1976. 5	동자부

구미기지

연구소	설립연월	관계부처
전자기술연	1976.12	상공부

창원기지

연구소	설립연월	관계부처
기계금속연	1976.12	상공부
전기기구연	1976.12	상공부

제2연구단지의 필요성

1970년대 초에 기존의 연구소로는 서울 홍릉에 있는 KIST와 한국원자력연구소(Korea Atomic Energy Research Institute, KAERI), KAIS 그리고 한국과학기술정보센터(Korea Scientific & Technological Information Center, KORSTIC), KDI 등과 국립중앙공업연구소, 국립지질연구소 및 철도청, 전매청, 보건사회부 등에 부설기관으로 실험실 능력의 연구소가 있었다. 하지만 사실상 중화학공업에 관련된 종합연구소는 KIST밖에 없었다. KIST는 월남 파병의 대가로 존슨 대통령에게 선물 받은 산물로 1969년에 건설된 한국 최초의 종합연구소였다. KIST는 1960년대 말부터 오늘날까지 한국의 과학기술발전을 이끄는 데 주도적 역할을 해왔다.

중화학공업화정책을 추진하는 데 KIST만으로는 과학기술연구의 수요를 대처할 수 없어 중화학공업정책면에서는 기계, 전자, 금속, 선박, 화공 등 분야 외 전문연구소를 정부 출연으로 건설하기로 했다. 연구를 위한 연구가 아니라 기업을 위한 연구소로 계획했으므로 기업형 전문연구소라고도 하고 때로는 전략산업 연구기관이라고도 했다.

산업과 밀접한 관련이 있는 기계와 금속연구소는 창원기지 내에, 전자연구소는 구미기지 내에 설치하고, 전국적 연구소는 새로운 연구단지를 조성하여 입주하도록 했다. 정부 출연 연구기관의 활동이 활발해짐에 따라 민간에서 자체적으로 연구소를 설립하도록 유도하여 이의 협의체로 한국산업기술진흥협회(당시 민간기술연구협의회)가 생겼다. 국가연구소는 장기간에 걸쳐 연구가 필요한 국책 연구 과제를 선정했고, 민간에 의한 산업 연구는 기업이 당장 필요한 기술을 도입하거나 토착화하여 수요에 대비했다. 국가연구사업은 정부기관이나 연구소에서 연구 과제를 선정하여 과학기술심의회의를 거쳐 확정하도록 했다.

이상의 모든 정책을 제도적으로 뒷받침하기 위해 기술개발촉진법, 특정연구기관육성법, 국가기술자격법, 기술용역육성법을 제정했다.

대덕연구단지

KIST가 있는 홍릉단지를 제1연구단지로 명명하고 새로 건설할 단지는 제2연구단지라고 하였다. 박정희 대통령은 과학기술처가 건의한 제2연구단지의 후보 지역인 경기도 화성, 충북 청원, 충남 대덕 중에서 대덕으로 제2연구단지를 결정했다. 충남 대덕은 거의 국토의 중심부에 위치하고 교통이 편리하고 넓은 구릉지대로 되어 있어서 모든 면에서 최적의 과학단지였다.

행정 편의상 대덕단지 건설은 1973년부터 제2연구단지 건설계획에 의거하여 과학기술처에서 건설 계획을 추진했다. 그러나 과학기술처 단독으로는 각 부처와 관련된 연구단지 건설을 추진할 수가 없어 대통령 지시에 따라 1976년 3월부터 중화학공업기획단으로 업무가 완전 이관되면서 본격적으로 건설이 추진되었다. 기획단은 과학기술처 계획안을 기간 내에 추진하는 방향으로 수정 조정했다.

대덕연구단지의 최초 이용 토지계획은 840만 평의 부지에 인구 5만 명 수용의 도시를 만들고 총면적의 25%에 해당하는 300만 평의 부지에 연구교육기관을 입주시키는 구상이었다. 1979년 말 전국에 연구소는 대덕에 9개, 서울에 4개, 구미에 1개, 창원 2개를 합쳐 전국에 16개가 건설되었다.

지금 대덕단지는 우리의 기술개발능력을 전 세계에 자랑할 수 있는 연구학원도시로 발전했다. 약 2,000만 평의 부지에 2,000개에 가까운 연구소 교육기관과 일반 기업이 입주하고 있다.

결론적으로 KIST를 비롯한 홍릉단지와 대덕연구단지는 국제적으로 한국의 산업발전과 연구개발능력에 전 세계가 경이적이라고 찬사를 아끼지 않는다.

하지만 우리는 자만해서는 안 된다. 선진국이 앞서 가고 후진국이 따라오고 있다. 우리는 전진에 전진을 계속해나가야 한다.

제3장 방위산업

방위산업의 정의

방위산업이 무엇인가에 대한 물음에는 간단히 답변할 수 없다. 방위산업을 다른 말로 군수산업이라고 하는데 이것은 민수산업에 대한 상대적 구분이다. 하지만 군에서 필요하지 않은 산업이 거의 없기 때문에 군과 민은 공통수요부문이 많다. 그러므로 군수산업과 민수산업을 정확히 구분하는 건 곤란하다. 넓은 의미의 군수산업 또는 방위산업은 가변적이기 때문에 일반적으로 방위산업은 좁은 의미에서 정의를 내리고 있다. 좁은 의미라고 하더라도 국가와 시대에 따라서 정의를 달리하고 있으므로 국가의 방위산업은 그 국가에 한정해서 생각해야 한다.

우리나라의 방위산업을 어떻게 정의 내릴 것인가는 군수조
달에 관한 특별조치법(1973.2.17 제정, 법률 제2540호)을 보면 쉽게
알 수 있다. 동법 제2조(정의)에서 다음과 같이 규정하고 있다.

'군수산업'이라 함은 군수물자를 생산(제조·가공·조립·정비·재
생·양산 또는 개조하는 것을 말한다. 이하 같다)하거나 연구 개발하
는 업을 말한다.
'군수물자'라 함은 군용에 공하는 다음의 물자와 이의 생산을
위한 소재 및 부재로서 정부에 의하여 지정된 것을 말한다.
　가. 군용규격이 정하여진 물자
　나. 군용에 준용하는 물자
　다. 군이 생산을 지도하는 물자
　라. 군사용으로 연구개발 중이거나 연구개발의 필요가 있다
　　　고 인정하는 물자
　마. 군사기밀이 요구하는 물자

그러나 이상과 같은 정의는 편의상 정의에 지나지 않는다.
어떤 국가의 국방력은 협의의 방위산업이 크게 영향을 주는
것은 사실이지만 민수와 군수를 합한 총력 개념에 의해 평가
하고 있다. 세계최강을 자랑하는 미국에서 '군사복합(military
industry complex)'이라는 새로운 용어가 생겨난 것도 여기에서
연유한다. 방위산업은 일반경제활동, 즉 국력에 따라 좌우되지

만 때로는 일반산업생산활동에 크게 영향을 주기도 한다. 그러므로 방위산업은 자주국방을 위한 군사력 증강의 견지에서 뿐만 아니라 경제활동의 입장에서도 다루어지고 있다.

방위산업은 자주국방을 위한 전력 증강의 견지에서 뿐만 아니라 민간경제활동 증대에도 필요하므로 국가의 특별한 보호 아래 육성되고 있다. 자금 면에서도 일반회계상의 예산 외에 방위세까지 마련하여 지원하므로 우리나라 방위산업에 대한 고찰은 의미 있는 일이다.

방위산업 육성의 기본정책 및 추진 방향

방위산업육성의 기본정책과 방향은 한마디로 군에 필요한 군수품을 민간 주도로 적기에 생산 공급하는 데 있었다. 방위산업을 육성한 배경에서 다시 언급하겠지만 방위산업육성정책에 대한 향은 다음과 같이 요약할 수 있다.

1) 자주국방을 위해 군에 필요한 병기, 장비와 물자를 국산화한다.
2) 국산화하는 데 있어서 적기에 우수한 질의 제품을 염가로 공급하는 생산체제를 갖춘다.
3) 방위산업은 정부의 중화학공업화정책과 경제개발계획과

병행하여 육성하도록 한다.

4) 1)~3)을 만족시키기 위해 방위산업은 민간주도로 하며 군공창 건설을 지양한다.

5) 국내가용자원을 최대한도로 활용하고 투자를 극소화하기 위해 기존국내업체를 활용한다. 이를 위해 기존업체의 능력을 평가하여 방산업체로 지정한다.

6) 방산업체로 지정할 때는 병기와 장비를 기능별로 분리하여 분리된 분야에 맞는 적격업체를 선정하고 이들 업체에서 생산된 제품을 조립하는 생산체제로 진행한다.

7) 방위업체에 의한 방산품과 민수품의 생산비율을 30대 70으로 하여 방산업체의 가동율을 향상시킨다.

8) 방산업체에 의한 군수품생산은 적정이윤을 보장한다.

9) 방산업체의 생산은 최고의 정밀도를 유지하여 부품의 상호교환성이 항상 견지되도록 한다.

10) 국방과학연구소를 대폭 강화하고 국내외 모든 연구인력을 동원한다.

11) 민간기업과 연구소에 필요한 자금은 국민투자기금 등을 융자하며 세제상의 특혜와 기술자 및 기술사에 대한 병역특례조치 등을 실시한다.

이상과 같은 기본교육정책 아래에서 1981년 이내에 북한을 앞지르는 방위산업체제를 구축한다는 목표를 세웠으며,

1972년부터 1976년까지는 재래식 기본병기 및 탄약의 국산화를 위한 연구개발과 양산체제를 확립하여 고도의 정밀병기 생산과 우리나라 실정과 신체적 조건에 맞는 독자적인 무기체계에 의한 병기와 장비를 개발하여 전력화하는 데 중점을 두었다.

이와 같이 설정된 방향과 목표는 그대로 실시되었으며 목표보다 빠르게 완수되었다. 그러므로 한국의 방위산업은 민수기를 생산하는 민간기업이 민수품생산을 위해 투자한 시설에 의해 효율적인 방법으로 제품을 생산하고 있으므로 가장 경제적이며 안정된 생산체제를 유지하고 있다고 볼 수 있다.

방위산업 육성의 배경과 추진 경위

방위산업의 태동

한국에서 방위산업을 육성해야 하는 이유는 두말할 것도 없이 북한의 적화통일에 따른 위협에 대처하고, 나라를 적의 침략으로부터 방어하여 국권을 수호하기 위해서이다. 따라서 국방이 필요하고 국방은 방위산업이 뒷받침해야 한다. 하지만 불행하게도 한국은 건국 이래 자체적으로 국토를 방어할 능력이 없어 미국의 대한지원정책에 의존하고 있었다. 한국전쟁을 비롯하여 1950년대에는 미국이 한국의 방위를 전적으로 책임져

주었으나 1960년대 들어와서는 미국의 국제수지 악화로 군원을 삭감하는 등 태도가 달라졌으며, 1970년대에 와서는 1969년 6월에 선언된 '닉슨 독트린'으로 말미암아 한국 방위의 1차적 책임은 한국 스스로가 져야 했다. 북한의 남침 야욕은 점점 더 심해지는데 한국의 방위를 맡고 있던 미국이 손을 떼겠다고 방향을 전환하자 한국은 국가의 생존을 위해 자주국방정책과 방위산업을 고려할 수밖에 없었다.

북한은 8·15 이후 군비 확장을 위해 한국전쟁을 일으켰고 그 뒤에도 적화통일정책을 고수하여 1966년 이후에는 소위 4대 군사노선을 채택하고 북한 전역을 요새화하면서 군장비를 현대화하는 데 여념이 없었다. 북한은 1950년대를 개인화기, 1960년대를 중화기, 1970년대를 대형장비생산단계로 나누어 군비확장을 추진했다. 소련제 T-54, 55탱크를 중심으로 한 전차를 비롯하여 잠수함, 구축함, 전투기를 자체 생산하는 것으로 알려져 있었다. 따라서 북한의 방위산업수준은 북한이 남한에 비해 10년 정도 우위에 있는 것으로 알려졌지만 실제로는 그 이상으로 추정되었다.

방위산업 육성의 본격화

본격적인 방위산업육성책은 1971년 11월에 대통령비서실에 중화학공업과 방위산업을 전담하는 비서실이 별도로 생김으로써 출발했다. 이는 전력 증강을 위해 만들어진 것이며 방위산업과는 관련이 없었다. 현대화계획을 추진하는 군으로서는 미국의 지원 거부로 인해 자체적으로 군장비를 조달하는 방안을 생각할 수밖에 없었다. 이 방안이 방위산업육성시책이었다.

자주국방을 위한 일련의 조치는 이 외에도 여러 가지가 있었다. 1968년 4월에 창설한 향토예비군, 국군의 작전권에 대한 것도 여기에 포함할 수 있다.

1950년 7월 이승만 대통령에 의하여 한국군에 대한 작전통제권은 UN군사령관에 넘어갔다. 1956년부터 국군이 작전권에 조금씩 관여하기 시작했지만 말만 참여한 것에 머물렀다. 자주국방을 위해서는 국군의 독자성을 확보해야 한다는 것이 박정희 대통령의 지론이었다. 미국에서도 미군의 영향력이 점차 약해지고 한국의 국력이 강해지면서 한미연합사령부를 만들어야 한다는 판단 아래 약 7년의 작업 끝에 1978년 11월 7일에 연합사를 창설했다. 이때부터 UN군사령관이 관장하고 있던 한국군의 작전권에 한국이 연합사의 일원으로 처음 참여하게 되었다. 아직도 미군이 50% 이상의 권한을 가지고 있지만 한국군이 공동 참여한다는 제도가 만들어진 것이다.

박정희 대통령의 방위산업 육성에 대한 집념은 대단했다. 방위산업 육성을 위해 청와대 내에 비서실을 마련한 것도 방위산업을 대통령 자신이 관리하지 않으면 안 된다고 생각했기 때문이다. 이 같은 방향으로 방위산업 육성을 추진하게 된 이유를 크게 두 가지로 나눌 수 있다.

첫째, 군과 민의 주장을 조화시키기 위해서이다. 군의 현대화계획이나 전력증강계획은 순전히 군사적 입장에서 수립되었다. 군의 계획은 빠른 시일 내에 최신, 최고의 병기와 장비를 갖추는 데 있었으므로 실전에서 성능이 증명된 제품을 구매하는 것이 우선이었다. 따라서 없는 것을 개발해서 새로 만들어 제공한다는 방위산업에 대해서는 회의적일 수밖에 없었다. 군의 수요에 따라 방위산업을 국산화하여 육성하겠다는 방안에 대해 군이 국방에 지장을 초래한다고 반대하면, 국책 중에 국방이 으뜸인 이상 군의 주장을 따를 수밖에 없다. 군은 무기체계가 같은 미군의 무기를 구입하여 무장화하겠다고 생각하고 있었기 때문에 방위산업 육성에 대해서는 소극적이었다. 미군 또한 한국의 방위산업 육성에 대해 공식, 비공식적으로 반대하고 있었기에 미국과 호흡을 같이 하고 있는 한국군도 전력증강에 관해서는 미국에 동조했다. 이런 상황이다 보니 군의 주장과 생리에 반하여 어떤 일을 하기란 불가능에 가까웠다. 더구나 방위산업을 진행하는 데 있어서도 군에서는 군이 직접 맡아 진행하는 군공창에 의한 방법을 주장했고, 민에서는 민간 주도의 육성방법을 주장했기 때문에 방위산업 육성 방향에 있어서도 근본적인 차이가 있었다.

요약하자면 군과 민간 사이에 전력증강계획과 방위산업 그리고 방위산업육성방안에 있어서 근본적인 차이가 있었다는 뜻이다. 박정희 대통령의 시정 방침은 '경제건설=자주국방'에 있었으며 자주국방을 경제력의 뒷받침으로 이룩한다는 것이었다. 그러므로 방위산업 육성도 경제 건설과 병행하여 추진하게 되었다. 군은 방위산업 육성에 회의적이었으므로 이들의 강력한 주장을 무마할 수 있는 사람은 군통수권을 가진 대통령밖에 없었다. 박정희 대통령이 방위사업 육성을 친히 해야겠다고 결정하게 된 첫 번째 이유다.

두 번째 이유는 총력협동체제가 필요하다는 판단 때문이었다. 방위산업을 육성하려면 민군학관의 협동체제를 구축해야만 했다. 정부의 행정처분 내에서도 국가경제개발계획을 통괄하는 경제기획원, 군의 수요를 담당하는 국방부, 생산을 담당하는 상공부, 자금 및 세제를 지원하는 재무부, 과학기술정책을 수립하는 과학기술처 등 관련되지 않는 부처가 없었다. 이렇게 많은 관련부처가 각각 적극적인 육성책과 지원책을 수립하고 유기적으로 결합해 실시해야만 방위산업을 육성할 수 있었다. 소관부처별로 업무를 분할하면 효율적인 육성이란 기대할 수 없었다. 그래서 업무를 통괄 조정하는 기구가 필요했다. 이리하여 대통령의 후광을 업은 비서실이 탄생했다. 대통령 비서실에서 업무를 직접 관장하여 추진한 것은 방위산업 육성밖에 없었다. 중화학공업화정책도 같은 비서실에서 담당했으나 통괄기구로서 중화학공업추진위원회기획단이라는 것을 만들어서 추진했다는 것이 다르다.

이상이 대통령이 방위산업 육성에 대해 친정하게 된 이유이다. 이 비서실은 많은 비난을 받아 가면서 전무후무한 일을 장기간에 걸쳐 실행했다. 불가능한 일을 실행한 결과를 보면 이때의 고역이 헛되지 않았음을 알 수 있다.

방위산업 육성 추진

방위산업에 의한 병기생산은 설계, 시험 제작, 양산체제의 3단계로 나누어 추진했다. 하나의 공장 또는 공업을 육성하는 데 필요한 것은 시설, 자금, 기술이지만 방위산업을 육성하는 데 제일 중요한 것은 기술이다.

민수품을 생산하는 데 있어 기술은 해외로부터의 손쉽게 도입할 수 있었지만 병기 생산은 그렇지 못했다. 우선 미국이 방위산업 육성 자체를 반대했고 기술도 알려 주지 않았다. 그러므로 가용기술을 개발하여 해결하는 길밖에 없었다. 기술은 사람이 개발하는 것이므로 국내외적으로 동원 가능한 인력확보에 총력을 기울였다. 1971년 당시만 하더라도 방위산업 연구진은 연합발전사 산하의 국방연구소와 KIST 내에 제1연구소라는 연구팀만 존재했으나 1972년에 국방과학연구소(Agency for Defense Development, ADD)를 대폭 보강하고 국방과학기술진을 ADD로 수용하는 조치를 취했다. 해외기술자도 적극 유치하여 ADD는 국내외전문가로 구성된 연구소로서 격식을 갖추기 시작했다. 이 연구소가 중심이 되어 기본병기의 양산체제와 고도로 발달된 정밀유도무기를 생산하는 데 필요한 기술을 개발하기 시작했다.

초창기 설계 단계에서 병기를 설계할 수 있는 능력을 가진 기술인은 거의 없었다. 이를 해결하기 위해 개발해야 할 무기체계별로 분과위원회를 만들고, 지식이 있는 모든 기술자를 이 분과위원회에 위원으로 위촉했다. 즉 소화기, 박격포, 탄약 분과위원회 등의 위원회를 설치 운영한 것이다.

병기별 분과위원회를 ADD의 자문기관으로 하였으며 ADD의 기구도 재정비하고 ADD가 분과위원회의 자문을 들어 해당 병기의 제작설계에 들어갔다. 설계는 최종 제품을 보고 설계도면을 만드는 소위 '리버스 엔지니어링(reverse engineering)'으로 진행할 수밖에 없었다. 처음에 미국이 설계도면을 주지 않았기 때문에 이러한 과정을 거쳐 시제품을 만들고 양산에 들어갔다. 양산에 들어갈 단계에 와서야 미국이 한국인의 저력과 능력을 인정하고 설계도면과 원자재를 공급하기 시작했다.

생산시설은 상공부가 국내에 존재하고 있는 모든 생산시설을 조사하여 적격 업체를 선정하여 방위업체로 지정해서 진행했다. 시설이 없는 업체는 주로 창원기계공업기지에 공장을 건설하도록 했고, 이 기지에 입주하는 신규 공장은 방위제품의 생산기능을 부여 받았다.

자금은 1975년 7월 7일부터 법률에 의해 방위세로 마련하는 제도가 만들어졌다. 이전에도 1973년 12월에 방위산업을 육성한다는 명목으로 재벌들이 방위성금을 헌납하도록 했으며 방위세가 생길 때까지 이것으로 자금이 조달되었다. 1974년에는 전 국민 캠페인이 실시되어 방위성금이 기탁되기도 했다.

방위산업 육성제도와 지원

1973년 2월에는 '군수조달에 관한 특별조치법'을 제정하여 방위산업이 제도적으로 육성되도록 뒷받침했다. 제도상의 지원을 보면 세제 면에서 소득세 및 법인세의 감면, 부가가치세의 영세율 적용, 국민투자기금에 의한 금융 지원, 장기계약제도의 도입에 의한 착수금 및 중도금 지불, 군수물자의 원가계산에서 연구개발비 등을 인정하여 적정 이윤 보장하기 등이다.

방위산업에 의한 군수조달체제는 민수품생산체제보다 훨씬 엄격하고 철저했다. 육해공 군별로 전력 증강을 담당하는 특별기구인 율곡사업단이 설치되었고 이 사업단에서 군의 수요가 산출되었다. 각 군에서 나온 군장비 수요는 다시 국방부가 통제하고 조정했다. 또한 상공부는 방위산업을 전담하는 방위산업국(추후 차관보)을 신설하여 군수품 생산에 관한 모든 것을 관장했다.

군에서 수립된 군장비조달계획은 청와대 내에 설립된 방위산업관계관회의에 상정되어 여러 가지 실사와 지원 계획을 총점검받았다. 방위산업관계관회의는 경제2수석비서관의 주재 아래 각 관련부처의 차관보 또는 국장을 위원으로 구성되었다. 방위산업에 대한 중요한 실무정책은 이 회의에서 회의 검토되었다. 방위회의에서 검토되고 조정된 사항을 반영한 군의 군수조달계획은 최종적으로 청와대 내의 5인위원회의 심의를 받고 대통령의 재가를 받음으로써 확정되었다. 이렇듯 방위세를 사용하는 방위산업은 여러 단계의 검토와 조정을 거쳐 진행되었다.

방위산업육성을 위한 가장 효과적인 지원은 전 국가적 분위기 조성이었다. 방위산업에 종사하는 업체, 연구기관을 비롯한 민군관 모두가 방위산업의 역군이라는 것을 자랑으로 여겼다. 그중에서도 박정희 대통령이 연구소 및 생산업체를 방문해 격려하는 일이 커다란 영향을 주었다. 박정희 대통령 주재로 열린 방위산업확대회의는 방위관계자들을 고무하고 보람을 갖게 하는 데 큰 역할을 했다.

방위산업과 대미관계

양산된 병기는 많은 시사회를 거치고 성능을 확인한 뒤 군에 실전배치했다. 시사회 중 가장 성대하게 열린 행사가 1977년 3월에 있었던 국산병기화력시범대회였다. 미군의 철군이 진행되던 시기에 소화기에서부터 155mm곡사포, 106무반동총, 발칸포, 장갑차, 헬기 등이 전시 또는 시범을 보였는데, 대단히 의미 있는 일로 평가되었다.

1977년에 미국의 새로운 대통령으로 선출된 카터는 주한미군 철수를 단행했다. 카터의 철군과 인권에 대한 시비는 한국과의 관계를 악화일로로 몰고 갔는데, 결과적으로 카터의 이러한 대한정책이 한국의 방위산업 육성을 더욱 가속화시키는 결과를 가져왔다. 이런 급격한 정세 변화로 한국은 자주방위 필요성을 절박하게 느꼈고, 이후 기본병기 양산은 물론이고 유도무기와 핵 개발까지 논의되기 시작했다. 미국은 핵 개발뿐만 아니라 미사일 개발도 공격용 무기라는 이유로 철저히 반대했다. 미국은 기본병기 양산 때처럼 한국 연구진이 유도무기 개발을 거의 끝내고 난 뒤에야 기술 자료에 대한 지원을 해주었다. 국력이 강해지면 모든 문제가 쉽게 해결될 수 있다는 사실을 가르쳐 준 좋은 예라고 하겠다. 이리하여 1978년 9월에는 여러 가지 유도무기에 대한 시사회가 개최되었다.

미국의 한국에 대한 압력이 강해지면 강해질수록 한국의 방위산업은 더욱더 발전해갔다. 1972년에 방위산업을 시작했다고 본다면, 한국은 불과 5년 사이에 북한을 앞지르는 능력을 갖게 된 것이다.

1977~1979년 사이에 미국의 해럴드 브라운(Harold Brown) 국방장관을 비롯한 많은 국방부 관리들이 내한하여 한국의 방산시설과 중화학공업공장을 시찰했다. 1979년 초에는 미상원의 국방위원들이 국방부 연구담당 윌리엄 페리(William Perry) 차관의 안내로 한국의 방위시설의 본거지인 창원기지를 둘러보고 발전 상황에 놀라움을 금치 못했다고 한다. 이런 시찰로

인해 미국은 한국이 적화되면 한국의 방위산업이 공산권 수중에 들어갈 것이며 그러면 자유세계에 큰 위협을 주게 되므로 미국 철수를 중지해야 한다는 결론을 내렸다고 한다.

1976년 6월 카터 대통령이 2박 3일 일정으로 한국을 방문하여 한미 간의 현안문제를 논의하기로 했다. 카터 대통령은 한국의 방위산업 수준을 평가하는 것이 매우 중요하였기 때문에 김해공항으로 들어와서 창원기지를 둘러싸고 서울로 오겠다고 했다. 한국 측은 귀빈이 남의 집을 방문하는 데 뒷문으로 들어오는 경우가 어디 있느냐며 반대했고, 결국 카터 대통령은 오산비행장을 통해 입국했지만 이에 대한 분풀이로 도착 즉시 청와대를 예방하지 않고 일선 방문 후 다음 날에 청와대를 방문했다.

어찌되었든 한국의 방위산업은 1980년대에 들어와서 조금 열의가 시들어 졌으나 중화학공업과 어깨를 나란히 하여 어떤 나라에도 뒤지지 않는 능력을 가지고 있다고 자부해도 좋을 정도로 발전했다.

한국의 방위산업 수준

어떤 나라의 방위산업 수준은 일방적으로 그 나라의 중화학공업의 발전도를 보면 알 수 있다고 한다. 우리나라의 중화학공업이 선진국 수준에 와 있는 이상 방위산업도 선진국 수준에 와 있다고 할 수 있다. 북한의 핵개발과 유도무기 발사시험 등은 위협적이다. 그러나 북한의 방위산업은 방위산업만을 위한 방위산업이다.

북한의 핵개발은 군사적으로 남한과 자유세계를 위협하기 위한 것이다. 국민의 생활이 도탄에 빠져 허덕이며 아사자가 속출하고 있는데도 이를 전적으로 무시하고 살상무기만을 개발하고 있다. 한국의 방위산업은 경제발전이라는 철학 아래에서 개발되어 선진국 수준에 이르렀다. 방위산업이 경제발전에 기여했고 경제발전이 방위산업의 발전을 가져왔다. 국민의 민생고를 무시하고 자유세계 전체를 위협하기 위한 북한의 방위산업과는 천양지차다. 핵실험과 유도탄 발사만을 계속하는 국가는 오래 살아남지 못할 것임은 명약관화한 일이다.

박정희 대통령의 안보관

국가 존립에 불가결한 안보

인류 역사에서 전쟁은 끊임없이 계속되어왔다. 따라서 인류의 역사는 전쟁의 역사라고 해도 틀린 말이 아니다. 오늘날에도 냉전 또는 열전의 형태로 전쟁은 끊이질 않는다. 전쟁에서는 승자만이 살아남는다. 약육강식의 세계다. 굳이 세계사를 들춰

보지 않더라도 우리가 살고 있는 한반도의 근세사를 보면 명약관화하다.

조선왕조는 일본의 침략에 항거하여 싸움 한 번 해보지도 못하고 항복해 일본의 식민지가 되었다. 아무 죄도 없는 한반도는 승전국인 미·소의 정치적 흥정으로 남북이 분단되었다. 남북에 이데올로기가 다른 정권이 설립되었다. 남한의 이승만 정부는 적화야욕의 꿈을 가지고 전쟁준비를 해온 김일성 공산집단이 일으킨 한국전쟁으로 전국이 점령당할 일보 직전까지 갔다가 UN군의 참전으로 살아나서 반격하여 북한을 패배시킬 상황까지 갔다. 하지만 북한이 중공군의 가세로 살아나서 전선이 남북으로 오르락내리락하면서 전쟁은 3년 동안 계속되었다. 한국전쟁은 종전 아닌 휴전으로 끝났지만 한반도는 잿더미가 되고 말았다. 동족상잔의 참혹한 전쟁이었다. 그런데 북쪽은 전쟁의 참혹상도 모르는 듯 전쟁에 광분하여 남한을 위협하고 있다. 남쪽인 한국은 선진국이 되었지만 북한은 핵개발, 미사일 등 온갖 전쟁 준비를 하느라 세계 최대 빈국 중의 하나가 되어 국민이 도탄에 빠져 있다.

일국이 독립국가다운 행세를 하고 존립하려면 국가 안보가 무엇보다 중요하다. 그러나 그 안보는 국력이 뒷받침되어야 한다. 북한은 국가적 경제력이 없는데도 전쟁물자만을 개발해 왔다. 안보를 위한 전쟁은 그 나라를 잘살게 하기 위한 수단으로 하는 것인데 북한은 국민을 희생시켜 독재자의 야욕을 채

우기 위해 전쟁을 하려고 한다. 더구나 현재 국제정치 아래에서 한 국가는 단독으로 존재하는 것이 아니고 다른 나라와 우방 또는 연합국의 형태로 존재하므로 북한처럼 고립된 나라는 망국의 길로 들어서고 만다.

우리의 국력은 세계 10위권이며 군사력도 이에 못지않다. 전쟁 준비만을 해온 북한이 오판을 하여 전쟁을 걸어오면 작든 크든 초전에는 당할 수밖에 없다. 따라서 북한이 전쟁을 일으키지 못하도록 전쟁 억지력을 키워나가야 한다. 우리 자신의 힘도 배양해야 하지만 우방의 힘도 빌려야 한다. 한국을 돕는 일이 그들의 이익이 되는 소위 '워 게임(War Game)'에서 이겨야 한다. 남북이 대치하고 있는 이상 북한의 크고 작은 준동은 있다. 우리는 경제 건설과 국방력 강화로 총력안보 태세를 굳건히 해야 하며 우방과의 협력체제를 유지해야 한다.

대통령의 실현 가능한 안보철학

박정희 대통령은 1961년 5·16 당시, 북쪽에서 우리나라를 침범해오면 방어할 능력이 없음을 인식하고 국방은 한미방위조약에 의거하여 미국에 맡기고, 국민을 기근에서 해방시키기 위해 혁명공약 4항으로 약속한 경제 건설에 매진했다. 북한의 침략에 대비한 미국에 대한 국방비 부담은 약 70% 수준이었지만 미군 주둔은 전쟁 억지세력으로 보아서는 100% 이상이었다. 박정희 대통령은 나라를 지키려면 국력이 있어야 하는 데 한국은 그런 능력이 없음을 알고 있었다. 따라서 국방은 미국에 맡기고 한국은 국력배양의 길로 나서는 길을 택한 것이다. 이 '선건설 후국방'이 대통령의 구호였으며 '부국강병'이 그의 철학이었다.

박정희 대통령은 1962년 월남전 파병을 결단하면서 안보철학을 수행하는 데 큰 원군을 얻었다. 한국은 미국으로부터 대한 방어 보 장을 얻었을 뿐만 아니라 그가 바랐던 국군 현대화의 목적도 이루었다. 이리하여 한국은 안심하고 경제개발을 추진할 수 있었다. 하늘이 내린 천운이라고 할 수 있다.

1960년대 말에서 1970년대 초에 이르자 북쪽의 게릴라식 준동은 심해졌다. 청와대 습격 시도, 울진 삼척 특공대 침투사건, 푸에블로 납치사건 등의 사건이 계속 일어났다.

그러자 한국의 절대 우방인 미국의 대한방어정책이 달라졌다. 닉슨이 대통령으로 당선되자 동서 데탕트 무드의 영향으로 소위 '괌 독트린'이 발표되었다. 미국은 한국에서 미군을 철수한다고 통보하고 그중 1사단을 먼저 철수시켰다. 박정희 대통령은 미국이 주한미군을 철수시키는 건 미국의 자유지만 미국의 이익을 위해서도 한국의 공산화를 막아야 하니 한국이 방어력을 키우는 게 필요하다면서 한국군의 현대화를 요구했다. 그러나 미국이 이러한 박정희 대통령의의 요구조건을 들어줄 리 없다. 이 요구가 불가능하다는 것을 간파한 박정희 대통령은 한국의 안보를 지키는 길은 자주국방의 길 밖에 없다는 것을 절감하고, 이를 위해 250만의 향토예비군단을 설치하고 방위산업 육성에 착수했다.

그 뒤 미국 대통령으로 당선된 카터도 주한미군을 전면 철수하겠다고 협박을 해왔다. 카터는 한국쯤이야 하고 생각했다가 한국의 방위산업능력과 핵개발 시도 징후를 보고 한국을 버릴 수 없다고 판단해 철군을 번복하기로 결심했다. 결정적으로는 창원기계공단에 건설한 방위산업공장과 탄도탄미사일 시험에 성공한 것이 카터의 결심을 뒤집었다고 할 수 있다. 한편으로는 중공의 배경을 업은 북한의 군사력이 만만치 않아 미군을 철수하면 미국의 국익에 도움이 안 된다는 의견도 반영되었다.

박정희 대통령은 나라를 지킬 때도 힘이 있어야 한다, 즉 국력을 배양하는 길이 안보의 길이라고 생각했다. 이율곡 선생의 10만 대군 양병론과 이순신 장군의 임전술은 나라를 구하는 구국의 길은 되지만 나라 전체를 위기에서 구하는 총력 안보체제는 되지 못한다. 박정희 대통령은 부국강병이라는 철학에 근거하여 나라를 자력으로 방어할 수 있는 능력을 기르기 위해 경제 건설에 매진했다.

방위산업에 의한 안보체제 구축과 경제 건설

자주국방을 위해 박정희 대통령은 현역군의 전투력 강화에 이어 향토예비군을 전력화하기로 했다. 그리고 전력화의 방안으로 방위산업을 육성한다고 했다. 한국이 방위산업을 한다고 하니 미국이 반대했다. 박정희 대통령은 방위산업은 이미 설치된 향토예비군 20개 사단에 기본병기를 공급하는 것이라고 설명하고 미국의 반대를 무릅쓰고 이를 강행했다. 방위산업으로 향토예비군을 전력화하고 방위산업으로 경제건설을 한다는 두 마리 토끼를 한꺼번에 잡는다는 전략이었다. 중화학공업에 의한 기계공업을 육성하지만 방위산업으로 기계공업을 육성하는 효과를 거두는 묘안이었다.

한 가지 예를 들자면, 한국공군의 전력을 강화하기 위해 전투기를 도입할 때도 국산화할 수 있는 전투기를 도입했다. 국산화할 전투기가 비록 차선책이라 할지라도 국산화하는 것도 무장화하는 것 못지않게 중요하다고 생각했다. 우리가 상대할 적은 북한이므로 전 세계가 가지고 있는 최신 전투기를 구매하기보다 국산화해서 공급해도 충분하다는 구상이었다. 결과적으로 방위산업으로 전투기를 국산화하여 군의 전력 강화에 기여했고 이를 수출함으로써 경제성장에 도움을 주고 있다.

박정희 대통령 때 국운을 걸고 방위산업을 육성했기 때문에 오늘날 필요한 무기와 장비를 국내 방위산업으로 충당할 수 있게 되었다. 박정희 대통령의 안보관이 중화학공업화정책에 의한 경제 건설로 방위산업을 육성시키고 이로써 국방력을 강화할 수 있게 된 것이다.

제 **9** 부

중화학공업 투자소요액 조달과 사용실적

제1장 투자소요액 추정과 조달계획 수정

투자액 추정

1973년 6월 중화학공업육성계획에 대한 시안을 발표하고 약한 달가량의 평가 기간을 거쳐 중화학공업투자소요액을 추정하고 이의 조달방안을 마련했다. 1973~1981년 동안 공장 건설, 기지 조성, 인력 개발, 기술개발, 정추지원시설 등 중화학공업에 관련된 모든 분야에 외자 58억 달러, 내자 38억 달러, 합계 96억불의 투자가 필요할 것으로 추정되었다(표 9-1).

표 9-1 **중화학공업부문별 투자요소(1973~1981년)**

(단위: 백만 달러)

구분	외자	내자	합계	구성비(%)
철강	1,502	674	2,176	22.7
비철금속	222	123	345	3.6
기계	1,049	1,137	2,186	22.8
조선	416	352	768	8.0
전자	593	599	1,192	12.4
화학	1,523	662	2,185	22.8
소계 (구성비)	5,305 (59.9)	3,547 (40.1)	8,852 (100.0)	92.3
기타	468	273	741	7.7
합계 (구성비, %)	5,773 (60.2)	3,820 (39.8)	9,593 (100.0)	100.0

자료: 중화학공업기획단

조달 방안

내자는 개발금융자금, 자본시장 육성, 범국민적 저축운동에 의한 국민저축자금을 통해 자금을 조달하기로 했으며, 외자는 합작투자 측의 투자와 외국으로부터의 차관에 의존하기로 했다. 외자는 국내 생산이 불가능한 품목으로 시설근대화를 위해 필요한 시설재 도입과 선진기술의 확보에만 사용하도록 하여 외자가 총소요액의 60% 이내가 되도록 했다(표 9-2).

재무구조에 있어서도 중화학투자업체는 30% 이상을 자기자금으로 확보토록 하여 자본과 부채 비율을 30 대 70을 유지

그림 9-1 **중화학공업 투자액 조달 방법**

소요액

외자	58억 달러
내자	38억 달러
계	96억 달러

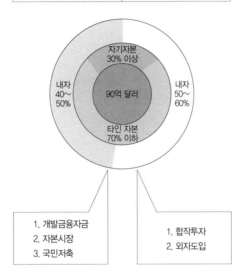

1. 개발금융자금
2. 자본시장
3. 국민저축

1. 합작투자
2. 외자도입

자료: 중화학공업기획단(1973. 6)

하도록 재무구조의 취약성 및 이로 인한 부실화 요인을 사전에 방지하도록 했다.

이 조달 방법은 경제기획원 등 경제관계부처에서 검토한 결과 충분히 가능하다는 판단이 섰다. 1973~1981년의 8년간 총액 96억 달러를 투자하는 것이므로 내외자 합하여 매년 평균 12억 달러, 내외자를 구분하면 외자 7.2억 달러, 내자 4.8억 달러를 투자하는 것이었으므로 중화학공업화정책의 중요성에 비추어 이 정도는 한국 국력으로 충분히 조달할 수 있는 것이었다. 중화학공업화정책에 소요되는 자금의 조달 가능성과 방안이 사전에 검토되고 추진되었다는 점을 강조하여 둔다.

중화학공업 자금 조달의 묘수

박정희 대통령이 "돈은 얼마나 드느냐?" 하고 물었을 때 오원철 수석은 "예, 100억 달러가량 듭니다"라고 대답했다. 중화학공업 소요자금에 대한 대통령과 오원철 수석의 대화다.

중화학기획단에서 시안을 만들 때 자금소요를 약 8년간 (1973~1981) 외자 58억 달러, 내자 38억 달러, 합계 98억 달러가 필요한 것으로 추정했다. 이것은 중화학을 위한 공장 건설, 단지 조성, 연구개발과 기술개발, 도로·항만 건설 등 모든 정부지원시설에 필요한 자금이었다. 이 소요자금을 재경당국이 검토하도록 시켰더니 조 달이 가능하다는 판단이 내려졌다. 중화학공업화 기간에 연평균 내외자 합하여 12억 달러가 소요되는데, 그중 외자는 7.2억 달러, 내자는 4.8억 달러가 되므로 한국의 국력으로 충분히 가능하다는 판단이었다. 중화학공업화의 성패를 좌우하는 요소인 자금 조달 방안도 이처럼 사전에 검토하고 추진했다.

중화학공업 업체는 원칙적으로 자본 대 부채의 비율을 30

대 70으로 유지하도록 하여 재무구조의 취약성을 미리 없앴으며 외국과의 합작을 권했다. 외자는 차관으로 조달토록 했고 차관 주선과 획득은 외국 합작선의 의무조항으로 했다. 여의치 않을 경우에는 정부가 나서서 교섭했다. 차관기관이 민간인 경우도 있었지만 대부분이 공공기관이었기 때문에 지불보증 등 정부의 지원이 필요했다.

내자를 조달하는 데 있어서는 정부의 재정금융계획을 총괄하는 경제1(김용환 수석)에서 안을 내어 1973년 12월 4일 국민투자기금법(법률 제 2635호)을 만들어 여기에 재원조달방안을 명시했다. 초창기에 기획단에서는 첫째로 개발금융자금, 둘째로 자본시장의 육성, 셋째로 범국민적 저축운동에 의한 국민저축자금으로 내자를 조달하는 방안을 제시했으나, 경제1에서 확정한 방안은 국민저축조합원의 저축 자금과 정부의 각 회계로부터의 전임자금 사용이었다. 추후에 보건사회부의 국민연금도 국민투자기금의 재원으로 활용되었다(김용환,『재정금융정책 비사』참조). 중화학공업이 방위산업체인 경우에는 방위성금과 방위세를 재원으로 한 율곡자금도 사용되었다.

이렇게 재경당국의 철저한 자금 조달 방안에 힘입어 중화학공업 에 필요한 자금은 차질 없이 조달되었다. 고 남덕우 총리는 그의 최고의 업적 중의 하나가 중화학을 위한 국민투자기금의 마련이라고 말했다.

제2장 투자실적 및 분석 총괄

표 9-2 **중화학공업 투자액 총괄**

부문별	내자 (백만 원)	외자 (천 달러)	계 (백만 원)	자체자금 (백만 원)	비율 (%)
합 계	2,523,266	3,294,890	4,135,795	1,279,537	30.9
시설투자	2,006,648	3,158,672	3,552,804	1,207,043	34.0
• 철강공업	601,319	1,374,939	1,268,164	593,910	46.8
• 비철금속공업	112,634	177,866	199,447	48,149	24.1
• 조선공업	150,067	120,698	208,605	75,979	36.4
• 화학공업	492,750	1,211,995	1,095,357	200,829	18.3
• 기계공업	452,394	258,120	577,521	165,175	28.6
• 전자공업	196,484	15,054	203,710	123,001	60.4
지원시설	200,737	–	200,737	–	–
기지조성	154,882	–	154,882	72,546	46.8
인력개발	71,214	56,395	98,565	–	–
연구개발	89,785	79,823	128,807	–	–

자료: 중화학공업기획단

1973년 중화학공업화정책 선언이 있은 뒤 실질적인 완성 연도인 1979년까지 중화학공업에 투자된 금액은 합계 4조 1,357억 원에 이른다(표 9-2).

이를 항목별로 분석해보면 다음과 같다.

1) 추정소요액에 비하여 86%의 금액을 사용하여 소기의 목 표를 달성했다(표 9-3).

표 9-3 **계획 대 실적 비교**

실적(1973~1979)	82.7억 달러(41,357억 원)
계획(1973~1981)	96.0억 달러
실적/계획	86%

이것은 계획 당시 총투자소요액을 96억 달러로 추정했지만 실질적으로는 100억 달러가 소요될 것으로 예상했기 때문에 이 금액에 비해 82.7%밖에 사용하지 않았다는 계산이 된다.

계획 기간과 실시 시기에 2년이라는 시간차가 있으나 1979년에 중화학공업화정책의 목표를 달성했으므로 2년 만에 조기 완성하는 쾌거를 이루었음을 의미한다. 총투자액 사용에서도 계획 금액의 86%밖에 사용하지 않았으므로 최소의 투자로 최대의 효과를 거두었다고 평가할 수 있다.

연도별 투자금액에서도 8년간 연평균 12억 달러를 사용하기로 되어 있었는데 결과적으로 14.5억 달러를 사용했으므로 금액에 약간의 차이는 있지만 2년으로 앞당겨 완성했으므로 계획에 비해 월등히 좋은 성적을 올렸다고 할 수 있다.

2) 중화학공업투자는 우리나라 전 제조업 투자의 19.1%에 불과하다(표 9-4).

표 9-4 **중화학 대 금제조업 투자비**

중화학공업	41,357억 원
금제조업	215,650억 원
중화학/제조업	19.1%

중화학공업투자의 전 제조업 투자에 대한 점유율을 가리키는 중화학투자율이 19.1%에 지나지 않는다는 것은 선진 외국의 중화학공업투자부문 투자비율이 60~70%임을 볼 때, 중화학공업화정책을 실시하였음에도 우리나라는 낮은 비율로 투자했음을 알 수 있다. 일반적으로 중화학공업화정책을 강력히 추진하기 때문에 이때의 투자가 중화학공업에 전부 투자되는 것으로 오해하는데, 중화학공업화정책에 투자한 금액은 20% 미만이므로 중화학공업에 과잉 투자하여 '인플레'가 발생했다는 것은 잘못된 비판이다. 계획적인 투자, 투자 낭비, 과잉 투자라는 말은 잘못된 생각이다.

3) 중화학공업시설투자는 전 제조업시설투자의 36.5%이다
(표 9-5).

표 9-5 **시설투자 비율**

중화학공업	35,528억 원
금제조업	97,128억 원
화학학/제조업	35.5%

중화학공업시설투자비율이 전 제조업시설투자의 35.5%에 지나지 않으며 투자 내용에서도 중화학공업의 시설투자는 전체 중화학공업 투자 중 86%를 차지하는데 반해 전체 제조업은 시설투자가 45%에 불과한 것을 보면 중화학공업투자가 얼마나 건실한지 알 수 있다. 더구나 중화학공업시설투자에는 도로, 항만 등의 정부지원시설과 인력 양성 및 연구개발에 대한 투자를 포함하지 않았으나 사실은 이들 모두를 시설투자로 간주할 수 있으므로 중화학공업분야에 대한 투자는 시설투자에만 사용되었다는 사실을 알 수 있다. 또한 이들 정부지원시설, 기술인력, 연구개발에 투자된 금액은 은밀하게 보면 중화학공업 전용으로 투자된 것이 아니므로 전체 투자액에 대한 비율로 이 금액을 배분하면 중화학공업에 투자한 금액은 훨씬 줄어든다.

4) 중화학공업용 시설투자는 철강공업과 석유화학공업에
중점적으로 투입되었다(표 9-6).

표 9-6 **중점투자분야**

철광공업	35.7%
석유화학공업	30.7%
계	66.4%

철강공업과 석유화학공업은 공업국가의 2대지주산업이며
이 두 공업의 특성이 기본소재공업이며 거대장치산업이기 때
문에 많은 투자가 필요하다. 철강공업에 35.7%, 석유화학공업
에 30.7%을 투자함으로써 2대 지주공업에만 전체의 70% 가
깝게 투자했다. 중화학공업을 해서는 안 된다는 말은 이들 두
공업의 육성을 하지 말아야 한다는 말과 같고, 과잉투자를 했
다는 이야기도 이 분야에 과잉투자를 했다는 말이 된다.

구체적으로 들어가보면 창원기지의 기계공업과 현대양행(현
한국중공업)에 대해서도 과잉투자라는 말이 있었으나 현대양행
을 포함한 창원기계공업기지에 투자된 금액이 전체 중화학공
업투자에 대해 16.2%에 지나지 않았고 나머지가 비철금속, 선
박공업 그리고 전자공업에 각각 5~6%씩 투자되었는데 이것
을 과잉투자라고 하는 것은 논리적으로 맞지 않는다.

5) 비교적 자기자금조달 능력이 높으므로 투자가 건실하다.

중화학투자실적표(〈표 7-3〉)에서 보는 것처럼 전체자금액에 대하여 자기자금조달비율이 30%선을 유지하였으므로 계획수립 시 자본 대 부채의 비율을 30대70으로 유지하여 건전한 재무구조를 갖도록 한다는 취지에 부합했다고 할 수 있다. 업종별로 상기비율은 약간 차이가 있어서 전자, 철강은 높고 화학, 비철금속이 낮은 것은 업종의 특수성에서 온 것이라고 할 수 있다.

6) 외자의 투자비율이 39.0%에 지나지 않는다(표 9-7).

표 9-7 **외자투자비율**

외자	32.9억 달러
전체	82.7억 달러
외자/전체	39.0%

계획상으로는 전체 투자소요액 96억 달러 중 외자가 57.7억 달러가 되어 60%를 차지할 것이라고 확정했다. 그러나 실적에서는 외자가 39%밖에 사용되지 않았고 금액상으로 보아서도 계획대 실적이 57.7억 달러대 32.9억 달러였으므로 계획보다 약 15억 달러 절감했다.

제3장 업종별 투자실적 및 평가

철강공업

가장 중점적으로 투자가 이루어진 부분은 철강공업이다. 시설
투자액이 1조 2,682억 원으로 내자로 47.7%인 6,013억 원,
외자로 52.6%인 13억 7,494만 달러가 조달되었다. 이것은 조
강기준 연산 850만 톤 생산을 위한 4기 확장공사를 포함한 포
항종합제철과 한국종합특수강의 시설투자액을 합한 것이다.
또한 총투자비의 46.8%에 해당하는 5,939억 원을 자체 조달
함으로써 비교적 높은 자립도를 보이고 있다(표 9-8).

철강공업은 이러한 시설투자에 힘입어 1970년 이래
1978년까지 연평균 29.9%의 높은 성장을 이루었다.

표 9-8 **철강공업 투자**

부문별	투자액(1979년까지, 단위: 백만 원)				
	내자	외자(천 달러)	계	자체자금	비율
계	601,310	1,374,939	1,268,164	593,910	46.8%
POSCO	536,987	1,369,439	1,201,164	580,300	48.3%
특수강(창원)	64,332	5,500	67,000	13,610	20.3%

비철금속공업

비철금속공업에 대한 시설투자는 총 1,994억 원으로 동, 아연
및 연 제련소 건설을 위한 투자액 1,461억 원과 알루미늄 가
공 및 신동공장과 같은 관련가공시설을 위한 투자액 533억 원
을 포함한다. 내자로 전체 투자액의 57.0%인 1,136억 원, 외
자로 43.0%인 1억 7,787만 달러를 조달했다(표 9-9).

표 9-9 **비철금속공업 투자**

부문별	투자액(1979년까지, 단위: 백만 원)				
	내자	외자(천 달러)	계	자체자금	비율
계	113,634	177,866	199,447	48,149	24..1%
아연 제련	20,678	25,000	32,800	9,797	29.9%
강 제련	60,326	98,285	107,545	27,600	25.7%
신동공장	9,156	33,657	25,480	4,002	15.7%
알루미늄 가공	23,474	20,924	33,622	6,750	20.0%

조선공업

조선공업은 조선건조능력 확충과 선박수리능력증설을 목표로 투자증대를 계속해 왔는데 옥포와 죽도의 조선소건설과 현대조선 확장을 위해 총 2,086억 원이 투입되었다. 이 중 71.9%에 달하는 1,501억 원은 내자로, 28.1%에 달하는 1억 2,070만 달러는 외자로 조달되었으며 자체자금의 조달은 36.4%인 760억 원이었다(표 9-10).

표 9-10 **선박공업 투자**

부문별	투자액(1979년까지, 단위: 백만 원)				
	내자	외자(천 달러)	계	자체자금	비율
계	150,067	120,698	208,605	75,979	36.4%
현대조선 확장	15,291	29,588	29,641	9,866	33.3%
대우옥포조선	73,512	74,450	109,620	38,430	35.0%
삼성죽도조선	45,647	13,672	52,278	17,500	33.4%
현대미포수리조선	15,617	2,988	17,066	10,173	59.6%

기계공업

기계공업은 기계류의 자급도를 1986년까지 80% 선까지 올리고 기계공업의 수출산업화를 이루어 기계류 단일품목으로

100억 달러 수출 달성을 목표로 투자가 이루어졌다. 기계공업에 대한 투자액은 전체 중화학공업시설투자의 16.2% 안인 5,775억 원에 지나지 않았다. 이 중 78.3%에 달하는 4,524억 원이 내자로, 21.7%인 2억 5,812만 달러는 외자로 조달되었다. 기계공업에 대한 투자 중 창원기계공업기지의 삼성중공업, 현대양행, 현대중기, 대우중공업, 효성중공업 그리고 대림공업 등 6개 공장 건설에만 전체 기계공업부문에 대한 투자액 5,775억 원의 56.1%인 3,240억 원이 투입되었다. 이와 같은 투자에 힘입어 기계공업은 1970년 이래 연평균 27.2%의 높은 성장률을 나타냈다(표 9-11).

표 9-11 **기계공업 투자**

부문별	투자액(1979년까지, 단위: 백만 원)				
	내자	외자(천 달러)	계	자체자금	비율
계	452,394	258,120	577,521	165,175	28.6%
주요기계공장(창원)	188,364	199,019	285,073	106,525	37.4%
• 삼성중공업(1기)	21,659	20,720	31,720	10,000	31.5%
• 현대양행	101,666	90,236	145,430	59,142	40.6%
• 현대차량	22,896	17,156	31,390	12,000	38.2%
• 대우중공업	8,673	9,000	13,038	4,258	32.7%
• 효성중공업	10,300	26,000	22,425	5,424	24.4%
• 대림공업	23,170	36,907	41,070	15,701	38.2%
기 타	264,030	59,101	292,448	58,650	20.2%

전자공업

전자공업은 이를 수출전략산업화하기 위해 국제수준의 부품을 생산하고 기술집약적 고급제품 개발에 주력한다는 기본방침에 따라 구미공업기지를 중심으로 반도체, 컴퓨터, 통신기기, 음향기기, 컬러텔레비전, 전자계기 등의 공장 건설을 추진해왔다. 이에 따른 전자공업에 대한 시설투자액은 총 2,037억 원이었는데, 투자액 중 대부분인 1,965억 원을 내자로 조달했으며 자체자금의 비중도 60.4%인 1,230억 원에 달했다(표 9-12).

이와 같은 비교적 적은 투자에도 불구하고 전자공업이 1970년 이후 연평균 37.2%라는 높은 성장을 기록한 것은 투자집약적인 산업이라기보다는 기술집약적인 산업이기 때문이다.

표 9-12 **전자공업 투자**

부문별	투자액(1979년까지, 단위: 백만 원)				
	내자	외자(천 달러)	계	자체자금	비율
계	196,484	15,054	203,710	123,100	60.4%
주요전자공업(구미)	40,187	7,665	43,887	27,107	61.7%
• 금성사	10,400	3,300	12,000	9,900	82.5%
• 금성전선	3,100	4,365	5,200	2,020	38.8%
• 대우전자	2,687	–	2,687	2,687	100.0%
• 대한전선	24,000	–	24,000	12,500	52.0%
기타	156,297	7,389	159,823	95,894	60.0%

화학공업

화학공업은 석유화학공업제품의 자급화를 위한 최신 공정의 대규모공장 건설, 세계일류 화학공업국을 지향한 본격적 육성시책, 정밀화학공업의 개발에 중점적으로 투자가 이루어졌다.

화학공업부문은 철강공업부문 다음가는 비중을 차지하는 중점투자부문으로서 총 1조 954억 원이 투입되었는데 이 투자비 중 45.0%인 4,928억 원은 내자로 조달되었으며 외자는 12억 1,20만 달러로 전체 투자비의 55.0%를 차지했다. 화학공업에는 석유화학, 비료, 정유공업 등이 포함되었는데 특히 여천과 울산의 석유화학공업과 제7비료공장 건설에 집중 투자되었다(표 9-13).

이와 같은 많은 투자에도 불구하고 석유화학공업은 다른 중화학공업부문에 비해 상대적으로 낮은 16.8%(1970년 이후 1978년까지의 연평균)의 성장을 보이는데 그쳤다. 1978년 말 현재 에틸렌 생산기준으로 본 우리나라 석유화학생산능력이 연간 15만 5,000톤으로 미국의 100분의 1 수준, 일본의 40분의 1 수준, 대만에 비해서도 40분의 1 수준에 불과한 실정이었다. 1979년 말 제2석유화학단지가 준공되어 생산규모가 약 50만 톤이 되면 규모 면에서 대만과 비슷해지지만 인구비례로 볼 때는 2분의 1에 지나지 않는다. 1980년대에 연산 에틸렌 기준 100만 톤 이상 수준으로 올려 세계 10위권에 진입하려는 우

표 9-13 **화학공업 투자**

부문별	투자액(1979년까지, 단위: 백만 원)				
	내자	외자(천 달러)	계	자체자금	비율
계	492,750	1,211,995	1,095,357	200,829	18.3
(1) 석유화학	316,184	776,981	709,761	151,072	21.3
1) 여천단지	206,936	516,674	460,023	81,342	17.7
① 호남에틸렌	101,712	181,584	189,780	51,920	27.3
② 호남석유화학	60,169	150,194	133,013	20,000	15.0
③ 한양화학	22,067	77,700	59,752	7,832	13.1
④ 한국DOW	25,988	107,196	77,978	1,590	2.0
2) 메탄올	14,640	32,458	47,098	3,000	6.4
3) 연관 사업	44,757	65,125	76,342	28,991	38.0
① 럭키	13,194	18,280	22,660	13,817	60.9
② 금호화학	9,106	13,021	15,421	4,500	29.1
③ 한국 플라스틱	10,943	5,200	13,365	4,100	30.6
④ 한국 합성고무	11,014	28,624	24,896	6,574	26.4
4) 울산단지	46,851	162,724	125,798	37,739	29.9
① 나프타공장	4,429	9,943	9,276	2,783	30.0
② 계열 공장	42,422	152,781	116,522	34,956	30.0
(2) 비료	76,991	263,310	202,744	25,123	12.4
① 남해화학(7비)	76,991	263,310	202,744	25,123	12.4
(3) 정유공장	60,477	122,929	120,098	8,265	6.9
① 한·이석유	60,477	122,929	120,098	8,264	6.9
(4) 화학펄프	39,098	48,775	32,754	16,369	26.1
① 동해펄프	39,098	48,775	62,754	16,369	26.1

리나라로서는 이 부문에 대한 투자가 상대적으로 부족했다고
할 수 있다. 여천석유화학단지는 건설하지 말았어야 했다는 말

이 있었고 계획된 제2단지 건설은 중도에 포기한 중대한 실수
를 저질렀다.

인력개발을 위한 투자

중화학공업 추진의 주축이 될 과학기술인력의 질적, 양적 양
성을 위해 그동안 총 986억 원이 투입되었다. 과학기술인력
양성은 학교교육에 의하여 추진되었기 때문에 주로 공고와 공
대 교육에 집중적으로 투자되었고 일부가 직업훈련원에 투입
되었다(표 9-14).

표 9-14 **인력개발 투자**

부문별	투자액(1979년까지, 단위: 백만 원)		
	내자	외자(천 달러)	계
계	71,214	56,395	98,565
기술교육	66,467	51,785	91,582
• 공고교육	53,782	29,696	68,183
• 전문교육	3,652	6,557	6,833
• 공대특성화	9,033	15,532	16,5666
직업교육	4,747	4,610	6,983

연구개발을 위한 투자

연구개발을 위한 투자는 국책연구과제의 계획적 추진과 연구
능력의 조직화 및 효율적인 연구체제의 정비를 목적으로 한
대덕연구단지의 전문연구소 건설을 중심으로 총 1,288억 원
이 투입되었다(표 9-15).

　인력개발을 위한 투자와 연구개발을 위한 투자는 앞으로의
고도성장을 위해 가장 중요하고도 기초적인 투자이지만, 중화
학공업에 대한 이제까지의 인력 연구개발투자액 2,274억 원
은 1973년부터 1978년까지의 국민총생산액 74조 823억 원
의 0.3% 수준에 불과한 것으로서 대부분의 선진 외국이 2%를
상회하는 투자를 한 것을 감안할 때 지극히 낮은 투자 수준이
라 하겠다.

표 9-15 **연구개발 투자**

부문별	투자액(단위: 백만 원)		
	내자	외자(천 달러)	계
계	89,785	79,823	128,807
연구소 건설	86,329	79,626	125,255
대덕기지 건설	3,456	197	3,552

공업기지 조성을 위한 투자

중화학공업기지 조성을 위한 투자는 총 1,549억 원이었다. 창원기지 조성에 총투자액의 53.9%에 해당하는 834억 원이 투입되었으며 이 밖에 여천기지조성에 208억 원, 온산기지 조성에 128억 원, 구미기지 조성에 234억 원 그리고 포항기지 조성에 145억 원이 각각 사용되었다(표 9-16).

기지를 조성하기 위해 국민투자기금에서 823억 원이 조달되었으며 자체부담은 46.8%인 725억 원이었다. 이 기지조성을 위해 조달된 국민투자기금은 입주업체가 2년 거치, 5년 균등 상환하는 유리한 제도였다.

표 9-16 **공업기지 조성 투자**

공업기지별	투자액(단위: 백만 원)			
	국기금	자체	계	자체(%)
계	82,336	72,546	154,882	46.8
창원	47,880	35,561	83,441	42.6
여천	12,710	8,048	20,758	38.7
온산	7,386	5,402	12,788	42.2
구미	13,860	9,504	23,364	40.6
포항	500	14,031	14,531	96.5

정부지원시설 투자

창원, 여천, 온산, 구미, 포항 등 5개 중화학공업기지의 지원시설을 위해 투자된 금액은 모두 2,007억 원으로 재정자금으로 충당되었다.

사업 내용별로 보면 항만 건설에 전체 투자비의 52.1%에 달하는 1,046억 원이 투입되었으며, 용수시설에 33.7%인 6765억 원, 도로건설과 철도부설에 191억 원과 94억 원이 각각 사용되었다(표 9-17).

표 9-17 **지원시설 투자**

공업기지별	사업별 투자액(국고, 단위: 백만 원)				
	용수	항만	도로	철도	계
계	67,594	104,624	19,129	9,390	200,737
창원	6,640	13,150	4,345	5,110	29,245
여천	19,125	12,662	3,401	–	35,188
온산	19,100	15,128	4,276	4,280	42,784
구미	3,579	8,940	2,753	–	15,272
포항	19,150	54,744	4,354	–	78,248

* 본 자료는 중화학공업추진위원회기획단이 정부 각 기관과 민간업체로부터 자료를 수집하여 1979년 상반기에 중화학공업화정책의 1단계 계획이 연말에 완성하는 것을 계기로 정책을 종합적으로 평가하기 위해 정리하여놓은 것을 재정리한 것이다.

제4장 중화학 투자 조정과 그 영향

1979년 5월부터 중화학공업 투자조정책의 일환으로 전자설비, 건설중장비, 석유화학공업 등의 부문에 투자조정 작업을 시작했다. 이것은 소위 경제안정론자의 이론이 받아들여져서 취한 금융긴축정책 중의 한 항목으로 포함된 것이며 이 투자조정책을 5·25조치라고 불렀다. 이 조치는 주로 발전설비와 석유화학공업에 대한 투자 조정을 다룬 것이었다.

발전설비의 경우에는 4개 업체를 이원화한 것인데, 현대 계열은 현대양행으로 종합하고 또 다른 계열은 삼성과 대우를 한 데 묶어 정비한다는 내용이었다. 현대 계열에 서는 현대양행(정인영)이 자금 조달능력이 없다고 판단하고 현대중공업(정주영)이 현대양행에 증자해서 종합하도록 교통정리를 했다. 이상과 같은 투자조정책의 내용을 살펴보기로 하겠다.

5·25당시만 하더라도 4개업체가 발전설비를 생산할 수 있는 허가는 얻었으나 실제 투자한 회사는 현대양행밖에 없었다. 그러므로 투자조정을 가장 효과적으로 하는 방법은 새로 투자할려고 하는 회사만 못하도록 막으면 그만이었다. 그러나 그렇게 하지 않고 4개회사의 허가상황을 가지고 이원화했다. 이원화한 내용도 현실적이 아니었다. 현대중공업으로 하여금 증자하여 현대양행을 인수하도록 한 것은 외관상으로는 그럴듯하지만 현대중공업이 많이 투자할 여력도 없었고, 있었더라도 그때 환경은 투자전망이 아주 좋지 않았으므로 전망이 좋지 않은 곳에 자금을 투입할 이가 없었다. 그러므로 현대양행이나 현대중공업 모두 돈이 없는 조건은 마찬가지였다.

또 하나의 이원화 대상인 삼성과 대우의 통합은 양 회사로 하여금 못하도록 묶는다는 데는 효과가 있었지만 통합하여 하나의 생산체제를 갖추게 하는 데는 아무런 효과가 없었다. 삼성과 대우가 합칠 수는 없었기 때문이다. 이렇게 하여 삼성과 대우는 아무런 조치를 하지 않았고 현대의 경우는 허송세월만 하다가 1년 뒤에 다시 수술을 당하는 비운을 안게 되었다.

석유화학공업에 있어서는 여천기지 제2단지(전체 제3석유화학 단지)의 건설을 연기 조치했다. 정부에서 연기조치를 하지 않더라도 계획은 자연히 2~3년은 연기되게끔 되어 있었으므로 무해무익의 정책이었다. 그러나 그 뒤 계획을 완전 취소한 것은 많은 문제를 낳았다.

결과적으로 1984년부터 국내 석유화학제품이 심하게 공급 부족 상태에 놓였다. 이때의 계획이 완전 취소되지 않고 기간만 약간 연기되어 건설되었더라면 지금쯤 우리나라 산업발전에 커다란 기여를 하고 있을 것이다. 경제정책이란 산업정책을 수반해야 하며 산업정책이란 이론경제학자의 손에서만 다루어져서는 안 된다는 교훈을 남겼다.

제 10 부

1960년대부터 1970년대 산업발전의 역사적 고찰

제1장 공업입국과 수출제일주의

한국은 1960년대에 이르기까지 후진국의 모든 특징을 가지고 겨우 명맥을 유지해왔다. GNP 수준이 낮고 인구는 많고 국토는 좁고 가진 자원이라곤 눈 씻고 찾으려 해도 찾을 수 없었다. 교육 수준은 낮고 모든 경제적 요인이 결여되는 등 비경제적 요인을 가지고 있었다. 그러다 보니 경제개발은 불가능한 것으로 여겨져 좌절과 체념만 하고 있었다.

해방 전 약 40년간은 일본에 예속되어 기형적인 공업화의 길을 밟았으며 일본의 약탈 대상에 불과한 처지였다. 그 뒤 일제의 식민 지배에서 벗어나 정치적 독립을 이루었으나 일제가 남긴 남농북공의 파행적 산업구조 때문에 미국의 원조의존경제로 넘어갔다.

혹독한 식민 지배를 벗어나려고 여러 번 정치적 저항을 시도했으나 실패했으며 남의 힘으로 해방의 기쁨을 맛보았다. 그러나 기쁨이 가시기도 전에 남북분단, 정치 혼란, 한국전쟁이 잇달았다. 뒤이어 4·19 및 5·16과 이에 따른 정권 교체 등이 일어나 고된 시련을 겪었다.

해방 이후 15년간 20억 달러의 군사원조와 30억 달러의 경제원조를 받았으나 저개발균형이라는 빈곤의 굴레를 벗어나지는 못했다. 경제적 측면에서 보면 저소득 → 낮은 구매력 → 저생산 → 낮은 소득이라는 전형적 후진국형 악순환 상태를 거듭하고 있었다.

이 즈음, 즉 1950년 말을 전후하여 국제적으로 후진국개발논의가 전파되기 시작했다. 대표적인 개발론은 UN에서 내놓은 이론이었다. 의욕 환기, 사회혁명 등 경제개발을 위한 기초적 전제조건을 충족시켜주고 근대적 산업의 생산력 증강을 위한 시책을 강구해야 한다는 내용이었다. 인구 과소국은 농업에, 인구 과잉국은 공업발전과 인구억제정책에 역점을 두어야 한다는 주장이었다.

후진국에 대한 이 같은 개발논의는 지극히 일반적인 것이며 상식적인 것이었다. 이와 때를 같이 하여 국내에서도 식민경제와 남북분단 아래에서 남농북공 구조에 의한 불균형과 저개발을 탈피하기 위해 공업화를 서둘러야 한다는 자각이 일었다. 후진국의 저개발균형이 지닌 빈곤의 쇠사슬을 끊어야 한다는 민족적 의지와 집념이 일어나기 시작한 것이다.

　이리하여 자유당 정부나 민주당 정부에서 각각 경제개발3개년계획 또는 경제개발5개년계획을 수립했다. 이 밖에도 1950년 「네이선(Nathan) 보고서」에 의한 한국경제재건5개년계획과 「타스카(Tasca) 보고서」가 있었다. 그러나 모두 실천에 옮기지 못하고 말았다. 왜냐하면 경제개발에 대한 초기 조건이 너무 불리하기도 했고, 그보다 더 큰 원인은 경제개발을 주도해야 할 정부가 불안한 정권이거나 단명해버렸기 때문이다.

　경제개발에 대한 민족적 각성과 신념을 불러 일으켜 후진국에서 탈피하여 자율적 개발계획을 추구하게 된 것은 1962년 제1차 경제개발5개년계획에서부터다. 이것은 공업화로 한국경제의 활로를 찾고 경제 자립을 이루기 위한 경제계획이었다. 공업화를 위한 동력장치를 시동했다고 할 수 있다. 이때부터 개발요인 부족이라는 상황에 구애받지 않고 경제개발을 위한 행동이 시작되었다. 1962년부터 몇 차례에 걸친 개발계획을 수행하면서 우리의 경제 주체는 발전지향적으로 바뀌었다. 1960~1970년대를 거치는 동안 정체경제 상태에서 벗어나서 자율적으로 성장하는 성장경제 궤도에 올라서게 된 것이다.

　이처럼 한국경제는 공업화 추진을 통한 경제성장으로 방향을 명확히 설정했다. 하지만 후진국이 공업화를 추진하려면 부족한 자본과 자원을 어떻게 해결하느냐가 선결 과제였다. 국내에서 투자가능한 재원은 전무한 상황이기에 외자에 의존할 수밖에 없었다. 이런 이유로 공업화에 의한 경제개발정책은 처음부터 대외지향적 또는 대외협력관계의 경제개발정책을 채택하지 않을 수 없었다. 공업화전략을 추진하는 데도 모든 것을 한꺼번에 할 수 없었기 때문에 우선순위를 정해 단계적으로 추진했다. 앞에서도 설명한 것처럼 한국의 공업발전계획은 기간별로 단계적으로 추진되어왔다(표 10-1).

제1차 개발계획은 공업화의 제1단계로 공업화 착수에 역점을 두었다. 공업화하기 쉬운 것, 가능한 것부터 시작하고 필요하지만 어려운 것은 뒤로 미룬 것이다. 따라서 국내 수요가 있는 수입대체산업육성을 목표로 삼았다. 수입대체산업은 기간산업도 있었지만 소비재산업에 우선순위를 두었다. 처음부터 원자재를 국산화하려고 시도하지 않고 원자재를 수입하여 가공, 조립하여 제품을 생산하는 방식을 택한 것이다. 또한 수입대체만으로는 외자 절약은 될지언정 계속적인 투자 재원 확보 수단은 될 수 없기에 외자 획득을 위해 수출제일주의정책을 강행했다. 따라서 한국의 공업화는 출발 단계에서부터 수출지향적 정책을 채택하게 되었다. 이것을 수출제일주의라 불렀다.

제2차 개발계획 기간에는 국산화가 가능한 일부 원료는 국내 생산을 추진하고 원자재의 가공, 조립산업을 대형화하여 중공업보다는 섬유, 화학공업 같은 경공업에 중점을 두어 국가경쟁력을 키워 나갔다. 공업화에 필요한 기술은 해외에서 개발된 기술 도입에 의존했다. 한국의 공업화가 급속도로 진전된 이유 중의 하나는 효과적인 외국기술의 도입 때문이었는데, 공업화 초기에는 국내에서 기술을 발전할 만한 능력도 없었지만 공업화를 위한 기술개발은 시도도 하지 않았다. 국내 기술개발과 공업화는 반비례하기 때문이다.

국내에서 개발된 기술로 인한 공업화는 용이하지도 않지만 모험도 따르고, 무엇보다도 공입화 속도가 늦어진다. 이미 선진국에서 개발된 것을 비교, 검토하여 가장 최신의 기술을 도입하여 공업화하는 것이 효과적이고 속도가 빠르다. 이것을 소위 후진국이 가진 유리한 조건이라고 할 수 있는데 한국은 이를 가장 효과적으로 활용했다고 할 수 있다. 뿐만 아니다. 공업화가 진전되면 될수록 과학기술개발이 필요불가결하기 때문에 외국기술을 도입하고 소화하는 일뿐만 아니라 독자적인 기술개발 능력을 배양하기 위해 일련의 기술개발진흥정책도 동시에 펴나갔다.

제3차 및 제4차 개발계획은 한국의 산업구조를 선진국형으로 형성하는 데 결정적인 역할을 했다. 이 기간에 매우 중요한 중화학공업화와 과학화정책선언이 있었다. 두 정책의 내용에 대해서는 다음에 상론하겠으나, 핵심은 공업구조를 선진국형으로 개편하는 데 있었다. 즉 공업구조를 중화학공업구조로 전환시키는 데 목적을 둔 것이다. 원료를 국산화하여 원료에서부터 제품까지 일관생산체제를 구축하는 것이었다. 이러한 중화학공업화정책의 성취로 원료의 해외 의존에서 탈피해 공업 독립이 가능해졌으며, 경공업분야에서도 중화학공업화의 진전에 따라 양산체제를 갖추어 국제경쟁력을 강화하고 국제 일원화작업을 추진했다. 경공업과 중화학공업 그리고 조립공업과 부품공업, 대기업과 중소기업은 상호보완관계에 있기 때문에 이들 공업의 균형적 발전을 도모한 것이다.

이러한 공업구조의 개편 또는 고도화에는 반드시 과학기술의 발전이 수반되어야 한다. 따라서 이를 뒷받침하기 위한 과학화정책도 실시되었다. 공공연구소 설치를 위주로 민간의 연구활동도 가세하여 기술개발운동이 활발해지기 시작했다. 그 결과 1970년대 말에 초기 단계의 중화학공업구조를 구축하게 되었고 중화학공업화율이 50%선에 이르게 되었다. 즉 선진국형의 공업화구조의 기반이 만들어진 것이다.

1980년대에는 최종 단계의 중화학공업구조를 구축하면서 화학, 기계, 전자분야에서 정밀공업을 육성하는 동시에 산업 전반에 걸쳐 원가절감을 포함한 산업합리화운동을 전개하기로 했다.

따라서 우리나라의 경제성장과 발전은 공업입국정책에 근간을 두고 있다. 자원이나 자본, 기술조차 없었던 빈농국가 한국, 그야말로 제로 상태에 처해 있던 한국이 매년 10% 전후의 경제성장을 이룩한 배경은 공업발전에 있다. 개발계획의 내용도 공업입국장기계획이 주축을 이루고 있다. 공업입국장기계획은 개발계획 기간별로 기본 정책이 있었으며 그 밑에 세부

표 10-1 **한국의 공업화 발전 단계**

기간 구분	제1차 개발계획 (1962~1966)	제2차 개발계획 (1967~1971)	제3차 개발계획 (1972~1976)	제4차 개발계획 (1977~1981)	제5차 발전계획 (1982~1986)
공업화 유형	• 소비재산업 • 가공, 조립	• 가공조립 발전 • 일부 원료생 산 추진	• 원료~제품 일괄 생산	• 중화학공업 화: 50%	• 공업의 내실화
기본 정책	1) 수입대체 산업 육성 2) 공업화 착수 3) 수출제일 주의	1) 국산화 촉진 2) 경공업 국제 경쟁력 강화 3) 기술, 도입 소화(KIST, MOST)	1) 중화학 공업화 2) 과학화		1) 중화학공업 투자 조정 2) 두뇌산업 육성
투자 업종 (예시)	비료, 시멘트, 정유, PVC, 화 섬모방, 발전, 라디오	석유화학, 철 강공업, 합성 섬유, TV녹음 기, 차량조립	석유화학, 철 강, 기계, 전자	금속, 조선	중화학공업, 기술첨단공업

자료: 중화학공업기획단

실천계획이 뒷받침하고 있었다. 이 정책과 계획은 공업화를
위한 논리와 타당성을 가지고 일관성을 유지하면서 장기적인
관점으로 추진되었다.

그림 10-1 **한국 공업화정책의 성과**

계획 기간	기본정책	성과	공업화 단계
계획 이전 (1950년대)	후진성 저개발, 빈곤의 악순환 상태		
1차 (1962~1966)	• 공업화 착수 • 수입대체산업 육성	• 공업화의 기반 구축	후진국 ⇩ 도약 단계
2차 (1967~1971)	• 경공업경쟁력 강화 • 원료 국산화 • 기술 도입	• 소비재공업 자립화 • 중화학공업 육성여건 　조성	공업화의 초기 ⇩ 중진공업 단계
3차 (1972~1976)	• 중화학공업화선언 • 과학화선언	• 중화학공업 기반 조성 • 소비재공업수출산업화 • 중간재공업 육성	공업화의 중기 ⇩ 고도성장
4차 (1977~1981)	• 중화학공업화본격 　추진 • 연구개발 강화	• 중화학공업 건설 완료 • 공업의 자립	공업화 정착 ⇩ 성숙 단계
5차 (1982~1986)	• 산업합리화	• 산업의 경제화 • 산업의 체계화 • 미래의 공업화	내실화 ⇩ 선진공업 단계

제2장 공업 자립을 위한 주체

자유경제체제 아래에서 경제의 주체는 민간이므로 민간이 경제를 주도해야 한다고 말한다. 공업발전에서도 성장의 주체는 민간이어야 한다고도 말한다. 하지만 이것은 경제나 공업이 어느 정도 발전 단계에 도달했을 때 적용되는 이론이다. 민간이 공업발전을 주도할 만한 능력이 없을 때는 정부가 해야 한다. 반대로 정부가 능력이 없고 민간에 능력이 있을 때는 민간이 공업발전의 주체가 되어야 한다. 정부나 민간이 모두 능력이 없을 때는 경제성장이나 공업발전은 기대할 수 없다. 따라서 한 나라의 공업발전에 누가 경제 주체가 되느냐는 것은 논란의 대상이 될 수 있다.

현재 선진국의 공업발전은 대부분 민간이 주도하면서 오랜 역사를 거쳐 서서히 이루어져왔다. 정부는 약간의 보호와 지원정책을 썼을 뿐이다. 따라서 공업발전에 정부는 커다란 영향을 끼치지 않았다고 볼 수 있다. 그러나 20세기에 어떤 후진국이 경제발전을 하는 데 선진국의 모형을 그대로 답습할 수는 없다. 처해 있는 시대와 가지고 있는 여건이 다르기 때문이다. 선진국의 경제학자나 국제기구에서 후진국의 경제개발이론을 많이 내놓았으나 참고는 될지언정 어떤 특정한 국가의 경제개발정책에 그대로 적용될 수 있는 것은 아니다. 그 나라에 맞는 개발정책이 필요한 것이다.

한국에서도 우리의 실정에 맞게 한국식 개발정책을 수립하여 실시해왔다. 한국의 공업발전정책이 성공적이라고 평가받는다면 한국식 개발정책은 후진국이 선진국으로 발전하는 데 좋은 모델이 될 수 있을 것이다.

일반적으로 후진국은 어떻게 경제개발을 해야 하는지 잘 모른다. 그러므로 누군가가 방향과 방법을 제시해 주어야 한다. 정부는 어떤 공장을 지어야 하며, 무엇이 우선순위인지, 공장건설 시 자금은 어떻게 지원하고 공장이 건설된 뒤에는 어떻게 보호해 주겠다는 등의 계획을 미리 알려 주어야 한다. 민간이 할 수 있는 것은 민간에 맡겨야 하고 불가능하다고 판단되는 것은 정부가 직접 나서서 공장을 건설해야 한다.

1962년 한국이 처음으로 경제개발계획에 착수할 때 상기한 바와 똑같은 방법으로 공업화를 진행했다. 정부가 모든 계획을 수립해서 실천에 옮겼다. 경제개발5개년계획이라는 것은 일종의 공장 건설일람표, 공장 건설을 위한 '쇼핑 리스트(shopping list)'였다. 물론 이 쇼핑 리스트는 제1절에서 언급한 기본 정책이념을 수용하여 만든 것이다. 이 리스트를 따라서 사업의 우선순위, 국영 또는 민영의 구분, 자금 지원, 공사 기간 등을 결정했다. 공장이 건설된 뒤에도 자립할 수 있을 때까지 세제상, 자금지원상, 무역계획상에서 정부가 어떤 보호조치를 해 줄 것인가를 명시했다. 이처럼 공업화 착수 단계에 정부가 직접 계획을 세우고 실천에 옮기고 또한 보호조치를 해 주지 않으면 공업화가 성립될 수 없다.

첫 번째 단계를 이렇게 완수하고 난 뒤 두 번째 단계에서는 계획의 전체 테두리는 여전히 정부가 수립하되 정부가 직접 관여하지는 않고 지원만 하여 민간이 참여하는 기회를 넓혀나갔다. 예를 들면 기존의 국내 생산 업종에 대해서는 수입금지조치를 취해 국내 판매보호를 했고 해외시장 개척을 위해 수출지원제도가 설정되었다. 이러한 단계가 정부지원단계에 해당된다.

그다음 단계가 공업의 자립발전 단계인 세 번째 단계가 된다. 세 번째 계가 되면 정부의 보호나 지원 없이도 공업은 자립할 수 있다. 따라서 공업발전의 주체도 민간으로 이행되고 공업 규모도 국제경쟁체제를 갖추기 시작한다.

세 번째 단계까지의 공업 자립은 이룰 수 있지만, 그 이상의 발전을 도모하려면 공업발전의 성격상 국제무대로 진출하지 않으면 안 된다. 따라서 네 번째 단계인 국제경쟁단계와 다섯 번째 단계인 세계일류단계에 진입해야 한다.

한국 공업은 국내에서의 공업 자립에 만족하지 않고 네 번째, 다섯 번째 단계로의 전진을 위해 꾸준히 노력해왔다. 개발 초기 정부 주도에서 시작하여 이제는 완전 민간주도단계로 들어섰다. 품목별로도 일부 첨단기술산업과 고도지식산업을 제외하고는 이미 자립 단계를 넘어 국제무대진출 단계인 국제경쟁 또는 세계일류 단계에 위치해 있다고 할 수 있다. 이상을 요약하여 도식화한 것이 〈그림 10-2〉이다.

기간별로 보면 제1차기간이 직접보호단계, 제2차기간이 중점지원단계, 그 후 기간이 각각 자립발전, 국제경쟁, 세계일류화단계에 해당된다. 한국은 기간과 발전 단계에 알맞은 정책을 써왔다. 그러나 공업자립을 위한 발전정책은 기간보다는 육성하려는 개별공업의 발전도에 따라 여기에 맞는 단계별 정책을 채택했다.

도시한 것처럼 일부 경공업분야는 제1차 계획 기간에 지원단계에 들어섰고, 제2차 기간에 국제경쟁단계, 제3차 기간에는 세계일류화 단계 초기에 진출했음을 알 수 있다. 이와 반대로 중화학공업분야는 제3차 계획 기간이라도 공업발전의 초기인 직접보호나 지원단계에 걸쳐 있다. 그래서 제3차 기간에도 중화학공업을 육성하기 위해 중화학공업화정책을 선언하

그림 10-2 **공업자립화 발전 단계**

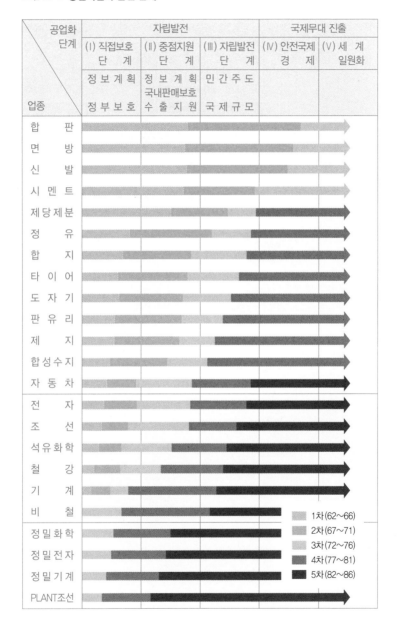

공업화 단계 ／ ／ 업종	자립발전			국제무대 진출	
	(Ⅰ) 직접보호 단　계	(Ⅱ) 중점지원 단　계	(Ⅲ) 자립발전 단　계	(Ⅳ) 안전국제 경　제	(Ⅴ) 세　계 일원화
	정보계획 정부보호	정 보 계 획 국내판매보호 수 출 지 원	민간주도 국 제 규 모		
합　　판					
면　　방					
신　　발					
시 멘 트					
제당제분					
정　　유					
합　　지					
타 이 어					
도 자 기					
판 유 리					
제　　지					
합 성 수 지					
자 동 차					
전　　자					
조　　선					
석 유 화 학					
철　　강					
기　　계					
비　　철					
정 밀 화 학					
정 밀 전 자					
정 밀 기 계					
PLANT조선					

1차(62~66)
2차(67~71)
3차(72~76)
4차(77~81)
5차(82~86)

그림 10-3 **공업입국 장기계획**

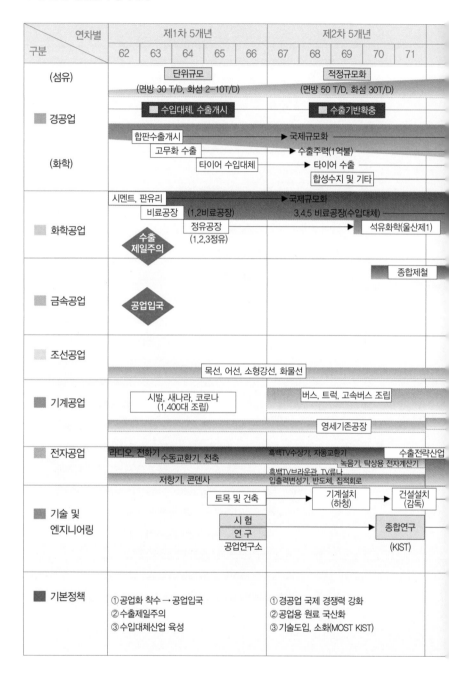

연차별 구분	제1차 5개년					제2차 5개년				
	62	63	64	65	66	67	68	69	70	71

경공업

(섬유)
단위규모 (면방 30 T/D, 화섬 2-10T/D) → 적정규모화 (면방 50 T/D, 화섬 30T/D)
■ 수입대체, 수출개시　　■ 수출기반확충

(화학)
합판수출개시 → 국제규모화
고무화 수출 → 수출주력(1억불)
타이어 수입대체 → 타이어 수출
합성수지 및 기타

화학공업
시멘트, 판유리 → 국제규모화
비료공장 (1,2비료공장)　3,4,5 비료공장(수입대체)
정유공장 (1,2,3정유) → 석유화학(울산제1)
수출제일주의

금속공업
종합제철
공업입국

조선공업
목선, 어선, 소형강선, 화물선

기계공업
시발, 새나라, 코로나 (1,400대 조립)
버스, 트럭, 고속버스 조립
영세기존공장

전자공업
라디오, 전화기, 전축
수동교환기
흑백TV수상기, 자동교환기
수출전략산업
녹음기, 탁상용 전자계산기
흑백TV브라운관, TV류나
저항기, 콘덴사
입출력변성기, 반도체, 집적회로

기술 및 엔지니어링
토목 및 건축 → 기계설치(하청) → 건설설치(감독)
시험
연구
공업연구소
종합연구
(KIST)

기본정책
① 공업화 착수 → 공업입국
② 수출제일주의
③ 수입대체산업 육성
① 경공업 국제 경쟁력 강화
② 공업용 원료 국산화
③ 기술도입, 소화(MOST KIST)

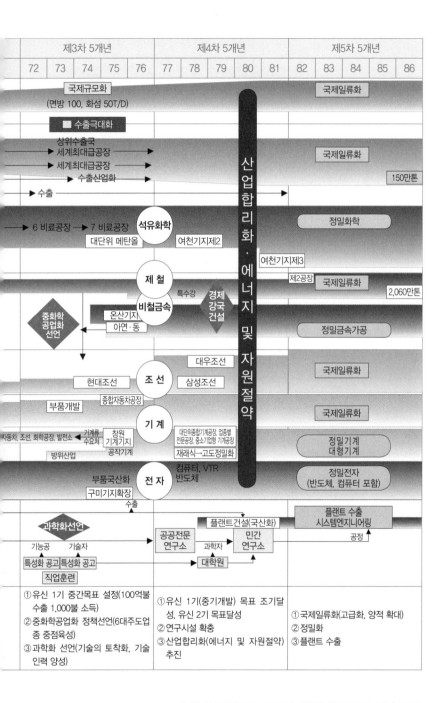

고 업종별 중점지원단계에 맞는 직접보호정책을 시행했다. 따라서 중화학공업은 제4차 기간에 가서야 대부분 지원단계에 들어가 일부만 자립단계로 올라설 수 있었고, 제5차 계발계획 기간이 되어서야 국제경쟁단계에 진입하게 되었다. 정밀화학, 정밀기계분야는 제5차 개발계획 기간에도 공업 자체는 두 번째, 세 번째 단계에 위치해 있으므로 이에 부합되는 육성정책을 채택하는 게 필요하다. 이와 마찬가지로 첨단산업분야는 두 번째 단계인 지원단계에 있다고 판단되므로 공업이 처해 있는 단계에 따라 이에 적합한 육성정책이 요구된다.

제3장 공업의 발전 유형

마지막으로 공업발전 유형을 검토해보자. 공업화를 추진할 때 제품에서부터 시작하여 거꾸로 중간재와 원료로 거슬러 올라갈 것인가, 그렇지 않으면 원료에서부터 내려가서 중간재를 거쳐 최종제품을 만들 것인가 두 가지 형태의 발전 유형을 생각할 수 있다. 전자를 '피라미드형(Pyramid-type model)', 후자를 '입목형(Tree-type model)' 또는 '역피라미드형'이라고 명명해보았다. 피라미드형은 밑에서부터 기초를 구축하여 정상까지 쌓아 올라가는 과정이므로 '피라미드'형, 입목형은 원료에서부터 하향식으로 최종제품을 만드는 유형으로 형태가 입목의 모양을 갖추었기에 '입목형'이라 부른다(그림 10-4, 그림 10-5). 다시 말해, 공업화를 경공업에서부터 출발할 것인가 그렇지 않으면 중화학공업부터 착수할 것인가로 집약할 수 있다. 최종 소비재를 생산하는 경공업에서부터 시작하여 점점 그 위의 중간재와 원료를 생산하는 공업을 육성하여 공업구조를 완성하는 피라미드형으로 하느냐. 또는 자본집약적인 원료 및 생산재를 생산하는 입목형으로 하느냐 두 가지 발전 유형으로 나눌 수 있다는 뜻이다.

출발하는 공업 쪽에서 보면 하나는 경공업 다른 하나는 중공업이라는 것이 다르고, 공업구조 면에서 보면 전자는 피라미드의 저변에서, 후자는 정상에서 출발하는 것이 다르다. 또한 가지 근본적으로 다른 점은 피라미드는 단계적으로, 입목형은 전체를 동시에 추진하는 방식이라는 점이다. 피라미드형은 국내에 수요가 있는 최종소비재공업에 먼저 투자하고 이에 필요한 중간재와 원료는 수입에 의존하는 것이다. 그다음 단계에 수입원자재에 대한 국내 생산 공급이 요청되고 국제단위 규모의 생산이 가능할 때 즉 기업성이 있을 때 이들 원료생산에 들어가는 형태를 말한다.

입목형은 최종제품 생산을 목적으로 원료부터 제품까지 동시에 일괄체제의 공업구조를 구축하는 것이다. 이 밖에 피라미드형은 시장경제에 기초를 두어 시장수요가 있는 제품부터 생산하는 것이고, 입목형은 어떤 제품을 만들기 위해 몇 단계의 공업을 한꺼번에 육성하는 것이 다르다. 어떤 방식을 채택할 것인가는 그 국가의 정치사회체제, 부존자원 보유, 공업발

그림 10-4 **피라미드형 방식**

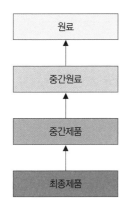

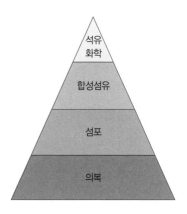

그림 10-5 **입목형 방식**

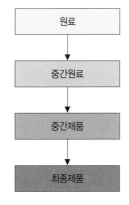

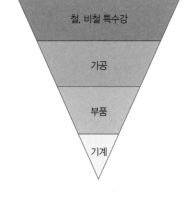

자료: 중화학공업기획단

전도, 발전의 시급성 등에 따라 달라질 수 있다.

 일반적으로 선진선발공업국은 두 방식이 혼용되었으나 대부분의 경우 입목형이라고 할 수 있다. 선진국의 초기 공업발전에 있어서는 원료부터 해결하지 않으면 안 되었고 경제성에 별로 신경 쓸 필요가 없었기 때문이다. 이들은 오랜 발전의 역사를 밟는 과정에서 자연발생적으로, 점진적으로 공업화를 이루었다. 그러나 후진국이 공업화할 때는 선진공업국가처럼 오랜 기간 동안 서서히 자연발생적인 과정을 통해 발전할 수는 없다. 그랬다가는 영원히 선진국을 따라갈 수 없기 때문이다. 단기간에 선진국을 따라잡아야 한다는 당위성이 있기에 의도적이고 계획적으로 속전속결식 공업화를 이루어야 한다. 따라서 한국과 같은 개방사회국가의 공업화는 피라미드형을 채택할 수밖에 없었다.

 입목형은 공산국가처럼 폐쇄국가 또는 경제성을 무시한 국가에서 경제개발을 추진할 때 생기는 형태이다. 원료에서부터 제품에 이르기까지 한꺼번에 일관체제 즉 하나의 세트체제로 가져가는 것이다. 대표적인 예가 북한의 공업화정책이다. 북한은 개방사회가 아니기 때문에 처음부터 끝까지 완전자급자족하는 체제를 유지해야 했다. 원료를 수입하여 가공조립하여 제품을 생산하는 형태로 가려면 문호를 개방하고 대외협력정책을 써야 하니 이러한 정책을 쓸 수 없는 것이다. 따라서 불가피하게 입목형 공업발전형태를 채택했다고 할 수 있다. 이 방식을 택한 북한의 공업화는 자급자족은 일부 가능했으나 국제 경쟁력이 전혀 없을 뿐만 아니라 수출도 불가능하다. 따라서 북한의 경제정책 실패는 폐쇄사회에 의한 공업화정책의 오류의 소치라고 할 수 있다.

우리나라의 경우는 두말할 것도 없이 피라미드형이다. 최종 제품의 수요가 있는 쪽부터 원료 또는 중간재를 수입하여 제품을 생산하는 형태의 공업화에 착수했다. 수요가 있으되 경제단위 규모가 되지 않으면 수요가 커질 때까지 기다리거나 수요 창출을 내수 및 수출양면에서 이루어 국제경쟁력 있는 공장을 건설하려고 노력했다. 다시 말해, 제품생산을 시장에 밀착하여 내수뿐만 아니라 수출시장 전부를 포함하는 규모의 경제를 시도한 것이다. 또한 해외시장에 내보낼 수 있는 품질의 제품 생산을 목표로 했기 때문에 이를 달성하기 위해 기술도입, 기술 혁신, 원가절감운동이 지속적으로 이루어졌다. 따라서 먼저 제품생산의 국제화가 이루어지고 국제화된 제품생산에 원료를 국산화하여 공급하는 체제를 구축했다. 피라미드형 공업발전체제에 있어서 공장구조를 완성한다는 것은 피라미드의 정상을 정복하는 것을 의미한다. 이것이 중화학공업을 육성하는 것이다. 피라미드형은 경공업의 기반을 구축한 다음 여기에 중화학공업을 육성하여 공장구조를 완성하는 것이다.

한국은 1979년에 이미 중화학공업화정책을 성공적으로 완수했기 때문에 규모의 경제에 의한 공업구조도 구축할 수 있었고, 공업화단계에서도 피라미드형의 정상을 쌓아 올렸기 때문에 공업의 자립단계에 진입했다고 할 수 있다. 앞으로 남은 과제는 어떻게 하면 공업 기반을 더욱 공고히 하여 선진국 산업을 발전시켜 고도산업사회로 유도해 나가느냐는 것이다.

제 11 부

1960년대부터 1970년대의 대외협력 및 무역정책

제1장 정책의 전개

1950~1960년대 정책

한국경제는 대외지향적 공업개발전략, 수출촉진적 경제개발 정책을 택함으로써 고도성장을 이루어왔다. 우리나라 경제협력의 역사는 미미하나마 1945년 8·15해방과 동시에 시작되었다. 1950년대의 경제협력은 주로 미국의 원조에 의한 것이었다. 광복 이후부터 1950년대의 자유당, 민주당 정권까지 한국에 대한 미국 및 국제연합의 무상원조는 한국의 유일한 외자수입 수단이었으며 경제를 지탱하는 기반이었기에 미국과의 대외협력관계 유지가 무엇보다 중요했다.

1960년대에 경제개발이 착수되자 한국의 경제협력정책은 무상원조가 아닌 자주적 협력에 의한 외자도입으로 변모했다. 1950년대 대외협력은 원조를 받는 측의 독자적인 의사와는 상관없이 주는 측의 결정에 따라 이루어지는 형식이었다. 미국이 주는 대로 받아야 하는 수동적인 방식이었다. 그러다가 1960년대에 들어와 경제개발이 시작되면서 한국의 정책과 의사에 따라 능동적으로 외자를 유치하기 위한 대외경제협력방안이 모색되었다. 1960년대에 들어와서 대한원조를 제공하던 미국의 입장이 달라지면서 미국의 재정 능력도 한계에 도달하여 1961년부터 무상원조를 지양하고 개발차관형태로 전환되었다. 따라서 한국의 대외협력정책이 능동적이고 적극적인 차관도입정책으로 전환한 것은 미국의 정책 변화와 대내적인 노력이 일치하여 이루어진 결과라고 할 수 있다.

전술한 바와 같이 한국은 경제개발을 착수할 때 강력한 수출드라이브정책을 기본 정책으로 채택했고 이에 따라 한국의 수출은 놀라운 속도로 증대되었으며 동시에 수출이 늘어가는 속도 이상으로 수입 또한 늘어갔다. 한국은 증대되어가는 수입수요의 위협에 대처하기 위해 수출을 확대하지 않을 수 없었다. 이것은 한국의 공업화가 원료를 수입하여 저임금으로 제품을 만들어내는 가공무역형이었기 때문에 빚어진 결과다. 그러므로 수입으로 인해 수출을 도모했고 수출은 수입을 유발하는 결과를 가져왔다.

한국의 1960년대 경제는 무역수지상으로는 적자를 보면서도 수입을 삭감해 경제를 축소하는 방향으로 나가지 않고 수입 확대를 감수하면서까지 수출 촉진에 의한 확장주의 경제정책을 채용했다. 이러한 정책을 채용하지 않고 소극적 경제축소정책을 택했다면 고도성장은 성취될 수 없었을 것이다. 생산 증대와 수출 촉진에 의한 경제의 확장은 생활기반의 확충을 가져왔으며 생산기반의 확충에 많은 투자를 하였다. 이리하여 투자는 주로 자본재설비 확장에 치중되었으며 이 투자의 대부분을 외자에 의존했다. 1960년대 공업화 초기에는 총투자의 3분의 2 이상을 외자로 충당했는데, 경제개발계획 국가 중에서도 외자의 의존비율이 높은 편이었다. 시간이 지날수록 국내저축이 조금씩 증가하면서 외자의 비중은 줄어들었지만 그래도 외자에 대한 의존도는 여전히 높았다. 이처럼 외자 의존도가 높은 나라가 짧은 기간에 투자재원을 조달하고 공업화 전략을 달성할 수 있었던 것이 한국의 경제개발계획의 특징이며 문호개방정책에 의한 대외지향적 협력 생활의 전개로 얻은 소산인 것이다.

그러다 보니 개발정책에 소요되는 막대한 외자를 도입하기 위해 국가원수가 직접 대외협력활동을 전개할 만큼 범국가적인 활동으로 추진되었다.[1] IBRD, IMF, ADB 등의 국제금융기구와 GATT 등에 가입하여 국제협정 및 조약을 채결하는 등 공공기관과 경제협력을 강화했으며, 경제협력을 위한 대한국제경제협의체(International Economic Consultative Organization for

Korea, IECOK)를 창설함으로써 대외협력 증진에 크게 기여했다.

이와 병행하여 우방 여러 국가와 정부 차원의 경제각료회담, 민간경제단체를 중심으로 한 경제활동의 적극적 추진 그리고 민간기업체에 의한 외자도입교섭 등이 활발하게 진행되었다. 대외지향적 경제개발을 위한 대외협력교섭을 위해 정부나 민간 모두가 적극적인 자세로 활동을 전개하여 오늘의 경제성장을 이룩한 것이다.

---

1 박정희 대통령의 적극적인 대외협력외교는 초기에는 한일 간의 특수 유대관계로 인해 주로 미국을 상대로 이루어졌다. 그러나 대한민국 정부수립 이후 명분만의 외교에서 탈피하여 실리 추구의 경협외교로 전환하여 그때까지 합의를 보지 못하고 있던 한일관계교섭을 3년여에 걸친 공식, 비공식회담을 통해 1965년 6월 한일협정에 조인하고 같은 해 12월 비준서를 교환함으로써 숙명적인 한일교섭 정당화가 이루어졌다. 당시 국내적으로는 한일협정을 둘러싸고 4·19학생혁명 때와 똑같은 숱한 데모와 파동이 있었으며 협정조인 반대운동은 1년여 동안 정권이 흔들릴 정도로 극심하게 이어졌다. 그러나 이를 모두 극복하고 한일국교정상화의 길을 틈으로써 적극대외협력정책의 실현을 위한 서장을 장식했다.

   1964년 12월 7일 박 대통령은 국제협력을 위한 다원외교의 일환으로 우리나라 국가원수로는 처음으로 서독을 방문하여 분단국가로서 공동 관심사를 논의했으며 한독경제협정을 조인하고 경제외교를 강화했다.

   뒤이어 1965년 5월 17일에는 미국을 방문하여 미국의 존슨 대통령과 한미정상회담을 개최하여 극동 및 동남아지역의 안정과 평화에 공동보조를 취하고 한국경제발전을 위한 대책을 협의했다.

   이 밖에도 박정희 대통령은 1964년 월남파병을 계기로 지역협력을 위한 동남아외교를 강화하기 위해 1966년 2월 7일부터 18일까지 말레이지아, 태국, 대만 3개국을 순방하여 아시아지역 국가에서 점차 높아지는 공산 위협에 대처하기 위한 지지와 결의를 다짐했고 경제면에서 통상 증대, 기술 협력을 늘리기 위한 정책을 세우기로 의견을 모았다. 이의 후속 조치로 같은 해 10월에 마닐라에서 월남참전 7개국정상회담을 한국의 제청으로 개최했으며 11월에 아세아민족반공연맹 1차

1970년대 정책

대외협력정책이 1950년대는 원조를, 1960년대는 외자도입을 위한 것이었다면 1970년대는 정책의 기조가 다양화되었다. 한국 경제가 확대되고 세계경제여권이 변천되면서 외자도입을 위한 단순한 대외협력정책만으로는 이 이상의 발달을 기대할 수 없었고 문호개방정책을 표방한 한국경제가 국제사회에서 고립될 우려가 있었기 때문이다. 그런 까닭에 정책의 기조를 바꾸어 다원외교로 전환한 것이다.

총회를 열었다.

이와 같은 외교적 역량과 월남참전에 힘입어 한미외교는 더욱 밀접해졌고 1966년 10월 31일 존슨 대통령이 방한하여 혈맹의 맹방, 월남전의 공동 참전국가로서 우의를 굳게 하고 한국의 경제개발계획에 미국이 적극적으로 지원하기로 확약했다. 그리고 뒤이어 1968년 4월 18일 열린 호놀룰루 한미정상회담에서 이를 다시 확인했다.

조국근대화를 위한 다변외교는 이에 그치지 않고 박정희 대통령의 호주, 뉴질랜드 방문으로 이어졌고 1967년 3월 2일 서독의 칼 하인리히 뤼브케 대통령(Karl Heinrich Lübke) 대통령을 비롯하여 아프리카의 데디오피아 황제, 라틴아메리카의 엘살바도르 대통령이 방한하여 정상회담을 개최했다.

1960년대 박정희 대통령의 대외외교에 종장을 장식한 것은 미국의 닉슨 대통령이 방한하여 열린 한미정상회담이다. 미국과 중공의 국교 재개 등으로 한미 간이 다소 멀어질 듯한 예측을 뒤엎고 미군의 전투력 강화와 주한미군의 계속 주둔에 의한 한국의 안보와 경협의 유지를 다짐하는 다음과 같은 의제가 협의되었다.

① 향토예비군 지원(예비군 창설 1968년 4월 1일)

② 현존하는 아세아, 태평양지역 간의 협력구조 및 조직 강화

③ 한국의 경제개발 지원, 기술협력 제공, 민간실업인들의 합작투자 촉진

④ 월남전의 명예로운 평화 회복과 월남국민의 자결원칙 존중

⑤ 월남전 해결의 긴밀한 협의

그 첫 번째가 개발도상국가와의 자원외교이다. 1973년에 1차 석유파동이 일어나자 수입원자재에 의존하고 있던 한국의 산업구조가 위기를 맞았다. 이 위기를 극복하여 자원의 안정적 확보를 위해 사우디아라비아를 비롯한 중동의 산유국가, 동남아, 중남미, 아프리카제국과 서둘러 경제협력외교정책을 펴나갔다.

두 번째가 한국의 경제적 지위 향상 외교이다. 늘어나는 경제개발 소요자금과 국제지수 악화를 방어하기 위해 IBRD, IMF 등의 국제금융기구와의 협력 강화는 물론이고 UN 산하기구와의 협정이나 조약 체결은 필수적이었다. 한국의 경제, 나아가서 국가 전체의 국제적 이미지와 신뢰도를 향상하여 우리의 지위를 튼튼히 하는 경제외교를 추진해야 했다. 한국의 존재 가치를 국제적으로 인정받기 위해서는 경제외교가 최선의 길이었다. 대북한 정치외교에 있어서도 국제사회에서 북한을 이기는 길 또한 실리적 경제외교에서 우위를 점하는 길이었다.

세 번째로 '받는 것'에서 '주고받는 것(Give and Take)', 즉 양면 경제협력으로의 전환이다. 1970년대의 한국경제는 원조를 제공할 수 있는 형편이 아니었으며, 경제개발이 최고조에 달하여 외자도입이 지속적으로 필요한 상황이었다. 당시 한국의 경제적 지위는 강화되었지만 카터 미국 대통령의 주한미군철수선언 등으로 정치사회적 지위는 약화되는 징조가 보였다. 이러한 한국의 대외지위여건 약화를 해결하는 길은 전술한 바와 같이 국제적 경제협력 증진밖에 없었다. 그래서 좀 더 적극적인 대외협력을 위해 받는 협력에서 주는 협력을 표방했다. 한국보다 뒤떨어진 국가에 국가협력기구를 통하거나 또는 직접으로 유무상 원조와 기술원조를 제공한 것이다.

무역에서도 남의 나라에 제품을 파는 일방통행에서 벗어나 남의 물건도 사 주는 쌍방통행의 대외협력체제를 취했다. 1970년 중반에 들어오자 섬유류, 신발류를 비롯한 한국의 주종 수출상품을 수입국에서 규제를 가하기 시작했는데, 한국은 수출제일주의는 유지하되 남의 물건도 사 주는 '구매를 수반한 수출' 정책을 차츰 펴 나갔다. 구매사절단, 통상사절단 또는 경제협력사절단을 파견하거나 민간경제협력위원회의 설치 운영은 이런 양면적 정책의 표방과 효과를 위해 실시되었다.

제2장 외자 도입

1960년대 외자도입

대외경제협력의 역사는 실질적으로 외자도입으로부터 시작되었다. 외자도입을 위해 대외경제협력의 역사가 시작되었다고 해도 틀린 말이 아니다.

대외경제협력을 통한 외자도입을 위해 법적인 체제가 정비, 강화되었다. 1960년 1월에 외자도입촉진법이 제정되었으나 현실에 맞지 않았기 때문에 1961년에 대폭 개정되었다. 이어서 '외자도입 운용에 관한 기본방침', '비계획사업을 위한 외자도입 촉진 방안'과 '지불보증에 관한 법률', '장기결제방식에 의한 자본재 도입에 관한 특별조치법' 등의 특례법이 연달아

제정, 실시되었다.

이와 같은 몇 개 방침(방안)과 법률은 외자도입촉진법의 미비점을 보완하여 외자도입 확대를 기하자는 목적으로 만들어졌다.[2] 따라서 1960년대 전반의 외자도입정책은 될 수 있으면 많은 외자를 유치하기 위한 확대정책이 주류를 이루었다고 할 수 있다.

1959~1961년 동안의 외자도입은 미국원조법에 의한 DLF 차관뿐이었고 3개년 동안 도입총액도 2,000만 달러에 불과했다. 경제개발을 위해 외국인투자를 적극적으로 유치하기 시작했던 1962년부터는 외자도입이 급격히 늘어 1965년 한 해에 171백만 달러를 넘어섰다. 특히 1965년 한미국교정상화와 외자유치를 위한 관계법령의 제정 등으로 투자 여건이 마련되자

---

2 외자도입촉진법은 외국인투자자들이 투자한 자본에 대해 세제상의 혜택, 자본회수 및 과실송금을 일정 기간 보장하도록 규정하고 있었다. 그러나 당시의 촉진법은 민간상업차관 도입에 있어서는 미흡한 점이 많았으므로 이를 보완하기 위해 외자도입운용에 관한 기본 방침과 비계획사업을 위한 외자도입촉진방안이 마련되었다.

　외자도입운용에 관한 기본방침은 외국자본 투자의 개방, 정부의 지불보증을 규정한 것이었다. 비계획사업을 위한 외자도입촉진방안은 정부의 경제개발계획사업에 포함되지 않은 사업이라도 수출산업, 수입대체산업 또는 경제개발을 위해 필요하다고 인정되는 사업인 경우에는 외자도입을 허가하도록 규정한 것이었다. 이러한 방침은 상업차관에 의한 외자도입을 확대하기 위한 정책이었다. 이것을 법적으로 뒷받침하기 위해 지불보증에 관한 법률을 제정하여 상업차관으로 투자된 외국자본의 원리금상환을 정부가 보증해 주도록 했다. 그리고 민간에 의한 상업차관은 장기수출 신용공여에 의한 연불방식이었기 때문에 장기결제방식에 의한 자본재 도입에 따른 특별조치법을 만들어 민간상업차관에 의한 외자도입을 촉진했다.

경제적 요인에 의하여 민간상업차관의 유입이 대단히 활발해 졌다.

외자도입의 양적 확대로 경제개발을 의욕적으로 추진할 수 있었으나 차관에 대한 원리금 상환부담이 압박을 가하기 시작했다. 세계은행에서도 급격한 상업차관의 확대는 한국경제를 곤경으로 이끌지도 모른다고 경고하기에 이르렀다. 이리하여 외자도입정책은 양적인 확대에서 질적인 도입으로 전환하지 않을 수 없었다. 또한 1965년에 '민간상업차관에 관한 기본방침'과 '1966년도 재정안정계획에 관한 공한'에 의해 연도별 외자도입한도를 설정했다. 1966년도에 '외자도입법'을 제정하여 외자도입에 관한 법령을 일원화하여 정비했고[3] 1967년 12월

---

3 1967년에 실시된 외자도입합리화 종합시책은 외자도입의 질적 전환을 위해 마련된 것이었는데 다음과 같은 내용을 포함하고 있었다.

① 연도별 외자도입 제한을 경상외환수입에 대한 원리금상환액의 비율이 9%를 넘지 않는 범위에서 억제 ② 민간차관 도입을 규제, 내자준비액이 외자의 20% 미만일 때에는 불허 ③ 차관대불업체를 전담, 담보물의 즉각 처분 ④ 현금차관은 재정안정계획의 범위 내에서 허용될 때 승인 ⑤ 국제금융기관에 의한 전대용 차관, 외국은행단에 의한 한도차관 및 외자채권 발행 등에 의한 포괄적 외자조달방식으로 점차 전환하는 것이었다. 외자도입에 대한 질적 전환에 의한 선별주의채택은 다음과 같은 그 당시 외자도입시책에서도 반영되고 있었다.

가. 상업차관에 대하여 그 상환한도제를 적용함

나. 도입된 외자의 투자효율을 높이기 위한 투자심사제도를 확립함

다. 외국인투자에 대한 국내투자환경 개선을 위한 행정절차 및 법제 면에서 지원함

라. 수출자유지역의 설치에 관한 입법조치를 함

마. 기술도입 기간을 장기화함

바. 도입선의 다변화 즉 차관선 및 직접합작투자의 다변화와 국제금융기구와 경제협력추진을 함

에는 외자도입합리화시책을 마련하여 외자도입의 질적개선제도를 설정했다.[4]

이 당시 차관기업체의 상당수가 부실기업으로 전락해서 국민경제에 심각한 영향을 끼치게 되었다. 그래서 차관에 의한 폐해를 방지하기 위해 상기와 같은 질적 개선제도를 근거로 하여 가급적 상업차관을 억제했으며 외국인의 직접투자나 공공차관을 권장했다. 미국과 일본에 편중되어 있던 차관선을 다변화하기 위해 서구제국과의 경제협력 또한 강화했으며 국제금융기구와의 협력방안도 모색하기에 이르렀다.

1968~1969년에 상업차관이 대량 도입되고 이에 따라 차관기업의 경영부실이 심화되자 1969년부터 ① 민간기업에 대한 현금차관불허 ② 상환기간 3~10년의 중단기 상업차관에 대한 한도제 실시 ③ 지불보증업무의 실적 규제 ④ 부실차관업체의 정비 등을 강화하는 한편 외국인투자의 유치 증진과 외국인투자기업의 육성을 위한 시책을 마련하고 원리금 상환을 수반하지 않은 외국인투자의 유치를 적극 유치하는 방향으로 권장하게 되었다. 그래서 이때의 외자도입정책은 ① 상업차관

---

4 1966년 8월 3일에 제정된 외자도입법은 1960년대 초반에 외자도입을 적극 유치하기 위해 필요에 따라 수시로 만들어진 법령과 시책을 총망라하여 하나의 법률로 만들어 체계화한 것이며, 양적인 측면과 아울러 질적인 측면도 고려한 것이라 할 수 있다.이의 주요 내용은 ① 지불보증의 엄격한 제한 ② 외국인투자의 무제한 허용과 정당한 과실송금의 보장 ③ 차관사업의 사후관리 강화 ④ 외자도입 절차의 간소화 등이다.

의 가급적 억제 ② 공공차관도입의 권장 ③ 국내산업과의 과도한 마찰이 없는 외국인투자의 유치를 기본으로 삼았다.

외자도입의 방향을 결정하는 데 있어 차관과 외국인투자 중 어느 쪽을 선택하느냐는 것은 검토 대상이 될 수 있다. 그러나 한국은 당시 외자도입의 90% 이상을 차관에 의존하고 있었고 이로 인해 원리금 상환부담이 너무 컸기 때문에 소요외자를 외국인의 직접투자로 충당할 수밖에 없었다. 직접투자는 원리금 상환부담은 적지만 국내산업의 외국인 지배, 단계적인 과실송금 등의 단점이 있기 때문에 직접투자가 반드시 좋은 건 아니다. 차관은 원리금 상환부담 압박으로 인해 기업의 경영 부실화를 초래하고 있었으므로 단기적으로는 외국인의 직접투자보다 불리하더라도 장기적으로 자립경제체제를 이룬다는 견지에서 외국인투자보다 유리한 면도 있다.

차관과 외국인투자는 각각 투자 동기와 투자 방법이 다르므로 투자효과가 도입국의 경제에 미치는 영향도 다르다. 될 수 있는 한 도입국이 부작용을 적게 가지면서 경제개발 효과를 극대화할 수 있는 외자도입에 있어 차관과 외국인투자 중 어느 것이 좋은가는 단정할 수 없다. 일반적으로 바람직한 외자도입 방향은 첫째 기술도입, 둘째 공공차관, 셋째 상업차관-외국인투자의 순이라고 할 수 있다.

1970년대 외자도입

1970년대에도 경제개발계획에 맞도록 외자도입법에 관한 법률과 제도를 능률적으로 개선해 나갔다. 공공차관도입을 위한 제도를 마련하기 위해 '공공차관의 도입 및 관리에 관한 법률'을 제정했고 외자도입법과 그 시행령을 1973년 3월 12일 두 차례에 걸쳐 개정했다. 1960년대 후반에 외자도입은 질적 개선으로 전환했으나 그래도 양적확대를 도모하고 있었으므로 이를 완전한 질적도입으로 전환하기 위해서는 외자도입법을 개정하지 않으면 안 되었다. 이 개정은 외국인투자의 인가절차를 간소화하였고 내자조달용 현금차관은 불허했으며 외자도입의 사후관리를 강화하는 데 주안점을 두었다.

1977년 3월에도 외자도입시행령을 개정했는데 외자사업투자심사위원회를 설치하여 외자사업의 심사기능을 강화하는 것이 주목적이었다. 이 외자도입법 개정과 함께 '공공차관의 도입 및 관리에 관한 법률'을 제정하여 공공차관도입의 법적 근거를 마련하여 공공차관도입을 증대토록 노력했다. 내부적 제도 정비와 함께 국제기구에 가입, 협약, 체결 등 대외적인 노력도 경주했다.

따라서 1970년대까지의 외자도입정책은 상업차관을 위주로 하여 공공차관과 직접투자를 권장하는 것으로 외자도입의 확대를 기하자는 취지로 추진되었다. 차관 확대는 원리금 상환부담의 압박이라는 단점이 있었으나 외자도입 덕택으로 선진국으로 도약할 수 있는 경제개발을 이루었다. 1960~1970년대의 외자도입정책에는 공도 있고 과도 있지만, 공과를 따지기 이전에 외자도입은 반드시 필요했다.

한국의 외자도입은 이상과 같이 많은 변천과 발전을 거듭해왔다. 때로는 시행착오도 있었고 굴욕적인 도입을 한 시대도 있었다. 조령모개식으로 정책을 수시로 바꾸기도 했다. 차관의 과다 또는 무분별한 도입으로 인해 부실기업체가 속출하고 여러 과실이 있었다. 이 밖에도 비판의 대상이 될 만한 것이 많았다. 그러나 1960년대를 거쳐 1970년대 말에 이르기까지 외자도입에 의한 경제확대정책이 오늘의 한국경제를 일으키는데 크게 기여했다고 볼 때, 한국의 대외협력증진과 문호개방에 의한 외자도입정책은 성공했다고 보아야 할 것이다.

제3장 대외협력 증진활동

한국의 경제성장은 여러 가지 요인이 작용하여 이루어진 것이지만 이 중에 빼놓을 수 없는 것이 경제외교의 전개에 의한 대외협력증진이다. 경제협력은 경제협력을 하는 당사자국 간에 협정이나 조약을 체결하여 추진하는 것이 통상적 관례이다. 그러므로 경제협력의 수단으로 조약과 협정을 체결하게 된다.

조약이나 협정 면에서 한국의 경제협력 역사는 1948년에 발효된 '한미 간의 원조협정'으로 시작되었으며 1961년까지 체결된 경제협정은 미국, 대만, 필리핀, 태국 등의 4개국과 무역협정을 맺은 것이 전부였다. 그러나 1962년에 착수된 경제개발계획의 추진과 함께 경제외교에 의한 대외협력노력이 경주되었다. 이 결과로 1960년대에 21개국과 무역협정을,

300여 개의 국가 간 협정을 체결했다. 이 중에 특기할 만한 것이 한미국교정상화에 따른 각종 협정과 조약 체결이라 할 수 있다. 한일국교정상화는 청구권자금이 주로 되어 있어 무상원조 3억 달러, 유상원조 2억 달러와 이 밖에 3억 달러 이상의 상업차관을 일본으로부터 받게 되어 이 자금이 경제개발계획을 수행하는 데 크게 기여했다.

1970년대에도 대외경제협력의 노력은 지속적으로 추진되었고 협정이나 조약의 수와 종류 면에서도 증가한 것은 물론이고 다양화, 다변화되었다. 국가별 또는 국제기구 간에 2자 또는 다자조약이 맺어졌고 대상에 따라 무역 및 통상협정, 재정 및 차관협정, 농업협정, 어업협정, 기술협력협정, 관세협정, 공업소유권협정 등을 체결했다. 대부분의 경제 및 기술협력협정, 무역과 통상에 관한 협정, 외자도입을 위한 협정은 2개국 간 협정 또는 조약이었다. 다국 간 협정은 국제기구와 이루어진 것이 대부분이며 이렇게 국제기구에 가입하거나 협정을 체결함으로써 한국의 국제적 신의와 지위는 두터워졌다.

대외협력활동 중에 빼놓을 수 없는 것이 조약과 협정 체결에 수반하여 추진된 국제기구에의 가입이다. 경제개발을 위한 외자 조달을 위해 내부적으로 외자도입체제를 정비하여 외자도입 태세를 갖추면서 동시에 국제협력 가입을 적극적으로 추진한 것이다.

한국은 1955년 8월 26일 IBRD와 IMF에 가입함으로써 처음으로 국제금융기구에 참여하게 되었다. 이어서 1961년 5월 15일에 개발도상국가의 경제개발을 목적으로 설립된 IDA에 가입했다. 1963년 11월 11일 '국제금융기구의 가입 조치에 관한 법률안'을 제정하여 국제기구 가입에 관한 법적 제도를 마련하고 가입을 적극화했다. 이리하여 1964년 3월 11일에는 IBRD의 보조금융을 위해 설립된 국제금융공사(International Finance Corporation, IFC)에 참여했고, 아세아지역국가를 개발하기 위해 1966년에 설립된 아세아개발은행(ADB)에도 설립과 동시에 가입회원으로 참여했다.

그 뒤에도 UN기구인 국제연합교육문화기구(United Nations Educational Scientific and Cultural Organization, UNESCO), 유엔개발계획(United Nations Development Programme, UNDP), 유엔무역개발협의회(United Nations Conference on Trade and Development, UNCTAD), 국제연합식량농업기구(United Nations Food and Agriculture Organization, FAO)와 GATT에도 가입했다. 이 밖에도 아세아태평양경제사회위원회(Economic and Social Commission for Asia and the Pacific, ESCAP), 콜롬보계획(Colombo Plan, CP)에도 참여했다.

1970년대까지는 한국의 경제개발을 위한 국제조약과 협정 체결, 국제기구 가입은 주로 외자도입을 위한 목적으로 추진되었으나, 1980년대에는 국제적 산업협력을 위한 통상활동을 위해 전개되었다. 통상기능강화를 위한 국제기구와의 협정 체결이나 가입은 GATT와 UNCTAD를 중심으로 이루어졌다.

GATT가 1947년 발효된 이래 1973년 동경라운드까지 7회에 걸쳐 일반관세협상에 관한 사항이 주로 논의되었으며 이후 수십 차례의 뉴라운드회담이 열렸는데, 한국은 GATT와의 협정을 준수하고 참여가능한 모든 회담에 적극적으로 참여했으며, 1984년 4월에는 서울에서 국제무역회의를 유치하기도 했다.

이 밖에도 다자간섬유협정(Multifiber Arrangement, MFA)에도 가입했으며 MFA의 수정연장에도 대처하여 나가고 있다. 또한 종래의 UN산하 아세아극동경제위원회(Economic Commission for Asia and the Far East, ECAFE)를 개칭한 ESCAP 회원국으로의 활동도 계속 유지했다.

남북교역국과 개발도상국의 경제개발을 위하여 설립된 UN기구인 UNCTAD에서 추진하고 있는 개도국특혜무역제도(Global System of Trade Preferences among Developing Countries, GSTP) 협상에도 적극 참가 활동하고 있다. 우리나라가 국제적 관세 및 비관세장벽의 완화를 통해 개도국과 선진국뿐만 아니라 제3세계국가나 공산국가와도 교역이 이루어져서 수출시장 확대와 다변화를 기할 수 있다고 보기 때문에 GSTP의 협상 타결에 노력하고 있다.

이와 같이 한국은 양적인 경제성장에서 쌓아 올린 기반을 잘 활용하여 양적, 질적 모두에서 균형적인 경제발전을 위해 국제협력증진에 노력하고 있다.

제4장 국제협력회의 개최

경제개발을 추진하는 데 대외협력증진의 전개는 불가피한 것이었다. 이를 위해 한국은 전 세계를 상대로 많은 조약과 협정을 체결했고 대부분의 국제기구에 가입하거나 참여했다. 이러한 협정체결과 국제기구는 경제외교적인 국제회의를 수반하므로 정기 또는 수시로 회의가 개최되는데, 한국은 이런 회의에 적극적으로 참가했을 뿐만 아니라 능동적으로 국제회의를 개최하기도 했다. 협정체결이나 국제기구 가입에도 2개국 또는 다국가 간의 국제회의에 주도적으로 참여하여 활발한 경제외교를 실행했다.

이 경제외교는 정부, 민간 등 다방면에 걸쳐 추진되었다. 정부 쪽에서는 국가원수의 방문과 초청에 의한 정상회담과 각료회담 및 실무자회담 등에 힘을 실었고 민간 쪽에서는 민간경제단체에 의한 민간경제협력위원회의 운영을 주된 활동으로 전개했다.

1950년대 정부의 대외협력세력은 대미 일변도였다. 당시의 한국경제는 미국의 원조경제였기 때문에 미국 이외의 경제외교가 필요 없었던 것이다. 그러므로 1950년대의 대외협력회의는 특기할 만한 것이 없었다.

한국의 경제개발계획이 1960년대부터 활발해지면서 외자조달의 필요성이 절박해졌고 경제개발의 성취를 위해서는 필요외자의 조달이 절대절명이었다. 따라서 전술한 바와 같이 국가원수가 외자조달을 위한 경제외교를 진두지휘했다. 한국의 대외협력교섭은 정상회담으로 막을 열었다. 한미, 한독정상회담이 방문 또는 초청 형식으로 이루어진 이래 연달아 개최되었다. 이 회담의 결과에 따라 2개국 또는 다국 간에 정기적 각료회담의 국제적 경제회의를 개최하여 실질적인 효과를 거두도록 지속적으로 노력했다.

이때 개최된 경제외교회의에는 '한독경제각료회담'과 '한일각료회담' 등이 있었다. 한독경제각료회담은 1964년 12월에 체결된 한국서독경제협력에 관한 의정서와 한독재정원조에 관한 협정이 정하는 바에 따라 1966년 3월에 서울에서 처음으로 열렸다. 한일각료회담은 1965년 12월에 한일국교 정상화에 따라 1967년 8월 9일~11일에 1차회담이 열려 한일양국

간에 청구권자금협의, 무역공동위원회의 설치 등 많은 현안문제가 토의되었다.

1960년대에 전개한 경제외교 중에 특기할 것이 IECOK를 구성한 것이다. 이것은 1967년 12월에 IBRD 주관으로 미국, 서독, 프랑스, 이탈리아, 벨기에, 호주, 일본 등 선진 10개국과 IMF 등 국제금융기구 5개가 참여하여 파리에서 창립총회를 개최함으로써 발족했다.

IECOK는 구미선진국으로부터 외자를 적극 유치할 목적으로 창설된 것이므로 한국의 외자도입선이 다변화되었다는 데 중요성이 있으며 IECORK의 설치운영은 한국의 경제적 지위를 튼튼하게 해 주었다는 데 것에 큰 의의가 있다. IECOK 자체, IECORK 회원국 또는 회원기관의 한국경제에 대한 자문과 평가는 한국이 국제적으로 진출하는 데 많은 기여를 했다.

한국경제가 국제화되어가면서 정부는 협정 또는 조약 체결, 국제기구 가입, 국제회의 개최를 계속적으로 추진하여 대외협력을 꾸준히 전개하는 한편 민간에 의한 대외협력 노력도 지속했다. 관민의 노력이 총동원된 것이다. 경제활동의 주체인 개별민간회사는 말할 것도 없고 이를 뒷받침하기 위해 정부의 방침에 따라 대한상공회의소, 전국경제인연합회 등의 민간경제단체가 주축이 되어 구미선진국과 민간경제협력위원회를 설립하여 운영했다. 이 모든 것을 한국의 주도 아래 설정한 것이라는데 더 높은 평가를 내려야 할 것이다. 민간경제협력위원회의 주요 활동 중에 1966년 2월 17일에 설립된 한미민간 경제합동위원회, 1969년 9월 통상증진, 관광자원개발을 위하여 만들어진 한국멕시코경제위원회 등이 있다.

1970년대에 와서는 경제외교가 더욱 활발해져서 한국과의 경제협력 또는 교역대상국가와는 모두 경제협력위원회를 설립했다. 1970년 3월 3일에 호주와 뉴질랜드, 1972년 캐나다, 1973년 9월에 미국, 같은 해 10월에 스페인, 1974년에 프랑스, 영국, 벨기에, 인도네시아 및 사우디아라비아, 1975년에 서독, 덴마크, 브라질, 모로코, 중남미제국과 각각 민간경제위원회를 설립하여 운영했다.

1980년대의 정부에 의해 추진된 국제협력회의는 경제개발보다 통상진흥을 위해 개최되었다. 그러므로 주요 교역대상국과의 통상장관회담이 주축을 이루었다. 통상장관회담은 통상에 관련된 현안사항과 서로의 협력사항을 모색하기 위해서 개최되었다. 이것은 한국과 무역흑자국인 미국, 캐나다 등과 무역마찰을 해소하여 교역의 원활한 추진을 도모하고, 무역적자국에 해당되는 일본 등과는 무역역조를 해결해서 수출을 증대하기 위한 것이었다. 자원보유국과 개발도상국에 대해서는 자원 확보와 경제협력 증강에 역점을 두었다. 1986년의 주요 실적을 보면 일본과 제14차 정기각료회담, 캐나다와 제9차 통상장관회담, 호주 및 뉴질랜드와 각각 제15차 통상장관회담 개최 등이 있다.

통상각료회담에서 논의되었던 사항의 실무추진과 전반적이고 구체적인 교역 확대를 위해 수많은 무역실무회담이 개최되었다. 이 실무무역회담은 통상장관회담과 비슷한 유형으로 무역대상국과 협상을 추진했다. 이에 수반하여 섬유를 비롯하여 철강제품 등에 대한 쿼터(quota)회담도 개최했다. 무역실무회담은 미국·일본·EC 등 선진국, 사우디·쿠웨이트 등 산유국, 아프리카·중남미의 개도국 또는 제3세계국가군을 상대로 하였다. 쿼터회담은 섬유나 철강의 수출대상국인 미국, EC, 캐나다 등의 국가와 개최했다.

　한국의 대외결제협력구조와 통상증진사항이 복잡다단해짐에 따라 정부의 힘만으로는 해결할 수 없게 되어 국민총력전이 전개되었다. 이것은 대외민간경제협력위원회의 활동 강화와 국회의 활동으로 설명할 수 있다. 국회활동은 의원외교활동의 일환으로 국회 내에 무역소위원회를 구성하여 미국의 자유화압력 및 무역장벽에 대한 협력활동을 주로 하였다. 민간기업은 상대국과의 경제협력을 더욱 활성화하는 한편 국내에 민간경제위원회 합동의회를 개최하는 등의 민간경제외교의 효율적인 운용을 기했다.

　이상과 같이 한국은 경제성장과 발전을 위해 국민 모두가 화합하여 다방면에 걸친 대외협력 노력을 기울여왔다. 그러나 한국의 경제외교는 전문가와 경험 부족으로 많은 국제적인 마찰을 일으켜 불리한 상황을 감수해야 했다. 우리는 경제외교만이 국제사회에서 통하며 경제 선진화가 이루어지면 질수록 경제외교는 전문화, 고도화하므로 이에 대한 많은 대책이 필요하다는 걸 인지해야 한다.

제5장 무역정책

무역정책에 대하여

한국의 무역정책은 경제성장과 더불어 복잡한 역사를 가지고
변천해왔기 때문에 여기에서 다루고 있는 공업화정책과 같은
비중으로 별도의 책이 서술되어야 마땅하다. 그러나 무역정책
이 산업발전에 중요한 역할을 담당해 왔고 수출지향적 공업구
조구축과 불가분의 관계에 있으므로 무역정책을 언급하지 않
을 수 없다.

여기에서 기술하려고 하는 무역정책은 한국의 경제성장과
발전에 관련된 사항 특히 산업구조구축에 연관되어 실시되었
던 것을 주로 하되, 상공부와 중화학공업기획단에서 준비한

자료들을 참고하고자 한다.

한 국가가 경제성장을 하는 데 공업과 무역이 불가분의 관계에 있음은 두말할 필요가 없다. 문호개방에 의한 대외지향적 경제발전을 추구해온 한국의 공업발전은 시의적절하지 않다고 평가되어 왔다. 예를 들어 국내시장만을 상대로 공업을 일으킨다든가, 또는 국내공업은 무시하고 해외에서 제품을 수입한다든가 할 때는 공업생산과 무역이 서로 역행하는 것은 상식적인 이야기이다.

그러나 우리나라는 경제개발 특징상 무역은 공업발전에서 없어서는 안 될 요소로 작용해왔다. 우리나라는 공업발전에 필요한 부존자원이 빈약하므로 원료를 수입하지 않을 수 없었고 제품판매를 위한 국내시장은 규모가 너무 작기 때문에 제품을 수출하지 않을 수 없었다. 원료수입과 제품수출은 한국 공업화의 착수 시작부터 기본 정책이었으며 산업발전과 무역은 밀월 시행되었다. 무역시책은 항상 무역수지의 개선을 위해 수입은 줄이고 수출을 늘리는 데 기본방향을 두고 이를 실천하기 위해 노력하는 것이 일반적이었다. 이 기본방향에 역행할지라도 한국의 무역정책은 수입과 수출을 공업발전과 관련하여 적극적으로 통제, 규제 또는 관여하는 방향으로 유도되어 왔다.

지난날의 무역정책을 개관해보면 우리나라 경제발전 초기의 수출입은 공업발전을 지원하기 위해 철저한 통제제도를 채택했고 그 뒤에 공업발전의 진전도에 따라 통제를 약간씩 조정, 완화해 갔으며 근래에 와서는 자유화의 압박에 따라 규제를 없애고 점차적으로 무역자유화 경향으로 전개되고 있는 것으로 요약할 수 있다. 그러므로 무역정책은 어떤 형태로든지 국민경제 성장과 발전이라는 전체적인 테두리 안에서 짜여왔다고 할 수 있다.

지금 경제의 선진화 과정에 있는 우리나라는 국제무역질서를 지켜 가면서 국제수지를 흑자로 지속적으로 유지하는 무역정책을 펴나가는 것이 올바른 방향이라고 하겠다.

유치무역 단계: 1950년대

개발계획 이전인 1945~1960년은 사실상 별다른 무역정책이 없었으며 통제 일변도였다. 군정기에는 군정법령 제39호 '대외무역규제'(1946.1)를 제정하여 무역업자의 면허를 규정한 무역면허령(1946.7), 경제재건과 생필품의 원활한 수급을 도모하기 위한 수출입품목의 규정(1946.4), 가격안정과 폭리를 방지하기 위한 수출입품목에 대한 가격통제령(1947.7) 등의 법률이 있었다. 그러므로 군정기의 대외무역은 엄격한 통제정책이었다고 할 수 있다.

정부수립 후 무역이 활발해지기 시작하면서 거래 방식도 다양해졌다. 1950년대부터 한국은 수출진흥책을 사용하기 시작했는데 이것은 수입링크제와 수출금융제도로 압축할 수 있다. 수입링크제는 수출과 수입을 링크한 제도인데 이 후에도 상당히 오랜 기간 필요할 때마다 사용되었다. 이 제도는 어떤 특정 상품을 수출하면 그 대가로 수익률이 높은 상품을 수입할 수 있게 하여 수출에서 생긴 손실을 보상하면서 동시에 보상 이상의 이익을 얻을 수 있게 하여 수출업자에게 이익을 추구할 수 있는 특혜를 주기 위한 것이었다.

이 링크제도에는 구상무역제도(1952. 5)와 특혜외환제도(1951~1953) 등을 포함되는데 이것은 수출장려품목을 수출한 경우 채산성이 높은 품목을 수입할 수 있도록 한 것이었다. 수출진흥을 위한 정책으로는 수출장려보상금제도와 수출금융제도를 들 수 있다. 전자는 수출에서 손해를 보았을 때 그 결손액을 보상해 주는 것이었는데 예산 부족으로 중단했으며, 후자는 수출업자에게 수출금액의 일정 비율을 융자하는 제도로 1950년부터 줄곧 실시했다. 수입정책은 수입할당제도(1952~1958)와 수출입링크제도(1952~1955)를 위주로 수입을 막는 데 역점을 두었다. 또한 1950년대 후반인 1957년 12월에 처음으로 무역법을 만들어 그때까지 실행해 오던 군정법령, 상공부령 등을 총망라하여 근대적 무역법을 제정했다.

성장무역 단계: 1960년대

1960년대 초반의 무역정책은 고도경제성장정책에 보조를 맞추어 실시되었다. 1960년대에 들어오면서 1950년대에 있었던 원조경제가 자취를 감추자 수입격증으로 인해 국제수지가 악화되고 외채부담이 가중되었다. 이를 해결하기 위한 경제정책은 수출제일주의였고 무역정책은 수출제일주의를 기본으로 한 정책이었다.

수출입국에 의한 경제정책을 뒷받침하고 수출 규모를 확대하기 위한 무역정책이 실시되었는데 수출입국을 위한 여러 가지 수출지원정책이 무역정책이었다. 그러므로 수출지원을 위한 주요정책을 살펴보는 것은 가치 있는 일이다.

첫 번째는 수출진흥종합정책이다. 이것은 1964년부터 실시되었는데 일종의 수출목표제 도입제로, 수출진흥을 위해 매해 연말에 그 해의 수출실적을 평가하고 분석한 뒤 다음 해의 수출목표액을 설정하고 이를 위한 지원정책을 수립하는 제도였다. 이 종합시책은 관민의 모든 기관과 단체의 계획과 건의를 집대성하여 만들었다. 그야말로 수출진흥을 위한 '마스터플랜(master plan)'이었으며 이것은 수출확대회의에서 보고됨으로써 확정되었고, 확정된 이후에는 목표를 달성하기 위해 일사불란한 체제로 매진했다. 이 수출진흥종합정책은 그 뒤 대외관계와 무역자유화 방향에 따라 무역진흥종합시책으로 명칭을 바꾸었다.

두 번째는 수출진흥확대회의의 설정이다. 확대회의는 1962년 12월 9일 수출진흥회 규정에 의해 무역진흥위원회가 발족된 것이 시발점이었다. 1965년에 수출진흥위원회로 개편되었다가 최종적으로 수출진흥확대회의로 발전했다. 수출확대회의는 연도 말에 작성되는 수출진흥종합시책을 확정하는 것과 아울러 매월 회의를 개최하여 추진 상황을 보고하고 애로사항에 대한 적절한 대책을 세워 나가기 위한 것이었다. 이 회의는 대통령의 주재로 정부관계부처, 경제단체, 업계 대표 등 각계각층의 인사가 참여하는 국가 최고의 정책 결정회의였다. 1977년부터 명칭을 무역진흥확대회의로 바꾸었다.

세 번째가 대외수출기구의 설치이다. 수출을 지속적으로 확대하기 위해서는 해외시장의 조사와 개척, 수출입 거래선의 알선을 담당하는 기구의 설치가 필요했는데, 이런 요구에 따라 1962년 6월에 KOTRA를 설립했다. 이 밖에도 해외시장 확대를 위해 각 공관에 상무관파견제도를 만들었으며 민간기업체가 시장 개척 또는 판매요원을 해외에 증파하도록 했다.

네 번째로 수출금융제도의 실시이다. 수출금융은 1950년도부터 '무역금융에 관한 규정'에 의해 착수되었으며 그 뒤에도 수출금융규정, 무역금융규정 등을 만들어 실시해 오다가 1960년대에 들어와서 무역관계법을 개정하여 무역금융과 수출보상금제도를 확대 실시했다.

다섯 번째로 세제지원의 확대 실시이다. 후진국에서 국내산업에 의한 수출은 여간 어려운 일이 아니기 때문에 수출업자에게 세제상 지원을 하지 않고서 이는 불가능한 일이었다. 따라서 이러한 세제상의 지원은 금융지원과 더불어 후진국이 물품을 수출하는 데 결정적인 역할을 했으며 수출상품의 원가절감의 효과도 가져와서 국제경쟁력을 갖추는 부수적 효과를 얻을 수 있었다. 조세지원정책은 연도별로 지원율을 달리했으나 수출소득에 대해 소득세 및 법인세 또한 때로는 물품세와 영업세까지 적정한 세율로 감면하는 것이었다.

여섯 번째로 수출검사제도의 실시이다. 이것은 공업발전의 유치단계에서 수출상품의 품질을 향상시키고 대외적 신용도를 높이기 위해 일정 수준에 도달한 상품만 수출하기 위해 만든 제도였다. 정부기관 또는 정부의 위임을 받은 공공단체에서 수출검사소를 만들어 제품의 수출 허가 여부를 판정하여 합격품만 수출토록 한 것이다. 또한 면세로 수입하게 되어 있었던 원자재소요증명도 발급하여 여기서 인정된 품목과 수량만 수입을 허가했다. 원자재소요 판단 시 생산공정에서 생길 수 있는 감모(Loss)율을 인정하여 실제 수출상품 생산에 필요한 양보다 감모율만큼 더 많이 면세 수입토록 했다. 더 많이 수입된 원자재는 생산 시 손실로도 사용되었지만 때에 따라서는 내수용 생산에도 사용되어 수출에서 생길 수 있는 결손을 보상하기도 했고 보상 이상의 이익을 추구하는 하나의 방법으로도 사용되었다. 그리고 수출상품을 생산하려고 면세로 도입된 원자재를 관리하기 위해 면세원자재 사후관리제도를 두어 면세도입된 원자재가 수출용으로 사용되는지 감시하기도 했다. 만약 원자재가 내수용으로 사용된 것이 적발되면 면세도입된 원자재에 대해 관세를 추징하고 별과금을 부과했다. 이러한 것을 법적으로 제도화하기 위해 수출검사법 등을 제정하여 실시했다.

당시의 수입정책을 보면 수입허가제, 수입사전승인제, 수입할당제, 포지티브리스트제 등 한마디로 수입억제정책이었다. 그러나 경제개발계획의 기본 정책을 수행함에 있어서 필요한 공장건설용 시설재와 수출을 위해 수입이 필요한 원자재에 대해서는 수입규제를 완화했다. 그러므로 선별수입억제정책을 썼다고 할 수 있다. 이러한 정책을 실행한 이유는 국내산업을 보호하기 위해서였다. 이 밖에도 수입의 효과적으로 관리하기 위해 외국환관리법에 의거한 외국환수급계획에 의해 외환 '쿼터'를 설정하여 쿼터 한도 내에서 수입하도록 했다. 그러나 1965년부터 무역자유화 움직임이 강화되면서 수입규제를 완화하고 무역계획에서 수출입가능품목을 '네거티브 리스트 (negative list)' 시스템으로 전환했다. 한국경제도 그 규모가 커짐에 따라 국제화 추세를 밟게 되면서 종래의 수입 억제에서 국내산업의 국제경쟁력 제고와 품질 향상을 위해서라도 수입이 고려되기 시작한 것이다. 그러나 불요불급품의 도입이나 국내 생산에 결정적으로 피해를 입히는 품목은 수입쿼터제를 만들어 여전히 수입수요를 억제했다. 이러한 것을 제도적으로 뒷받침하기 위해 법에 의거하여 수출입기별공고를 했다. 이 기별공고는 종래 무역법상의 무역계획을 대체한 것이다.

이상과 같은 수출진흥 또는 수입억제정책은 경제개발을 위한 기본방침에 따라 실시되었으나 행정이 원활히 돌아가게 하기 위해 법제도를 제정, 정비하여 산업의 발전과 시대의 변천에 대처하기 위한 의도도 있었다.

무역관계법령은 1957년 12월 무역법이 제정, 실시되어온 이래 수출진흥법(1962.3), 수출장려보조금교부에 관한 임시조치법(1961.4) 외에 여러 가지 공고, 공시, 예규, 통첩 등이 있었으나 경제성과 대외무역발전을 위해 이상과 같은 모든 법령을 통합정비하여 1967년 1월 무역거래법을 제정했다.

무역거래법과 더불어 무역에 관한 지주법 역할을 해온 법으로 외국환관리법과 관세법이 있었다. 외국환관리에 관한 규정은 군정 때부터 있었으나 1961년 12월 법제화되었는데 무역거래법 제정 당시 이들을 모두 개편했다. 이 밖에 수출검사법(1964.2)을 만들어 수출상품의 품질을 향상시켜 대외신용도를 얻도록 노력했고 수출업자 상호 간의 수출질서 확립과 권익보호를 위해 수출조합법(1961.9), 수출 시 생길 수 있는 손실과 새로운 시장을 개척할 때 위험 보장을 규정한 수출보험법(1962.12)이 만들어졌다. 또한 이 기간에 한국수출입은행법, 수출산업공업단지 개발조성법도 제정되어 수출진흥에 이바지하도록 했다.

이와 같은 정책과 제도를 보면 수출입국을 위해 모든 방법이 동원되었음을 알 수 있다. 수출종합시책을 성안하고, 이를 수출확대회의에 상정 통과시켜 확정하고, 이를 달성하기 위해 만반의 법적, 행정적 지원체제를 확립했음을 알 수 있다.

무역정책의 확립 단계: 1970년대

1970년대에 이르러 한국경제는 국제화의 길을 걷게 되면서 본격적인 개방경제체제로 이행하게 되었다. 이와 같은 한국경제의 전반적인 이행과 더불어 수출진흥정책도 국제화의 조류에 따라 다양해졌고 무역자유화의 움직임도 태동하게 되었다. 이와 함께 무역정책과 관련하여 전반적인 산업 체질을 강화하는 길을 모색해야 했다. 따라서 1970년대의 무역정책의 향은 수출상품고도화를 위한 수출진흥책으로 요약할 수 있다. 이를 위하여 1960년대에 없었던 중장기연불수출금융체제의 확립, 수출시장의 다변화 조치 그리고 비적성공산국가와의 교역확대책도 채택했다. 동시에 수출업체를 대형화하고 더 효율적인 해외시장개척을 위한 종합무역상사제도도 도입했다.

중장기연불금융제도는 기계류, 철도차량, 선박, 플랜트 등의 중공업제품의 수출을 장려하기 위해 만들어진 제도이며, 금융 지원과 함께 연불수출에서 일어나는 위험을 보상하기 위한 보험제도도 동시에 마련되었다.

1967년에 제정된 무역거래법은 공산지역과의 교역을 전적으로 금지하고 있었으나 비적성 공산국가와의 교역이 필요해지면서 1970년 12월과 1972년 12월 두 차례의 법 개정을 거쳐 적성국가가 아니면 어느 나라와도 수출이 가능하게끔 수출시장을 다변화한 제도다.

종합무역상사의 도입은 무역업체의 영세성을 탈피하고 대형화를 기하여 수출증대를 이룩하기 위한 목적으로 채택되었다. 1970년도에 들어와서 수출종합시책에 무역업체의 대형시책이 반영되었고 현재의 종합상사가 탄생된 것은 1975년 4월 30일 '종합무역상사의 지정요건'을 고시하고 10여 개의 종합무역상사를 지정함으로써 확립되었다. 종합상사에는 국제입찰이 있을 때 우선적으로 정부에서 지원하는 등의 몇 가지 특혜조항을 부여했다. 이 종합상사제도의 도입은 수출진흥에 크게 기여했다. 예를 들어, 1976년에 종합상사가 31억 달러를 수출하여 전체의 31%의 비중을 보였는데 그 뒤에도 종합상사의 수출비중은 증가했다.

이 밖에도 수출진흥종합시책에 따라 수출절차간소화위원회와 수출애로타개위원회를 설치 운영했다. 양 위원회는 관민합동으로 구성되었는데 수출할 때 준비해야 할 여러 가지 복잡한 서식과 절차를 간소화하거나 수출 시 생기는 애로사항을 해결하여 수출을 촉진하기 위하여 설치된 것이다. 두 위원회 는 1975년부터 수출진흥종합협의회로 통합하여 운영했다.

그러나 1970년대의 수출정책의 핵심은 무역확대회의에 의한 수출목표달성제도라고 할 수 있다. 수출에 관한 모든 목표와 시책은 이 확대회의에서 보고 통과되어야 하고, 일단 통과되면 총력을 기울여 달성하거나 실시되어야 했다. 무역확대회의는 매월 대통령 주재로 개최되어 무역의 사령탑 역할을 해왔고, 강력한 구속력을 가지고 실천 여하에 따라 상벌이 부과되는 제도로 실시했다.

수출지원책은 금융지원이 주축이 되었고 기타 행정적 지원으로 이루어졌다. 앞에도 지적했지만 금융지원책을 나열하면 ① 단기수출금융 ② 중장기연불수출금융 ③ 외화 대출 ④ 수출용원자재에 대한 면세를 비롯한 관세 지원 ⑤ 내국세에 대한 감면 조치 ⑥ 수출보험제도 등이다.

한편, 수입정책은 법적인 근거를 무역거래법과 외국환관리법에 두었다. 무역거래법에 의해 기별공고로서 수출 금지, 제한 또는 자동승인품목을 정하여 수입에 대한 방향을 명확히 하였고 시행세칙을 일부 개정하여 이때까지 수출입허가업무를 상공부에서 취급했던 것을 한국은행 또는 외국환은행으로 업무를 대부분 이양하여 수입허가절차를 간소화했다.

외국환관리는 외국환관리법에 의하여 정부의 엄격한 통제

를 받아 왔으나 그간 몇 차례의 법률 또는 시행령 개정을 거쳐 관리를 완화했다. 이를 위해 외국환취급기관의 추가 지정, 외국환은행에의 업무 이관, 지정통화제도의 확대 개편 등이 시행되었다.

종래의 수입정책은 국내산업만을 보호하기 위한 억제정책이었다. 하지만 1970년대에는 무역자유화로 한 걸음씩 나아감으로써 국내산업의 과보호에서 탈피하여 국제경쟁력을 기르고, 나아가 수출증대를 가져옴과 동시에, 전체 국민의 생활수준이 향상되면서 소비자를 보호하는 관점에서 생필품 가격을 안정시키고 품질 향상을 도모하기 위한 의도로도 실시되었다.

중화학공업화정책의
추진과 한국의 발전상

우리 민족이 한반도에 여러 나라를 만들면서 오늘날까지 살아온 이래 가장 잘살고 있는 시기가 오늘의 한국이라는 사실은 아무도 부정하지 않는다.

박정희 대통령이 존경받는 이유는 18년 6개월의 재임 기간 동안 경제 성장을 위한 기반을 마련했기 때문이다. 우선 그의 공약대로 국민의 생활수준을 개선했다. 전 세계에 전파되고 있는 새마을사업을 비롯해 전원 개발, 고속도로 건설, 산림녹화, 영농 혁신, 역사유적 복원과 문화 창달 등의 투자를 아끼지 않았다. 그러나 그중에서 제일 각광을 받는 것이 경제 건설이며 그중에서도 괄목할 만한 업적은 1970년대에 이룩한 중화학공업 건설이다.

박정희 대통령이 중화학공업 건설을 추진함으로써 한국은 세계가 놀랄 만큼 그 위상을 드높였다. 우리는 세계 10위권의 경제 강국이 되었으며 5위권의 공업대국이다.

유럽 선진제국이 18세기 산업혁명으로 산업화가 시작되었다고 본다면 그들은 산업발전을 이루는 데 200~300년의 기간이 걸렸다. 하지만 우리는 1960년대에 공업화에 착수하여 반세기 만에 선진국 대열에 올라섰다. 기적이 아닐 수 없다. 전 세계 학자들이 한국의 경제발전에 대하여 찬사를 아끼지 않는다. 이런 견지에서 오늘의 경제적 기적을 만드는 데 튼튼한 반석을 쌓은 중화학공업화정책을 재음미하는 것은 뜻 깊은 일이다.

1970년대에 실시한 중화학공업화정책의 진정한 의의를 아는 사람은 많지 않다. 그 정책의 의의를 안다면 40년이 지난 지금도 당시의 중화학공업이 위용을 발휘하고 있는 이유가 무엇인지도 알 것이다. 필자는 중화학공업의 정책입안자와 추진 담당자를 지내면서 많은 글을 썼다. 이를 총정리하여 중화학공업화정책의 진정한 의의를 살펴보려고 한다. 따라서 본문과 중복이 있을 수 있다.

1. 리더의 비전으로

중화학공업화정책은 박정희 대통령의 재임 기간 중 10년간의 장기 계획으로, 100년을 내다보는 원대한 비전을 가지고 출발했다. 즉 100년 뒤에 활용해도 지장이 없도록 계획되었다. 국가적 견지에서 장기적 관점으로 국가자원을 종합적이고 합리적으로 활용할 수 있는 차원에서 검토하여 계획을 수립했다.

박정희 대통령은 1970년대 당시 지금의 이 기회가 아니면 대한민국은 영원히 일어나지 못한다는 각오로 중화학공업에 관련된 모든 사항을 포함한 국가대계의 종합발전체제를 완성하는 것을 목표로 삼았다. 전 세계 어느 나라도 후진국에서 선진국으로 격상된 나라가 없었기 때문에 따를 수 있는 모델이 없었으므로 우리가 독자적으로 만들어서 추진할 수밖에 없었다. 국가정책이 대통령의 정책선언으로 시행된 것은 중화학공업 정책밖에 없다. 국가의 최중대사업으로 박정희 대통령의 지도이념하에 청와대가 직접 관장하여 추진했다. 즉 박정희 대통령이 친히 관장하는 친권, 친정사업이었던 것이다. 중화학공업화정책은 박정희 대통령이 1973년 1월 12일 연두기자회견에서 다음과 같은 정책선언을 함으로써 출발했다.

"나는 오늘 이 자리에서 국민 여러분들에게 경제에 관한 하나의 정책선언을 하고자 합니다. 정부는 이제부터 중화학공업 육성에 중점을 두는 중화학공업 정책을 선언합니다."

2. 고도 산업사회국가 건설의 기반 구축

중화학공업화정책 선언 시 목표했던 제1단계사업은 계획 기간보다 3년이나 앞당겨 1979년 말에 완성됨으로써 1980년대를 향한 복지사회국가 건설을 위한 파종을 했다고 할 수 있다 (표 1). 한국의 산업구조에 전무했던 중화학공업의 씨가 뿌려져서 싹이 트고 뿌리를 내렸으니 이제 가꾸어 나가기만 하면 꽃이 피고 열매를 맺게 된 것이다. 완성된 중화학공장을 잘 가동만 하면 결실을 보게 되었다.

표 1 **중화학공업 추진계획 총괄**

부문	사업 내용	건설기간			
		1978	1979	1980	1981
철강	포항 제1공장 확장 3기(550만 MT/년) 4기(850만 MT/년) 포항 제2공장(최종 1,200만 MT/년)	→→→→			
비철	아연제련소(50,000 MT/년) 동제련소(60,000 MT/년) 연제련소(50,000 MT/년) 알루미늄제련소(유보)	→→→→			
조선	현대조선소(100만 DWT) 대우옥포조선소(100만 DWT) 삼성죽도조선소(100,000 DWT)	→→→→			
화학	울산 제1석유화학(에틸렌 150,000 MT/년) 여천 제2석유화학(에틸렌 350,000 MT/년) 여천 제3석유화학(에틸렌 350,000 MT/년)	→→→→			
기계	창원기지	→→→→			
전자	구미기지(1, 2, 3단지)	→→→→			

표 2 **경제성장**(수출 100억 달러, 1인당 GNP 1,000달러)

	경제성장률(GNP, 불변, %)				상품 수출			GNP 규모 (경상, 억 달러)	1인당 GNP(경상, 달러)
		제조업	민간 소비	고정 투자	금액 (BOP, 백만 달러)	증가율	대GNP 비율(%)		
1971	9.4	18.8	10.5	7.1	1,132	28.3	12.4	91	278
(1962~ 1971)	(8.8)	(18.4)	(7.8)	(21.2)		(39.4)	(8.7)		
1972	5.3	13.6	5.0	0.8	1,677	48.1	15.8	106	318
1973	14.0	28.9	9.1	24.1	3,271	95.1	24.4	134	395
1974	8.5	6.1	7.6	14.6	4,515	38.0	24.1	187	540
1975	6.8	12.0	5.6	7.6	5,003	10.8	24.1	208	590
1976	13.4	24.4	8.5	19.3	7,815	56.2	27.3	286	797
1977	10.7	15.3	6.7	28.1	10,047	28.6	27.5	366	1,008
1978	11.0	22.3	9.7	33.1	12,711	26.5	24.8	513	1,392
1979	7.0	10.5	9.0	8.6	14,705	15.7	23.9	614	1,640

자료: 경제기획국, 「주요경제지표」(1988.2)

후진국 또는 개발도상국에서 엄두도 못 내는 것을 거뜬히 해치웠다. 1960년대에 길러낸 신념과 용기가 1970년대의 중화학공업화정책의 완성으로 더욱 돈독해졌다. 그동안 겪었던 많은 시련과 고난을 피나는 노력과 끈질긴 인내로 극복했기 때문에 자신감은 부풀어 올랐다.

완성된 중화학공업도 무계획적으로 무모하고 허술하게 만들어진 것이 아니라 앞날을 내다보면서 이상적으로 만들어졌다. 그러므로 이 계획으로 만들어진 중화학공업은 기초가 단단했다. 선진 공업국가를 향한 장정의 탄탄대로를 만들었다고 할 수 있다. 결론적으로 1단계의 중화학공업구조는 무한한 성장 잠재력을 갖출 수 있게 해 주었다고 할 수 있다.

이렇게 중요한 의의를 가진 중화학공업화정책을 성공적으로 마무리 지음으로써 1980년대 초의 경제 청사진으로 그려진 목표를 4년이나 앞당겨 1977년 말에 달성할 수 있었다.

3. 1980년대의 경제 미래상 조기 달성

중화학공업화정책의 최종목표는 1980년대(1981년 기준)에 수출 100억 달러, 1인당 GNP 1,000달러를 달성하는 것이며 이를 달성하기 위한 수단이 공업구조를 중화학공업화한다는 것이었다.

중화학공업화정책을 추진할 당시(1972년 기준) 경제지표가 수출 16.7억 달러, GNP는 318달러였다. 이런 상황에서 100억 달러 수출, 1,000달러 소득을 달성한다는 것은 무모한 일이며 기적이 일어날 때나 가능하다고 많은 사람들이 반대했다. 이런 반대를 무릅쓰고 정책을 추진하기 위해 박정희 대통령은 이를 직접 관장하여 완성했다.

우리나라는 1960년대에 제1차·제2차 개발계획을 완성함으로써 경제개발의 기적을 만들었다. 개발계획의 성공으로 수출은 1970년에 10억 달러, 1972년에 16.7억 달러 선이었다. 이를 근거로 1970년도에도 정상적인 개발계획을 추진하기로 했다. EPB가 작성한 장기전망에 의하면 제4차 개발계획이 끝나는 1981년도에 수출은 53억 달러 선이었다.

하지만 이처럼 정상적인 개발계획만으로는 선진국이 되기가 요원했다. 중간에 낙방할지도 몰랐다. 어떤 도약의 조치를 취하지 않으면 안 되는 절박한 상황이었다. 이 기회를 놓치면 영원히 후진국이나 중진국에 머물러 있어야 한다는 판단하에 중화학공업화정책을 추진한 것이다. 결국 중화학공업을 국가의 최중대사업으로 격상하여 국민이 일치단결하여 추진한 결과, 수출목표는 1978년에, 1인당 GNP는 1979년에 3~4년 빨리 달성했다.

참고로 5개년 개발계획에 의한 수출목표는 1981년도에 53억 달러 를 중화학공업의 완성으로 보았으나, 실제로는 172억 달러를 달성했으니 그야말로 기적적인 결실이었다.

수출 목표 달성

1961년 우리나라는 GNP 81달러의 절대 빈곤국가였다. 이렇게 아무것도 없는 상태에서 시작하여 1964년에 수출 1억 달러, 1970년 10억 달러, 1971년에 13억 달러를 달성했다. 이 수치는 1961년도의 31.5배, 연평균 41.3%의 신장 기록이었으며 한강의 기적이라고 불렸다. 하지만 1970년대에 들어와서 종래의 경공업제품만으로는 수출 신장에 한계가 있었으므로 공업구조를 중공업으로 개편해야만 했다.

중화학공업 건설과 관련하여 수출목표 100억 달러를 달성하기 위해 상공부에서는 연도별, 국가별, 품목별로 계획서를 작성하여 수출에 매진했다(「주요국의 25억 불과 100억 불 수출 그리고 경제환경」, 1973년 1월 16일, 상공부 참조). 1960년대에 수출과 관련된 국가적 제도로 수출진흥확대회의(추후 무역진흥확대회의)가 있었다. 여기에는 박정희 대통령 주재하에 모든 경제각료, 경제 4단체장, 수출업계 대표 등이 참석했다. 수출에 관한 정책을 비롯하여 수출실적 보고와 목표 그리고 목표 달성을 위한 대비책도 보고되었으며, 수출유공자에 대한 포상도 있었다.

박정희 대통령은 '수출만이 살길'이라는 철저한 소신을 가지고 기회 있을 때마다 수출을 독려했다. "남들이 걸으면 우리는 뛰어가야 하고, 남들이 쉴 때 우리는 일해야 한다"며 근면을 강조했다. 그 연장선상으로 1970년대에 중화학공업화정책을 추진하여 1977년도에 수출목표액 100억 달러를 달성하고 목표

표 3 중화학에 의한 수출실적과 경제개발5개년계획

연도	중화학공업정책(실적)	정상적 5개년(계획)
1972년(중화학정책 기준연도)	16.7억 달러	–
1976년(3차 5개년 목표연도)	78억 8,100만 달러	35억 달러
1977년(100억 달러 달성연도)	100억 4,600만 달러	–
1981년(중화학 목표연도) (4차 5개년 최종연도)	172억 1,400만 달러	53억 달러

자료: 중화학공업기획단, 『정책결정이면사』, 1979년 7월

연도인 1981년도에는 172억여 달러를 수출했다(표 3).

중화학공업화정책의 추진 효과에 대해서는 이미 앞에서 항목별 또는 업종별로 언급한 바 있다. 그러므로 본 장에서 언급하는 추진 효과와 약간 중복되는 느낌도 있으나 업종별로 단편적으로 언급된 바를 종합하고, 앞에서 기술되지 않은 부분을 포함하여 전체적인 견지에서 중화학공업화정책의 추진 효과를 정리한 것이다.

4. 공업구조 개선

일반적으로 공업구조의 발전 단계를 고찰함에 있어서 중화학공업에 대한 전 제조업의 비율인 중화학공업비율과 수출상품의 중화학제품점유율 그리고 소비재공업의 부가가치에 대한

투자재공업의 부가가치의 비율인 호프만(Hoffman)치를 측정하는 것이 상례이다.

중화학공업화 비율

중화학공업비율을 보면 1960년대 초에 20% 미만, 1970년대 초에 40%도 안 되던 중공업의 비율을 1979년도 말에는 경공업을 앞질러 50% 이상을 차지하도록 했다. 중화학공업의 양적, 질적 증대로 공업구조의 개선과 고도화를 이루었다.

수출상품 구조

수출지향적인 한국경제의 상품수출구조에 있어서도 중화학공업의 완성 연도에는 공산품 수출이 전체의 90% 이상을 차지하게 되었다. 공산품 수출은 과거에는 소비재가 대부분이었으나 이때에는 중화학제품이 42.6%나 차지하여 수출상품구조의 고도화를 이루었다.

호프만계수

호프만계수를 산출하는 데 있어서 소비재공업에 대한 투자재공업의 비율에 따라 다음과 같이 단계를 구분하고 산업의 발

표 4 **양적 확대**(1980년대 중반)

부문	연간 생산량	비고
철강	20,000천 톤	세계 10위권
석유화학	1,500천 톤	세계 10위권
기계	수출 100억 달러	
전자	수출 90억 달러	

표 5 **질적 개선**

항목	내용
산업의 합리화	인력, 자원, 에너지 절약
정밀산업화	정밀화학, 정밀전자(반도체, 컴퓨터 등), 정밀기계, 메카트로닉스
시스템산업화	기계금속, 화학, 전자의 복합
기술혁신	신공정, 신기술, 신소재

전 수준을 측정하고 있다.

공업발전의 지표로 삼고 있는 호프만계수의 변동 추이를 보면 1960년도에는 계수가 4.0 이상이 되면서 공업화의 제1단계에 있었으나, 1965년에는 2.13이 되어 제2단계로 진입했고, 1970년대에는 초반에 1.5수준이 되었으며, 1970년대 후반에는 1.0 이하가 되어 당당한 중진공업국가가 되었음을 알 수 있다.

과거 선진국의 공업화발전에 있어서 호프만계수가 5.0~3.5의 제1단계에서 3.5~1.5의 제2단계로 올라가는 데 약 20~30년의 기간이 소요되었으나 한국의 경우는 불과 1960년대 전반인 5년간에 이를 달성했다. 더구나 선진국은 공업화의 제2단계에서 제3단계로 이행하는 과정에 더 많은 기간을 소요했으나 우리나라는 10년 이내의 기간에 이를 이루었다. 이것은 1960년대의 제1, 2차 개발계획과 1970년대의 중화학공업화 정책의 성공적인 완수에서 기인했음이 틀림없다.

현재 선진 각국은 0.5 이하의 공업화 제4단계에 놓여 있다. 1970년대 말에 한국공업의 호프만계수는 1.0 이하로 1980년대 중반에는 0.5% 이하의 선진공업국가를 구축할 수 있는 기반을 조성했다고 할 수 있다. 따라서 한국의 공업은 1979년 말에 고도산업국가의 문턱에 들어섰으므로 호프만계수 0.5 이하의 공업화의 제4단계인 선진국형 산업국가로 진입하기 위해 남은 과제는 중화학공업의 양적 확대와 질적 개선을 이룩하는 것뿐이다(표 3, 표 4).

5. 공업의 독립 이룩

공업에 필요한 원자재를 국산화함으로써 해외에서 원자재를 수입하는 형태에서 탈피하여 공업의 자립을 이루었다. 철강 및 비철금속공업을 육성함으로써 모든 산업에 필요한 강재와 여타 금속의 소재를 공급하게 되었으며 석유화학공업을 발전시킴으로써 합성섬유, 합성고무, 합성세제, 합성수지 등 경공

그림 1 **석유화학공업의 예시**

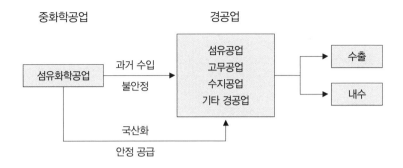

업과 소비재공업에 원료를 자급하게 되었다. 석유화학공업의 경우 중화학공업과 경공업과의 관계 예시표를 보면 공업의 자립 또는 독립성 유지관계를 쉽게 알 수 있다(그림 1).

6. 종합기술공업의 육성

기계공업과 전자공업은 기술집약공업이며 금속 및 화학공업은 소재공업이며 조선공업은 소재공업인 금속 및 화학공업과 기술공업인 기계, 전자공업을 총망라한 종합기술공업에 해당되므로 이들 중화학공업의 육성으로 현재까지의 단순노동집약산업에서 기술집약산업으로 전환했다고 할 수 있다.

　기계공업과 금속공업 등은 중공업제품을 생산하는 공업으로서 이들 공업의 출현은 부가가치가 낮은 소비재 생산에서

그림 2 **노동집약적 산업과 기술집약적 산업**

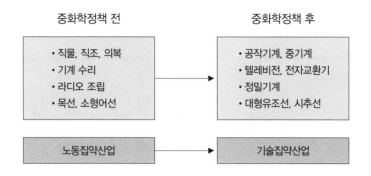

부가가치가 높은 생산재를 생산하는 형태로 향상했다는 것을 의미한다(그림 2).

노동집약산업에서 기술집약산업으로의 전환과, 저부가가치 제품에서 고부가가치제품 생산으로 향상하는 것은 우리를 따라오는 후진국과의 격차를 넓히고 우리가 선진국으로 접근하는 길이라고 할 수 있다.

7. 조립공업에서 생산, 가공, 조립의 일괄생산 형태로의 발전

부품을 수입하여 조립하던 공업구조에서 부품을 국산화함으로써 일괄생산체제를 갖추게 되었다. 기계공업과 전자공업에서 예를 들면 자동차공업은 조립만 하던 공업에서 부품까지

국산화함으로써 100% 국내생산공업으로 전환했고 전자공업
도 부품 생산을 추진하여 우리의 자체생산공업으로 발전시켜
나갔다. 이로써 제품의 수출영역을 넓혔을 뿐만 아니라, 단순
조립에서는 노임만이 외화 획득으로 남지만 부품부터 일괄생
산하는 방식은 모든 분야에서 외화를 벌어들일 수 있으므로
외화가득률을 대폭 향상시키는 효과를 가져왔다.

8. 중소기업 육성

중화학공업화를 촉진하고 산업구조의 고도화를 이루기 위해
서는 대기업 단독으로는 불가능하며 각종 제품의 부품과 요소
와 부속품을 담당하고 있고, 생산구조의 저변 구축에 애쓰고
있는 중소기업과 분업적 협동체제를 추진해야 한다.

　중화학공업화정책이라고 하면 대규모 공장만 짓는 것으로
오해하기 쉽지만 소규모 부품공장 건설도 병행했다. 특히 기
계공업과 전자공업에서 대규모 공장 건설 못지않게 부품공장
건설에도 역점을 두었다. 즉 조립공장과 부품공장, 대기업과
중소기업이 동시에 육성한 것이다.

　중화학공업화정책에 의한 기계공업과 전자공업의 육성은 부
품공업다운 부품공업 육성에 막 착수했음을 의미한다. 그러므
로 부품공업은 아직 미흡한 상태이며 많은 품목을 해외, 특히

일본에서 수입하고 있다. 대일 입초 축소, 나아가 대일 수출 확대의 길은 일본을 비롯한 전 세계를 상대로 한 부품공급기지를 만들어 부품을 수출하는 것이다. 자동차, 전자제품 등 최종 제품을 수출할 경우에는 쿼터 등 여러 가지 무역 마찰이 생기지만 부품으로 수출하면 잡음도 일어나지 않으면서 제품 수출과 같은 효과를 거둘 수 있기 때문이다.

이 부품공업은 주로 중소기업이 맡고 있기 때문에 이 공업의 육성이야 말로 말로만 얘기하는 중소기업 육성이 아니고 실질적인 육성정책이다. 일본이 튼튼한 기반을 가진 공업 강국이 된 것은 중소기업이 주도하여 부품공업을 발전시켰기 때문이라는 것을 상기할 때 중화학공업화정책에 의한 부품공업 육성 등은 재음미할 충분한 가치가 있다.

9. 방위산업 확립

병기, 무기와 장비는 금속공업, 기계공업, 전자공업 또는 조선 공업에서 만들어진 제품이거나 이들 모든 공업의 종합결정체이다. 방위산업제품은 중화학공업 육성 없이는 만들어 낼 수 없다. 그러므로 중화학공업화정책에 의하여 방위산업제품 생산체제가 확립되었다고 할 수 있다.

공산주의국가인 북한과 전쟁 상태에서 대치하고 있기에 자주국방을 실현하는 것은 지상과제에 해당했다. 북한은 남침에 의한 적화통일을 항상 노리고 있는데, 한국은 자주적으로 국토를 방위할 군사력은 미약하고 전쟁 방어를 지원해 주고 있는 미국은 사건이 생기거나 미국 내 정치 정세가 바뀔 때마다 주한미군 철수나 한국안보보장 폐기를 주장하는 것을 되풀이하는 상태에서 자립국방은 국가로서 생존하기 위해 반드시 필요한 일이었다. 우리는 60만대군, 예비군, 민방위대를 가지고 있으면서도 이들을 무장시킬 능력이 없었다. 이런 상태에서 중화학공업화정책에 의한 방위산업체제 확립의 중요성은 아무리 강조해도 모자란다.

10. 생산체제의 국제 일류화 추진

중화학공업화정책으로 생산시설 규모의 국제단위화를 이루고 품질과 가격 면에서 세계일류 수준을 달성했다. 이것은 출발 당시부터 좁은 국내시장만을 상대로 하지 않고 방대한 해외시장을 목표로 한 효과가 그대로 나타났다고 할 수 있다.

규모 면에서는 이때까지의 최소경제단위규모에서 한 차원 높여 세계 최대급으로 늘려 잡았는데 예를 들어, 석유화학단지를 에틸렌 연산 35만 톤, 철강공업에서 조강 연산 1,000만 톤 그리고 조선공업에서 최대선 건조능력 100만 톤급을 건설한 것이다. 품질과 가격 면에서 국제경쟁력을 강화하기 위해 생산시설의 대규모 외에도 입지 계획, 공장 배치를 최대한 효율적으로 하고, 공정이나 기계시설은 최신의 세계일류 수준을 채택했다.

한국의 산업구조상 GNP의 약 40%를 수출이 담당하고 있으므로 세계수출시장을 상대로 한 이와 같은 생산체제를 구축한 것은 대단히 효율적인 것이었다. 어떤 공장을 짓는 데 국내시장만을 상대로 공장을 짓고 이를 보호만 해 주면 결국에는 국제경쟁력이 사라지기 때문에 수출은 점점 불가능해진다. 국제경쟁력이란 경쟁력 있게 공장을 짓고 경쟁을 통해서 이를 키워 나갈 때 배양되는 것이다.

11. 중화학공업의 기지화, 집중화, 효율화

업종별로 기지화하고 기지는 공업의 특성에 맞게 적절한 입지를 설정했다. 대규모 항만이 필요하고 공해 발생 소지가 있는 공업은 임해지역에, 공해발생 우려가 적고 도시형 산업은 내륙에 입지를 결정하여 원천적으로 공해 발생 소지를 없애고 추후에도 공해 해결과 처리가 용이하도록 했다. 업종상호 간에도, 예를 들어 포항(제철), 창원(기계), 울산 거제(조선) 간에 철의 삼각을 형성하여 원료와 제품이 원활히 상호 공급할 수 있게 했다. 또한 공업입지는 종래의 단순생산단위단지에서 대형 복합기능을 부여한 공업기지로 정했다. 창원기지가 대표적인데 이곳에는 전술한 바와 같이 공장지역으로서 대단위기능단지, 소재단지, 요소부품단지, 방산단지, 중소기업형 전문단지, 자동차부품단지 등을 구비하도록 했고 지원시설지역, 교육연구시설지역, 후생복지시설지역, 주거지역 등을 모두 갖추도록 했다. 이렇게 하여 지정한 중화학공업기지는 다음과 같다(표 5, 그림 3).

중화학공업의 입지 구상은 국토의 항구적 이용 관리와 개발 방향을 제시했다고 할 수 있다. 공장군의 집중화, 집단화로써 공업입지의 공익적 분배를 효과적으로 거두고, 관련공업 간의 계열화를 꾀하여 공업의 집적이익을 증가시켰다. 또한 공업의 과밀, 과소를 방지했으며 이들 중화학공업은 관련 산업 파급

표 6 **중화학공업기지**

종류	기지명
철강	포항제철기지(임해)
비철	온산비철금속기지(임해)
화학	여천석유화학기지(임해)
조선	울산, 거제조선기지(임해)
기계	창원기계기지(임해, 내륙, 겸지)
전자	구미전자기지(내륙)

효과가 크기 때문에 산업교두보를 만들었다고 할 수 있다. 지역산업의 육성과 지역 자립에 기여했고 인구의 분산정책에도 도움을 주었다. 공업의 특성과 지역의 잠재력을 잘 조화시켜

그림 3 **산업기지개발**

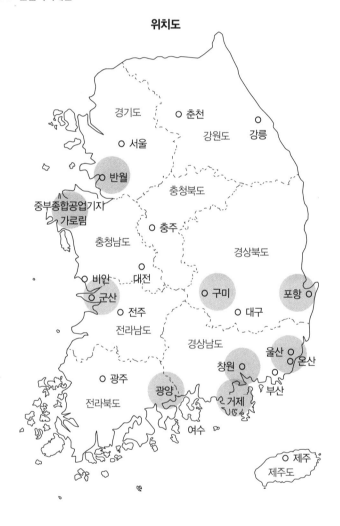

위치도

국토의 균형적 이용과 발전을 도모하는 것은 본 중화학공업기지구상의 기본이념이었다. 다시 말해, 입주기업체, 지역사회, 국민경제, 국가의 이익을 모두 고려했다고 할 수 있다.

12. 기술인력에 대한 양적·질적 양성체제 확립

한국이 중화학공업화정책을 밀고 갈 수 있었던 근본 바탕은 교육수준이 높은 풍부한 인력을 가지고 있었기 때문이지만, 이들 인력을 산업인력으로 흡수 활용하기에는 미흡했기에 기술교육혁신책이 필요했다. 이미 전 장에서 상론했으니 여기서는 중화학공업화정책으로 확립된 체제만을 요약하기로 한다.

(1) 공고, 공전, 공대, 대학원 등 학교교육을 통해 기능사, 현장기술자, 기사, 연구인력 등의 기술인력양성체제를 확립했다.
(2) 기능사, 기사, 기술사 등 자격증 제도를 설정하여 질의 향상을 이루었다.
(3) 기능검정공단 및 기능올림픽 등을 강화하여 기능인력의 사회적 관심도를 높였다.
(4) 공공 및 사내 직업훈련제도를 보강하여 유휴인력의 산업화에 기여했다.

기술인력의 확보 여부는 중화학공업화정책 성공의 관건을 쥐고 있는 것이지만 절대로 하루아침에 이루어질 수는 없는 일이므로 끈기와 장기적인 전망을 가지고 인력양성을 진행했다. 그 결과 중화학공업화정책을 성공적으로 마무리 지었을 뿐만 아니라 앞으로의 발전을 위해서 무한한 가치를 가진 잠재력을 키워놓았다.

13. 연구개발체제 확립

기술의 도입, 소화, 토착화 그리고 신기술의 연구개발 없이는 중화학공업화정책의 목표를 달성할 수는 없었다. 따라서 연구개발을 적극적으로 지원하고 연구제도를 확립했으며, 이를 위해 공공연구소를 필요 이상으로 많이 설립하여 기술연구개발 업무를 반강제적으로 활성화시켰다. 이렇게 함으로써 기술이 산업활동을 앞질러야 하는 고도산업국가, 정보화사회 또는 하이테크(hi-tech) 공업화에 주도적 역할을 하게 될 소지를 중화학공업화정책에 의해 마련했다고 할 수 있다. 필요 이상이라고 판단된 연구소 설치나 반강제적인 연구활동의 활성화는 장기적으로 과학기술이 필요하다는 근거를 두고 추진되었다.

결론적으로 1960년대를 거쳐 1970년대를 지나는 동안 한국경제는 도약적인 발전을 거듭하여 국력이 크게 신장되었고

그림 4 **중화학공업화정책과 경제발전**

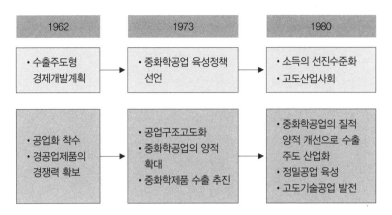

자립 국방에도 큰 진전이 있었으며 국민생활도 현저하게 윤택해졌다. 이와 같은 성과는 과감한 경제개발계획의 추진에 따른 연평균 10% 전후의 고도성장의 소산이며, 수출주도형 개발전략과 공업구조 개편을 수반한 중화학공업화정책의 추진이 근간이 되었다. 이를 도식화하면 우리 경제는 다음과 같은 발전 단계를 거쳤다고 할 수 있으며 특히 1970년대의 중화학공업화정책에 의한 고도성장은 국내외적으로는 대단히 어려운 경제환경 속에서 이루어졌다는 점에서 매우 값진 결실이라고 할 수 있다(그림 4).

14. 중화학공업화에 의한 수출산업 추진으로 인한 고용 효과

중화학공업화정책을 추진함으로써 정치·경제·사회적으로 얻은 특기할 만한 효과는 중화학공업을 추진한 1970년대에 한국 역사상 가장 많은 고용 증가가 있었다는 점이다. 경제성장을 하는 데 국민이 일할 수 있는 기회가 주어지는 고용 증가를 수반하지 않는다면 참다운 경제성장이라고 할 수 없다. 어느 경제학자는 중화학공업화 기간에 괄목할 만한 고용 증대를 이룬 것이 100억 달러 수출목표의 중화학공업 추진이 가져온 첫 번째 성과라고 말했다. 중화학공업의 절정기이자 수출이 가장 활발했던 1975~1978년 동안의 고용 현황, 경제성장에 대한

표 7 **수출취업인원의 총취업자 수에 대한 비율**

(단위: %)

	1975	1976	1977	1989
전산업	13.9	17.5	20.3	22.0
제조업	45.5	53.0	56.4	60.2

표 8 **수출의 경제성장에 대한 기여도**

(단위: %)

	1975	1976	1977	1978	1975~1978 연평균
경제성장률	7.1	15.1	10.3	11.6	11.0
수출에 의한 성장률	3.4	5.5	3.9	2.7	3.9
기여도	47.9	36.4	37.9	23.3	35.5

표 9 **수출산업의 고용창출 현황**

	1975	1978	1975~1978	
			증가인원	기여도(%)
총취업자(천 명)	11,830	13,490	1,660	100.0
수출취업자(천 명)	1,645	2,961	1,316	79.3
내수취업자(천 명)	10,185	10,529	344	20.7

자료: 중화학공업기획단(경제2)

기여도와 수출취업인원에 대한 비율을 나타내는 아래의 통계
표가 이를 증명해주고 있다(표 7, 표 8, 표 9).

15. 중화학공업화정책의 성공으로 선진국 진출의 발판 마련

중화학공업화정책이 목표했던 제1단계사업은 계획보다 3년이
나 앞당겨 1979년 말에 완성함으로써 복지국가 건설에 파종
을 했다. 한국의 산업구조에 전무했던 중화학공업의 씨가 뿌
려져서 중화학공업이 결실을 보게 된 것이다. 후진국 또는 개발
도상국가는 엄두도 내지 못한 것을 우리는 거뜬히 해냈다.
1960년대에 길러낸 신념과 용기가 1970년대 중화학공업 건
설로 경제발전을 이루고, 시련과 고난을 극복하고 끈질긴 인
내로 자신감을 가질 수 있게 되었다.

중화학공업화정책은 무계획적으로 무모하게 만들어진 것이 아니고 100년의 비전을 품고 계획된 가장 이상적인 중화학공업정책이다. 중화학공업화정책은 단순히 수출 100억 달러, 1인당 GNP 1,000달러를 달성하려는 계획만은 아니었다. 중화학공업화정책의 추진과 관련된 방위산업, 연구개발, 인력개발계획 등이 동시에 추진된 국가대계의 종합발전계획이다. 이런 일련의 사업이 병행되어 추진되었기에 중화학공업화정책이 성공을 거두었으며, 이것이 우리나라 산업발전의 원동력이 되고 있다.

중화학공업화정책에 대해 외국에서도 "한국은 한국식 경제건설 모델을 만들어 성공함으로써 신흥공업국의 선두주자가 되었다. 번영하는 선진국, 정체하는 도상국이라는 통념을 깨고 선진국에 진출하는 모범국가가 되었다. 여기에 부족한 점을 하나씩하나씩 보완해나간다면 선진국으로 전진하는 데 중추적 역할을 해나갈 것임에 틀림없다"고 평가했다.

한국의 중화학공업에 대한
국제적 평가와 우리의 자세

일본 동경공업대의 와타나베 도시오(渡邊利夫) 교수는 그의 저
서 『아세아 중진국의 도전』이라는 책에서 한국은 공업화하는
데 있어 '후발의 유리성'을 가장 유효적절하게 이용하여 성공
한 나라라고 평가했다.

와타나베는 이 책에서 한국이 공업화에 착수하여 높은 경제
성장을 이루는 데 유리했던 점은 국가적, 사회적 저력을 바탕
으로 선진국이 많은 시간과 노력과 자금을 투입하여 개발해
놓은 기술과 경영능력을 많은 대가를 지불하지 않고 활용할
수 있었다는 점이라고 지적하면서, 여기에 선진국이 개발해
놓은 모델 중 좋은 것은 취하고 나쁜 것은 버려서 취사선택하
고 한국의 실정과 특수성에 맞게 변형 또는 수정하여 한국식

경제건설의 모델을 만들어놓았기 때문에 가능한 일이었다고 평가했다. 그 결국 한국은 대만, 싱가포르 등의 신흥공업국가 (Newly Industrializing Countries, NICS) 군의 선두주자가 되어 '번영하는 선진국, 정체하는 도상국'이라는 통례를 깨고 선진국에 도전하는 존재가 되어가고 있다고 지적하면서 일본으로서도 한국경제를 경시할 것이 아니라 한국과 공존공영의 길을 걸어야 한다고 주장했다.

일본의 노무라연구소 주임연구원인 모리타니 마사노리(森谷正規)가 쓴 『일본, 중국, 한국산업기술 비교』 중 비교기술론에서도 한국은 1970년대의 중화학공업화정책과 기술연구능력의 배양정책에 의해 일본에 많이 접근해 오고 있다, 일본의 기술을 따라오기에는 아직 많은 기간이 필요하지만 한국은 일본과 비슷한 공업구조를 가지고 있고 성장잠재력이 있으므로 한국 경제가 일본을 추적하는 데 경계를 게을리 하지 말아야 한다고 결론을 내렸다.

한국경제에 대해 자주 평론하는 하세가와 게이타로(長谷慶太郎)도 자신의 저서 『아세아여 안녕』에서 일본이 환태평양권을 구성하여 미국, EC국가와 대항해야 하는데 일본이 아세아 신생국가군과 손잡을 수 있는 나라는 한국뿐이라고 적고, 이것은 한국이 중화학공업을 구축했기 때문이라고 적고 있다. 한편으로는 그는 자신의 다른 저서 『한국이 도전해 오고 있다』에서는 한국의 산업발전은 경이적이라고 할 만하지만 의외로 기업가나 국민의 자신감이 약하다는 평가를 내렸다.

　일본은 대체적으로 한국경제를 호기심과 경계의 눈으로 보고 있다. 최근에 한국경제에 대해『일본을 쫓아오고 있는 한국』,『한국은 일본을 추월할 것인가』라는 식의 제목이나 부제를 달고 여러 저서가 출간되었지만, 앞서 와타나베 교수가 국제교류연구센타 연구원인 후쿠가와 유키코(深川由起子)와 공저한『5년 후의 한국』이라는 책이 한국경제에 대해 좀 더 실감나게 다루고 있다.

　이 책에서 저자는 5년 뒤의 한국을 메크로 경제 측면에서 한국정부가 발표한 제6차 발전계획과 거의 같이 보고, 질과 양 모두에서 한국이 NICS 최대의 공업국이 되는 동시에 아울러 선진국으로 진입하면서 OECD에도 가입하게 되며 일본보다 강력한 성장력을 가지고 21세기를 맞이할 것이라고 적고 있다. 한국은 경제개발우선정책을 내걸고 일본 모델을 모방하여 발전해왔지만 이제부터는 한국적 사고방식과 정체성을 확립하면서 국제경쟁력을 재강화해야 한다고도 지적하고 있다.

　세계은행에서도 「한국경제의 성장과 전망」(Growth and Prospects of the Korean Economy)」에서 한국경제 성장과 전망을 낙관적으로 보았다. 또한 우리나라에 와서 자주 강연을 하는 허먼 칸(Herman Kahn) 같은 미래학자나 금세기 최고의 석학 존 겔브레이스(John Galbraith) 교수도 한국의 성장잠재력을 높이 평가하고 한국 산업이 일본과 더불어 세계를 리드해 나갈 것이라는 대단히 고무적인 평가를 했다.

한국산업 성장의 국제적 평가는 한국이야말로 금세기에 선진국으로 올라가는 선두보자가 될 것이라는 것이 통설이다. 그러나 선진국으로 진입하는 길은 후진국에서 중진국으로 발돋음 하는 길보다 훨씬 힘들다. 과거의 성장요인과 잠재력을 분석하고 이를 잘 활용해야만 선진국 대열에 진입할 수 있다.

한국은 일본의 식민지통치 아래에서 해방은 되었으나 일본 식민지경제가 남겨 준 것은 아무것도 없었고 더구나 남북분단의 비극, 동족 간의 살육을 가져온 한국전쟁으로 완전히 잿더미가 된 참상, 끊이지 않는 정치 소용돌이, 남북의 극한적 대치 등 시련이란 시련, 불행이란 불행을 모두 겪었다.

이 결과 우리에겐 가난과 기아밖에 남은 게 없었고 세계에서 제일 빈곤한 국가 중 하나가 되었다. 비록 독립국가가 되었지만 외부의 원조가 없으면 나라를 지탱할 수 없었고 가망 없는 버림받은 국가로 낙인 찍혔다. 독립국가로 존재를 인정받고 빈곤에서 탈피하고 침략만 받던 서러움을 씻고 언제 닥칠지도 모를 공산화 책동에 대비하기 위해서는 경제 건설밖에 없었다. 이것이 민족의 염원이며 국민의 의지였다.

대한민국은 1962년 이래 경제제일주의정책을 내세워 경제개발5개년계획을 수립 실시해왔다. 과거 25년간, 특히 1960~1970년에 실시한 경제제일주의정책은 국민적 합의와 염원에 부합되어 성공을 거둠으로써 발전의 원동력이 되었으며 온 국민이 경제개발에 자신감을 갖게 되었고 경제성장과 발전에 대한 의욕과 의지를 북돋울 수 있었다. 이것이 우리 경제성장의 근본 요인이며 잠재력이라고 할 수 있다.

경제성장을 이룰 때도 장기적인 전망 아래 계획을 수립하여 시행했고, 공업화발전 과정과 국제 정세의 추이에 따라 유효 적절하게 대응하여 발전 속도를 높일 수 있도록 정책을 펴왔다. 우리의 경제성장정책을 다시 한 번 검토해보면 이를 쉽게 알 수 있다.

60년대의 수입대체산업 육성과 경공업제품의 수출산업화는 공업화정책 때 처음부터 내걸었던 정책이었다. 국토는 좁고 자원은 없으며 인구는 많고 시장은 협소했기 때문에 수출에 의한 산업발전, 즉 수출지향 산업화는 경제성장의 최선이었다. 수출을 범국민적 운동으로 전개하여 경제성장의 에너지를 만듦으로써 세계 역사상 유례를 찾아볼 수 없을 정도의 수출실적을 기록하여 이제는 출초를 걱정할 만큼 대수출국가가 되었다.

수입대체산업의 육성, 노동집약제품의 수출, 가공무역의 성공은 산업화의 초기 단계에 지나지 않았다. 이것은 어디까지나 원자재 수입에 의존하고 있으며, 해외의 경제 정세에 크게 영향받는 취약점을 내포하고 있으며, '종속경제' 또는 '해외의존경제' 형태였으며 국제적인 하청형 구조였다. 그러므로 산업구조의 고도화를 위해서는 '공업발전단계 유형'에서 설명한 '피라미드'의 저변 구축에 만족하지 않고 중간재와 원자재를 만들어 피라미드의 정상을 쌓아야 했다. 피라미드 정상을 정복하는 것이 공업의 자립을 가져오는 것이며 정상 정복은 중화학공업화정책으로 이룰 수 있는 것이다.

우리는 1970년대에 중화학공업화정책을 실시하여 성공적으로 마무리 지었다. 전 세계가 한국 경제를 높이 평가하고 있는 이유는 한국의 산업구조가 중화학공업화되었기 때문이며, 이를 통해 한국은 '한강의 기적'을 이룩한 신흥공업국가군의 모범생이 되었다고 그들은 평가했다. 우리의 산업구조는 잘 짜여진 '시나리오'를 가지고 앞날을 내다보면서 이상적으로 만든 계획 작품이다. 그것도 많은 시련과 고난을 피나는 노력과 끈질긴 인내로 극복한 것이기에 기초가 단단히 다져져 있다. 우리는 성장 추진력을 바탕으로 무한한 성장잠재력을 쌓아왔다. 더구나 경제 주체인 국민은 부지런한 국민성, 우수한 노동력, 높은 교육 수준을 갖고 있으니 성장과 발전의 잠재력은 더욱 단단하다.

어떤 이는 경제제일주의 때문에 정치, 사회, 문화 모두가 희생되었다고 말한다. 하지만 "인간은 빵만으로는 살 수 없지만, 인간은 또한 빵 없이는 살 수 없는 존재다"라는 말을 떠올려보면 무엇보다도 가난에서 해방되는 것이 중요하다는 것을 알 수 있다. 정치, 사회, 문화 모두 경시되어서는 안 되지만 배가 고프면 무엇도 만족될 수 없으며, 경제가 안정되어야 참다운 정치, 사회, 문화가 발전하고 나아가 복지사회국가 건설을 내다볼 수 있다.

정치 논쟁과 노사분규가 전부인 것처럼 온 세상을 떠들썩하게 만들면서 경제를 어렵게 몰고 가는 상황에서 무책이 상책인양 경제를 뒷전으로 돌려서는 안 된다. 자율경제라고 하면서 정부가 해야 할 일을 민간에 전가해서는 안 되며 정부가 앞장서야 한다. 민관이 자기 임무를 다할 때 참다운 민간 주도에 의한 자율경제가 성립될 수 있다. 1970년대 중화학공업화정책을 실행하던 때처럼 노력해야 한다.

우리는 "하면 된다"는 자신감과 "하고야 말겠다"는 의지를 가지고 중화학공업화정책을 성공적으로 이끌었다. 남들이 못한다고, 우리 스스로도 어렵다고 하던 것을 성취하여 우리 민족의 능력을 재발견하고, 우리의 저력을 전 세계에 과시한 역사를 만들어냈다. 이와 같은 능력, 저력과 성장의 잠재력을 바탕으로 과거를 되돌아보고 미래를 바라보면서 풍요로운 국가 건설에 노력해야 한다.

한국 중화학공업 오디세이

1판 1쇄 인쇄 2017년 3월 23일
1판 1쇄 발행 2017년 3월 30일

지은이 김광모

발행인 양원석
본부장 김순미
책임편집 김건희
디자인 RHK 디자인연구소 마가림
해외저작권 황지현
제작 문태일
영업마케팅 최창규, 김용환, 이영인, 정주호, 박민범, 이선미, 이규진, 김보영

펴낸 곳 ㈜알에이치코리아
주소 서울시 금천구 가산디지털2로 53, 20층 (가산동, 한라시그마밸리)
편집문의 02-6443-8902   **구입문의** 02-6443-8838
홈페이지 http://rhk.co.kr
등록 2004년 1월 15일 제2-3726호

ISBN 978-89-255-6111-0 (03320)